Case Collection of Student Work of
the Central Academy of Drama

中央戏剧学院
学生工作案例集

中央戏剧学院学生工作部 / 主编

贾姗姗　陈红祥 / 副主编

中国戏剧出版社
CHINA THEATRE PRESS

图书在版编目（CIP）数据

中央戏剧学院学生工作案例集 / 中央戏剧学院学生工作部主编；贾姗姗，陈红祥副主编. -- 北京：中国戏剧出版社，2023.11
　　ISBN 978-7-104-05432-0

Ⅰ．①中… Ⅱ．①中… ②贾… ③陈… Ⅲ．①中央戏剧学院－学生工作－案例 Ⅳ．① G645.5

中国国家版本馆 CIP 数据核字（2023）第 206370 号

中央戏剧学院学生工作案例集

责任编辑： 肖　楠　康祎宁
策划编辑： 朱铭歆
责任印制： 冯志强

出版发行：	中国戏剧出版社
出 版 人：	樊国宾
社　　址：	北京市西城区天宁寺前街 2 号国家音乐产业基地 L 座
邮　　编：	100055
网　　址：	www.theatrebook.cn
电　　话：	010-63385980（总编室）　010-63381560（发行部）
传　　真：	010-63381560

读者服务： 010-63381560
邮购地址： 北京市西城区天宁寺前街 2 号国家音乐产业基地 L 座

印　　刷	北京九州迅驰传媒文化有限公司
开　　本	787 mm×1092 mm　1/16
印　　张	15.5
字　　数	288 千字
版　　次	2023 年 11 月　北京第 1 版第 1 次印刷
书　　号	ISBN 978-7-104-05432-0
定　　价	98.00 元

版权专有，违者必究；如有质量问题，请与出版社联系调换。

《中央戏剧学院学生工作案例集》编委会

万思言　白小帆　田瑞禾
孙　青　牟　佳　刘　派
陈红祥　张音茵　杨　舒
张瑞萌　罗　燕　高怡文
贾姗姗　赵　杨　解　眉

序　　言

　　本案例集所涉及的内容，均来自于中央戏剧学院近年来学生工作的理论思考与实践，它既有高校学生工作普遍性的规律呈现，也自有艺术院校的特殊实践和经验，可谓是近年大学生管理与思想政治教育工作的生动实践和具体案例，对于总结经验，提升水平，无疑具有很好的鉴照和启迪。

　　大学生的思政与管理首先必须彰显鲜明的主体性，即"培养什么人，如何培养人，为谁培养人"，这既是教育的根本问题，也是要贯穿在高校各项工作里的"灵魂"。本案例集依照工作内容分为五大类，但贯穿其中的核心，就是围绕立德树人的根本，紧扣如何落实和推进"三全育人"，针对出现的各种问题，进行抽丝剥茧式的分析，体现出如下特点：

　　一是大力弘扬中央戏剧学院校史传统中的红色基因，以此激励涵育学生，培养学生文艺创作为国家和为人民服务的文化底蕴，特别是将此融进特色活动、大型演出、学生就业创业指导，实效明显，经验具有可复制性。

　　二是发挥特色，讲好中戏故事。通过对"求真创造至美"校训的深入解读阐释，从戏剧影视专业的美育入手，引导学生理解校训的深刻内涵，德育从身边与专业开始，美育在日常和校园相随，充分体现了校园就是教育，创造美与传播价值、传播正能量，是学校思政工作的有力抓手，更成为中央戏剧学院学生工作的亮点和特色。

　　三是群策群力，让"一切为了学生的成长，为了一切学生的成长"落到实处。无论是疫情防控时的特殊举措，还是日常教学、舞台演出、校园管理、学业指导、心理帮辅、生活保障的诸多方面，解决困难的落脚点，研究问题的出发点，化解危机的立足点，都围绕着学生的发展和成长，措施具体，方法有效，经验可参考。

　　大学生思政与管理同时必须研究了解客体的思想状况和行为特征，即学生的特点与成长规律，因才施教、因人施策才能发挥真正的作用。本案例集分析的工作案例，所涉学生范围大，从新生到毕业生，涵盖培养的全过程。所涉内容广，从学业困惑到宿舍矛盾，包含在校生活的全方位。所涉问题难，从心理危机到感情纠葛，囊括思维认知的各层级。案例集介绍的工作举措，合情合理，有温度和高度，效果显著，方法手段足可推广。

　　大学生思政与管理必须遵循其自身的规律和特点，即教育重在化育，以文化人、润物启心才能真正体现教育的作用和本质。本案例集所分析的部分工作案例，比如，针对学业上既深怀热爱同时也易浮躁，个别人娇生惯养缺乏集体意识，假期忙于参与演出，社会实践机会少，这些是艺术类院校学生的特殊个性所在，因此，所采取的工作举措除了一般常用的谈心谈话，还有针对个别特殊性的因人施策，一人一案，分类引导，有关爱更有教育，有帮扶更行规章。宽严相济，结果导向，多方协力。问题导向，家校协同，化解困局。

  案例集的撰写者均是中央戏剧学院学生工作的骨干，他们大都深谙学生工作规律，其中不乏有从这所学校毕业而走上管理岗位的，爱校爱生的热情和真诚是他们秉持的信念和动力源泉，惟其如此，从一个个鲜活的案例中，我们能感受到他们面对挑战时的坚定和细致，纾解化困时的耐心和贴心，因此，创造性开展的工作经验弥足珍贵，富有推广价值。

  大学生思政与管理的水平也需要进一步提升，其中若将观念理论喻为探照灯，研究方法是提灯照影，而实验例证就是种种现象，如是观之，此案例集为艺术类高校学生管理与思想政治教育研究提供了有力的分析范本，是进一步提升研究水平，拓展工作的重要基础。相信通过持续不断的理论武装，观念更新，方法加持，手段更新，中央戏剧学院的学生管理与思想政治工作的出新出彩，指日可待。

  是为序。

蒋朗朗

（中央戏剧学院党委副书记、教授）

2023年9月10日

目　　录

一、特色活动育人类 / 1
案例一：深化禁毒教育，承梦青春年华 / 3
案例二：以生为本，多措并举，坚定信心，全力以赴 / 9
案例三：讲好冬奥故事，共赴冰雪之约 / 14

二、思政教育类 / 17
案例一：求真向善至美，德艺双馨为学 / 19
案例二：求真务实、心系学生、因材施教 / 24
案例三：封控在家困难多，导员千里送温暖 / 28
案例四：封控期间情绪多，谈心谈话来工作 / 32
案例五：时刻关注校园舆情，做好网络思政教育 / 35
案例六：开展"云思政"，化解学生矛盾，做好价值观引领 / 39

三、心理健康类 / 43
案例一：走出阴霾，拥抱阳光 / 45
案例二：为爱疯狂，为情所困 / 49
案例三：心理健康需重视，轻生苗头早阻断 / 53
案例四：排忧解难，渡过心理难关 / 56
案例五：失恋，险些使她失去自我 / 59
案例六：拨开失恋的雾霾 / 62
案例七：直面集体宿舍的烦恼 / 65
案例八：爱自己比真相更重要 / 68
案例九：只有变好才能实现自己 / 71
案例十：无声的忧伤 / 74
案例十一：光照进来的地方 / 77
案例十二：略带三分拙，兼存一线痴 / 79
案例十三：存心于力，不困于情 / 82

案例十四：10人小组团体心理辅导纪实 / 84

　　案例十五：重点关注抑郁学生，陪伴学生成长 / 96

　　案例十六：暖心陪伴学生，提升人际交往能力 / 99

　　案例十七：学业压力需警惕，家校联动脱困境 / 102

　　案例十八：用心呵护疏解心理压力，助力渡过人生难关 / 106

　　案例十九：倾听内心的声音、正视自我的需求 / 109

　　案例二十：爱是一种可以学习的能力 / 112

　　案例二十一：勇往直前，成为更好的自己 / 115

　　案例二十二：人际冲突亦是成长的良药 / 118

　　案例二十三：原生家庭对大学生的影响 / 121

　　案例二十四：发现抑郁倾向不要怕，勇敢战胜它 / 124

四、日常事务类 / 127

　　案例一：宿舍矛盾巧化解，共同生活需包容 / 129

　　案例二：恶意竞争生嫌隙，是非对错要分清 / 132

　　案例三：新生宿舍矛盾多，沟通协商相融合 / 136

　　案例四：班委工作引误会，理性管理巧破冰 / 139

　　案例五：拒绝打架斗殴，理性解决矛盾 / 141

　　案例六：显个性标语惹众怒，巧化解学生心诚服 / 144

　　案例七：辅导员会一直在 / 148

　　案例八：收起锋利，尽现光芒 / 151

　　案例九：一个误会，引发的突发事件 / 154

　　案例十：对诱惑说"不" / 157

　　案例十一：仗义，引起的风波 / 159

　　案例十二：都是晾衣架惹的祸 / 162

　　案例十三：网上借款碰不得，欠款多多自堕落 / 165

　　案例十四：倾注爱心，守护自尊 / 168

五、学业就业辅导类 / 171

　　案例一：对专业迷茫，对学业倦怠 / 173

　　案例二：绵绵用功，蓄力成就 / 177

　　案例三：专注艺术专业学习和积极生活态度的相互促进 / 179

　　案例四：遇到难关倾全力解决，学习正道勿轻易放弃 / 183

　　案例五：厘清职业规划，战胜年龄障碍 / 186

案例六：南北差异学习生活难融入，寻找优势主动出击巧疏解 / 189
案例七：学习有困难，学业辅导来帮忙* / 192
案例八：多措并举，保障突陷贫困学生顺利完成学业 / 195
案例九：新生入学不适应，关心爱护多沟通 / 198
案例十：贫困生害怕交际，自信魅力放光芒 / 201
案例十一：探索厌学背后的隐情，揪出"症状"掩盖的"症结" / 204
案例十二：前途迷茫，就业指导 / 207
案例十三：精准帮扶困难学生，用心用爱促就业 / 210
案例十四：引导学生辩证看待考研，做好个人规划 / 214
案例十五：引导加深自我认知，做好职业生涯规划 / 217
案例十六：做好创新创业教育，提升思政工作实效 / 220
案例十七：鼓励创业兴致，帮扶政策尽解 / 223
案例十八：未来选择家里不支持，正确分析引导渡难关 / 226
案例十九：考研还是就业？班长也迷茫 / 230
案例二十："四位一体"创新创业教育实践探索 / 233

一、特色活动育人类

案例一：深化禁毒教育，承梦青春年华

贾姗姗　解　眉　杨　舒

中央戏剧学院是教育部直属高等艺术院校，是亚洲戏剧教育研究中心总部所在地，是世界戏剧院校联盟国际大学生戏剧节活动基地。多年来，学院始终遵循高等教育规律和艺术发展规律，坚持现实主义美学原则，秉承厚基础、重实践的教学宗旨，为国家培养高水平、高素质的艺术人才。学院党委历来重视学生思想政治建设工作，努力扎根中国大地办特色鲜明、世界一流的艺术院校。如何提高学生思想政治工作的针对性、系统性和实效性，为党和国家培养高觉悟、高素质、高水平的艺术人才，一直是学院多年来始终探索的课题。

一、背景与思路

中国特色社会主义已经进入新时代，为了实现中华民族文艺的伟大复兴，必须创作出合乎时代潮流、顺应人民意愿的文艺作品。中央戏剧学院党委历来重视学生思想政治教育工作，逐渐探索出了一条与禁毒宣传教育工作相结合的思想政治教育工作新模式，将禁毒防毒教育作为强化学生思政教育的重要举措和精神抓手，摸索合力点。

中央戏剧学院作为"禁毒教育高校公益联盟"的首家联盟院校，多年来一直将青少年毒品预防教育工作作为贯彻落实学生德育工作的重要举措，逐级建立工作责任制，保证禁毒工作常抓不懈。自2009年以来，学院与北京市禁毒教育基地管理中心达成战略合作，以适合学校教育特点为出发点，培养学生禁毒防毒意识，将禁毒教育纳入学生日常的思想政治教育工作中，积极开展各种形式的禁毒教育宣传活动，努力营造文明校园、平安校园的和谐环境。其中，"禁毒教育原创戏剧"作为极具代表性、极具品牌影响力的活动，多年来在广大师生、各高校和社会间积累了较高的口碑和广泛的知名度。

二、做法与举措

中央戏剧学院举全院各系之力，以艺术项目带动禁毒理念的传播，让学生在专业实践中潜移默化地学习禁毒知识，树立禁毒意识，普及禁毒文化，成果斐然。

（一）发挥优势，探索以戏剧的形式传播禁毒知识

戏剧，作为一项集文学、美术、音乐、舞蹈等艺术形式于一体的综合性艺术，通过演员塑造形象、展开故事情节，进而揭示既定主题。可以使观众具体地看到逼真的生活场景和人物的音容笑貌，甚至直接感受到人物情绪的细微变化。因此，戏剧艺术的感染力和教育作用，是比较直接和强烈的。

2009年，中央戏剧学院与北京禁毒教育基地达成战略合作，创作了首部禁毒题材音乐心理剧《瘾型人》，开始了"用艺术传播禁毒理念，用创意推动禁毒事业"的探索。

中央戏剧学院自2013年参与"禁毒教育高校公益联盟"项目以来，坚持一年做一部禁毒原创作品。由学生自主创作并制作的禁毒题材公益戏剧《黑夜及点灯人》在中央戏剧学院实验剧场演出5场，在社会剧场演出3场，并深入天堂河监狱为1000名服刑人员演出，多名涉毒服刑人员当场落泪，引发观众强烈共鸣。北京青年报、搜狐网、千龙网、中国网、凤凰网等媒体发布新闻，取得广泛社会反响。

2015年，中央戏剧学院积极参与到"禁毒教育高校公益联盟"之禁毒戏剧校园推广计划中。学院师生通过走访成瘾者及其家属、同伴志愿者，共同创作了禁毒人偶剧《出窍》，首次尝试人偶同台表现禁毒主题，引发热烈的社会反响。禁毒人偶剧《出窍》在中央戏剧学院北兵马司剧场首演7场，在北京天桥艺术中心进行了2场社会演出，同时与北京20所高校和社区青年汇合作，对百余名高校戏剧骨干和社工开展了培训。

2015年12月3日，以中央戏剧学院为主要成员的"禁毒高校公益联盟"从全国5509个申报项目中脱颖而出，获得由共青团中央、中央文明办、民政部、中国残联、中国志愿服务联合会等13个部门单位联合发起的"第二届全国青年志愿者服务大赛"总决赛的金奖。

2016年，中央戏剧学院师生通过前往北京市禁毒教育基地参观学习，听取禁毒专家的讲座，创作了禁毒音乐剧《临界》。该剧先后在中央戏剧学院实验剧场和东图剧场演出6场，引发社会的广泛探讨。在演出结尾的剧中角色与观众互动问答环节中，观众积极参与、讨论热烈，将禁毒教育工作延伸至剧外，反响热烈。《临界》还同时完成了视频版的拍摄制作和编导手记教学片。2017年9月，《临界》荣获第十五届中国人口文化奖舞台艺术类二等奖。

一、特色活动育人类

2017年，中央戏剧学院继续加强与北京市禁毒教育基地管理中心的合作，师生深入戒毒所、北京禁毒教育基地和康复场所走访和体验生活，创作了禁毒公益戏剧《鸟》。该剧聚焦毒品，特别是大麻对青少年身心健康造成的严重危害，直面"大麻合法化"等极具争议性议题，引发观众体会美好青春被摧毁的痛，在情感共鸣中思考毒品问题背后的家庭、社会和心理原因及"毒品亚文化"对年轻人的影响。《鸟》通过台词、形体、音乐、舞蹈等多种元素展现主题，具有极强的感染力，在面向高校进行多轮公益演出后，将演出实况制作成视频光盘向全国高校艺术团和话剧团免费发放，供各高校开展禁毒教育使用。

2018年，中央戏剧学院师生历时半年创作排练，演出了原创禁毒话剧《蒲公英》。该剧聚焦戒毒者的人生故事，以真实案例为素材，展现了他们在戒毒民警和家庭支持下，在戒毒所中的真实状态与心路历程，以及在戒毒康复过程中经历的曲折与变化。在创作排演过程中，师生们始终坚持"从生活中来，真实面对生活"的创作态度与理念，深入戒毒所采访体验，促使学生更加关注社会、对社会问题进行参与思考，让作品更富真情实感，培养学生社会责任感。该剧2018年6月在中央戏剧学院进行了首轮演出后，于2019年9月在北京航空航天大学面向在京9所高校的1500余名大一新生进行了二轮演出，助力北京高校新生引航工程，加强了全社会对禁毒工作和高校思政教育工作的重视。

2019年是虎门销烟180周年、五四运动100周年、新中国成立70周年，历史和当代禁毒精神的映照，"苟利国家生死以，岂因祸福避趋之"的精神成为这一年师生创作的方向。这一年，学院与北京市禁毒教育基地管理中心联合创作了禁毒戏剧《暗夜逐光》。该剧采用两条故事线在两个时代背景下平行展开，第一条故事线是当代环境，讲述了中国缉毒警察赵英与在加拿大留学的女儿TINA（言言）之间从不理解到支持的故事；第二条故事线穿越到1839年的道光年间，讲述了林则徐深知赴广州禁烟的艰难的情况下，是怎么一步步逼着道光痛下"严禁"的决心，从而拉开"鸦片一日不禁，臣一日不归"的虎门销烟序幕。随着舞台背景旋转，剧情不断进行着时空转换。该剧先后在校内外进行了8次公益演出，近5000人次观看，两次深入戒毒所为成瘾者进行帮教演出，用文化艺术助力戒毒工作。同时，将《暗夜逐光》中"选择正确的人生道路，坚定抵制毒品的信心，守护心灵和我们美好的家园"的主题传播开来，引导和强化当代大学生的禁毒意识，促使他们更多地关注和思考社会问题，增强社会责任感。

2020年，学院与北京市禁毒教育基地管理中心再次联合创作禁毒话剧《向阳处》，结合时代背景，以当下社区禁毒工作的现状为素材进行创作，讲述了向阳社区禁毒社工与戒毒康复人员的日常生活与心路历程，戒毒康复人员在社工的帮助下重新唤起对生活的热情，找寻生命的出口，而禁毒社工在工作过程中不断叩问灵魂，实现人生的价值，在推进禁毒工作的同时，共同完成了彼此对自我身心的救赎。大幕拉开，向阳社区的故事渐渐映入眼帘，这是一场对"人性"的体谅与观照，更是一次对远离毒品危害的社会警醒。

2022年，学院坚持与北京市禁毒教育基地管理中心协同工作，创作主体聚焦到以往禁毒题材中鲜少关注的人群——禁毒警察，由此策划出原创话剧《天晴了》，通过禁毒警察最为直观的视角，讲述其工作中的艰难事迹以及禁毒警察对违法者思想、情感上的积极影响，在表现我国禁毒工作者不畏苦难、勇往直前精神的同时，从不同视角展现了毒品对于人的侵害以及我国禁毒工作的严峻形势，集中展现了艺术作品中广泛而深远的教育意义。

戏剧的生命在于舞台表演，舞台表演能通过各种渠道和媒介径达人们的感官，让戏剧的社会作用得到更有效的发挥和体现。中央戏剧学院的7部禁毒戏剧作品从剧本原创伊始，就尝试以不同的表现形式为载体，探索戏剧的特殊题材与不同表现形式之间的互文关系，相互促进、相互作用，共同推动禁毒理念与禁毒文化的传播和弘扬。7部禁毒戏剧采取不同的表现形式针对不同的受众人群，人偶剧《出窍》针对广大小学生及其家长，音乐剧《临界》针对广大中学生及其家长，话剧《蒲公英》聚焦女性成瘾者，话剧《暗夜逐光》以历史与当代相互映照，体现禁毒工作者的艰辛与不易，心理剧《瘾型人》、文献剧《黑夜及点灯人》和话剧《鸟》的受众群体则更为普遍、广泛。

中央戏剧学院通过有意义、有价值的专业性探索，带领主创团队在实践中学习，实地搜集素材，与吸毒人员进行零距离交流，用深刻的戏剧作品和富有生命力的舞台表演传播禁毒知识，给全社会带来了更直接、更深刻的教育与警示作用。

（二）覆盖全员，构建全方位立体宣传教育体系

中央戏剧学院高度重视大学生的禁毒宣传教育工作，构建了全方位立体的宣传教育体系。每年针对新生开展"新生引航工程"，将禁毒防毒教育与新生入学教育有机结合起来，邀请禁毒、医学、心理等领域的著名专家学者举办形式多样的禁毒教育活动，从医学、生理学、社会心理学角度切入，帮助学生认识到吸毒的危害和禁毒的迫切性与必要性，在他们心理上筑起一道防毒、拒毒的坚固屏障。

坚持把禁毒教育纳入学生日常思想政治教育工作中，要求班主任和辅导员定

期组织召开禁毒主题班会、班团干部禁毒禁烟宣教大会、宿舍长安全教育大会等会议，全方位、分层次地大力强调宣传国家的禁毒政策以及学院对毒品的零容忍态度，实现禁毒教育全员覆盖。

发挥课堂外的作用，加强禁毒防毒教育工作的持续性和针对性。每周，学院学生工作部全体教师深入学生宿舍，检查学生宿舍安全隐患，了解学生的思想动态，将日常教育工作与禁毒防毒工作相联系，开展点对点、面对面的教育宣传工作，以建立"无毒学校""无毒宿舍"为目标，深入、细致地开展工作。切实提高广大学生的禁毒意识和拒绝毒品的自控能力，营造文明、净化的校园宿舍环境。

（三）拓宽领域，创新网络宣传平台

中央戏剧学院积极利用一切可利用的资源，探索禁毒教育工作的新途径，拓宽禁毒教育工作的新领域。利用学生工作部微信公众平台开展禁毒防毒宣传教育，使其逐步成为师生了解禁毒知识、获取禁毒咨询、参与禁毒活动的有效窗口。将每年6月26日的"国际禁毒日"、5月31日的"世界无烟日"和12月1日的"世界艾滋病日"作为学生工作部微信公众平台的重点宣传期，重视禁毒宣传教育工作在思想政治工作方面的强化和推动作用，为思政工作的多元化开辟了新的途径。

（四）党员引领，发挥先锋带头作用

通过红色"1+1"活动，让学生党员更加直观地意识到毒品的危害，树立危机意识，使青年党员实现"从参观者到参与者，从参与者到志愿者，从志愿者到捍卫者"的角色转换。学生党员这个群体充分发挥其先锋带头作用，以此将远离毒品的危机意识扩散至整个大学生群体。

2018年电影电视系学生党支部与北京市公安局强制隔离戒毒所党支部开展了一系列红色"1+1"活动，学生党员在进行了深入的参观交流学习后，创作了禁毒小品及禁毒歌曲，并再次回到戒毒所为戒毒人员带来了现场演出。同时，学生党员们结合自身专业特长，进行了禁毒短视频的创作构思，通过主动投身禁毒宣传教育的志愿活动，脚踏实地为社会服务，为平安北京、平安中国尽一份力。

三、成效与启示

中央戏剧学院在"禁毒教育高校公益联盟"项目的开展中，与其他高校及社会各团体机构展开了广泛合作，在带动本校师生了解、学习禁毒知识的同时，也将禁毒教育工作的理念与精神辐射至全社会，通过626TV禁毒视频网站、优酷视频，将

几年来创作的禁毒作品进行网上传播，观看量超过35万人次，其中《黑夜及点灯人》《出窍》等多部作品入选国家禁毒办"6·27"工程推荐作品，师生的5篇相关论文先后刊登在中国人民公安大学出版社出版的《禁毒研究》《毒品危害防控平台建设》丛书中，推动了禁毒文化与禁毒事业的普及与发展。

在2016年12月召开的全国青少年毒品预防教育"6·27"工程推进会上，中央戏剧学院作为全国唯一入选的高校，被评为全国百所禁毒先进学校。

2017年，中央戏剧学院还积极参与了首届全国禁毒微视频摄影大赛活动，报送的作品《心瘾》入围决赛，并作为北京市唯一获奖作品，最终荣获全国三等奖。

2017年4月26日、12月21日，国家禁毒委先后两次在中央戏剧学院召开经验交流座谈会，听取相关部门的工作汇报，共同探讨未来的工作方向。

2018年3月，中央戏剧学院禁毒宣传教育工作成果荣获第五届首都大学生思想政治工作实效奖一等奖。

2020年12月，《〈传播禁毒理念，引导健康生活〉——中央戏剧学院禁毒宣传教育工作》获评北京高校党的建设和思政工作优秀成果三等奖。

思想政治工作和禁毒宣传教育都是教育人、引导人、完善人格、提高思想觉悟，并增强学生抵御各种不良思想和行为侵袭能力的工作。中央戏剧学院将禁毒宣传教育工作与思政工作有机结合，在思政工作的方针原则下，坚持以精美的表演形式、鲜明的戏剧人物性格塑造、扣人心弦的戏剧情节，发掘、剖析吸毒的根源，揭示吸毒的危害，宣扬禁毒的意义，继承传统，突出优势，强化教育，最大限度地给予大学生珍爱生命、健康成长的新观念、新知识、新方法和新技能，让他们在创作中坚持并历练自己，在推广传播中影响、教育、引导更多的人向善、有爱，使思想政治工作由虚变实，使禁毒教育由单一变多样，有效提高了思想政治工作水平，也提高了禁毒宣传教育工作的效益、效率和质量，从而达到教育的真正目的，以确保学生身心健康，校园平安和谐，并为社会团结稳定、国家长治久安提供坚实保障。

中央戏剧学院将继续发扬艺术院校的鲜明特色，坚持世界一流院校的宗旨目标，发挥以文化人、以文育人优势，坚持用思想政治工作为禁毒宣传教育工作提供理论依据，坚持用禁毒宣传教育工作促进思想政治工作的实践发展，完善思政工作第二课堂。同时，紧密结合学院人才培养、综合改革与发展实际，坚持问题导向，坚持用创新引领思政工作，探索思想政治工作规律、学生成长规律。发挥学院特色与优势，积极开拓禁毒教育戏剧的影响范围，积极探索高校思政工作的创新宣传教育方式，为更好地进行高校思想政治工作做出更加积极的努力与贡献。

案例二：以生为本，多措并举，坚定信心，全力以赴

——抗击新冠疫情的典型经验做法

贾姗姗

"疫情就是命令，防控就是责任"，自新冠疫情发生以来，学生工作部全体工作人员立即由"休假模式"转换至"战时状态"。认真学习贯彻习近平总书记关于疫情防控的重要指示精神，严格遵照学院疫情防控工作领导小组的决策部署，扎实开展疫情防控工作，充分发扬学生工作队伍勇挑重担、敢打硬仗的光荣传统，24小时全力投入到全院学生情况排查及疫情防控工作中。随着疫情防控形势的变化，适时调整工作方式方法，线上线下、校内校外、思想身心，全方位、无死角地落实各项疫情防控举措，确保学生身心健康、校园安全稳定。

一、数据战"疫"，网格管理全覆盖

制订《中央戏剧学院新型冠状病毒感染肺炎疫情防控期间学生信息统计方案》，构建"学生—班主任—辅导员—学工部"的每日情况统计流程，制作全院学生的详细信息静态台账，每日动态进行"日报告"和"零报告"。同时，要求班主任、辅导员通过电话、微信等方式与学生建立"一对一""点对点"的联系，及时掌握学生的身体、思想、心理和学习生活状态，做到基本信息全掌握、动态信息常更新。

随着"企业微信"中增设"每日报平安"的模块，基础数据的采集由人工收集统计升级为系统收集统计，极大提升了数据的准确性。学生工作部及时调整人员分工，按照"一系一人"的模式，一名辅导员负责一个系的"每日报平安"数据的维护、上报工作，将责任落实到人。同时，针对学生因误操作、身体不适等导致出现的数据异常情况，坚持"一对一"与学生取得联系，关心学生身体状况，帮助学生修正填报数据，为学院准确掌握学生动态打下了坚实的数据基础。

二、思想战"疫"，网络思政细入微

学院号召广大中戏学子为打赢疫情阻击战贡献力量，组织开展"众志成城，共

克时艰"网络主题教育活动。动员学生收看《老师请回答·大中小学生同上一堂课》节目，在班级群中开展讨论并撰写观后感。召开线上主题班会，各班分别以学习疫情防控知识、为医务人员捐款、创作艺术作品等不同方式，汇聚宣传正能量，凝聚班集体共同战胜疫情的坚定信心。班主任"一对一"向学生深入宣传北京应对疫情的各项政策措施，引导学生切实遵守疫情防控的各项要求，提高防范意识，掌握防治知识。号召全体学生共同建设风清气正的网络环境，不信谣、不传谣，对于未经证实的信息，不转发、不评论。

在全院范围内开展"使命在肩　奋斗有我"主题教育活动，以爱国主义教育为主线，聚焦"让青春在党和人民最需要的地方绽放绚丽之花"进行系统设计，遵循"知—情—意—行"教育规律，组织全院师生全面参与，把思政工作做在日常、做到个人。开展"学回信精神，担复兴大任"学习活动，通过线上班会、党班团队日活动，掀起学习贯彻总书记重要回信精神的热潮。与"延河联盟"九校师生齐聚云端，举办"同守一颗初心——延河联盟学生党员共学回信精神"网络主题教育活动，共学回信、共话担当，传承红色基因，用行动书写青春之歌。号召学生积极参与抗疫相关的志愿活动，深入挖掘典型事例，在线上进行宣传报道。在开学后，组织专题宣讲活动，教育引导学生崇尚志愿服务精神，强化社会责任意识、规则意识、奉献意识。

三、艺术战"疫"，发挥专长弘能量

为充分调动师生抗击疫情的信心，学院开展了"众志成城，共克时艰——大学生在行动"主题征文、书画、微视频等系列活动，支持广大师生通过创作戏剧、广播剧、舞蹈等形式，凝聚和弘扬战"疫"正能量。在学院宣传部、团委等部门组织下，广大师生纷纷通过各种渠道，表达对武汉抗疫一线的医生护士等"战士们"的声援和支持。表演系、音乐剧系、舞台美术系、歌剧系、戏剧教育系、电影电视系、戏剧管理系等师生先后创作了近百部（幅）艺术作品。

其中，校园广播台学生集体创作并深情朗诵的《众志成城，风雨同舟》、戏剧教育师生创作的《抗击疫情戏剧口令操》、舞台美术系师生集体创作的《线上班会，中戏战"疫"海报出炉》、表演系和歌剧系学生创作的抗疫歌曲《良医》《我们的心愿》、电影电视系师生集体创作的四集原创广播剧《那座城、那些人》等十多部原创音乐、绘画作品，在师生中引发强烈反响，极大地鼓舞了广大师生积极创作，踊跃奉献"抗疫"力量的热情，为抗疫初期团结力量、凝聚人心唱响了"中戏人"的心声与召唤。

在通过积极宣传，努力做好校内师生的引导之外，我们还尤其关注作为高等艺术院校，中戏所承担的社会责任。先后甄选推出戏剧教育系师生创作的《宅家抗疫戏剧游戏》和《@全国小学生，戏剧教育微课堂来了》，先后为疫情期间不能出门的中小学生提供了抗击疫情居家锻炼身体的戏剧口令操，以及和父母家人一起进行亲子游戏的微课堂视频。这些原创作品和宣传报道，充分激发了广大中戏师生抗击疫情的热情，鼓舞了奋战在抗疫一线的"战士们"战胜病毒的信心，获得了社会的高度评价，充分展示了疫情面前中戏人的责任担当和为抗击疫情所贡献出的"中戏"力量。

四、心理防"疫"，线上咨询时刻援

为化解疫情带来的各种情绪危机，保持学生健康、积极向上的学习生活状态，心理咨询中心开通线上心理援助服务。辅导员通过班级微信群定期向学生发布正能量的信息，随时关注学生朋友圈动态，对表现出恐惧、焦虑情绪的学生，进行"一对一"线上心理辅导。

开展"聚力同心，战疫同行"心理健康节线上活动。利用云课堂、网络直播平台等资源，结合艺术院校学生的特点，定时定向将优秀的网络心理专题讲座推送给每一位学生，分享心理健康常识及日常生活中的实用技巧。网络讲座推送的内容涉及压力应对、疫情思考、音乐放松、学习睡眠、自我改变等多个方面，讲座专业、实用且有趣，帮助学生在疫情期间不断地思考与创新，不断探索自我、完善自我。通过学生工作部及学院官方微信公众号，定期推送心理健康常识及心理调适技巧方面的文章，引导学生用科学、积极的方式调整心态，安排好在家的学习与生活。为全面了解学生的心理健康状况，学生工作部在借鉴其他高校优秀经验的前提下，面向全体学生发放《中央戏剧学院疫情期间心理健康状况自评手册》，通过在线填写问卷的方式，帮助学生们快速了解自己的心理状态，并在自评完毕后给予相应的心理调适指导意见，让学生们有机会了解自己的心理状态，也方便老师们精准掌握学生状态，及时给出专业的心理帮扶指导意见。

五、就业抗"疫"，分类指导稳人心

学院党委常委会、院长办公会多次研究部署就业工作。在"百日就业冲刺行动"期间，先后召开3次学院就业工作会议，学院主管领导、各系主任、毕业班班主任和辅导员参会，听取就业汇报，通报就业进展，安排工作。疫情期间，制订了《中央戏剧学院 2020 届毕业生就业创业工作预案》《中央戏剧学院关于应对新冠肺炎疫情做好2020届毕业生就业创业工作的通知》。坚持每天更新"就业创业指导中心"微信公众号，向学生密集发布最新就业政策和招聘信息，数量较往年翻倍，内容覆盖所有专业层次。

推荐各高校优秀的网络课程，讲授信息收集、简历制作、笔试面试等技巧，实现线下指导向线上服务的转移。推动网络办公，提供便捷服务，实现《就业协议书》《毕业生推荐表》《统分统招证明》《毕业生登记表》等表、证、单的网络申请和下载。

毕业班班主任和辅导员以班级为单位建立工作群，及时转发学院工作通知，解答学生问题，提供"一对一、点对点"的就业指导和咨询服务。充分挖掘京外、基层和校友企业岗位资源，提供更多需求信息；重点关注经济困难学生，加强分类指导；联合兄弟院校，召开网络招聘会，努力推动毕业生顺利求职、稳定就业。

六、资助战"疫"，精准服务暖人心

疫情防控期间，加大摸排力度，准确掌握家庭经济困难学生情况。及时了解学生的身体健康情况、生活情况和受疫情影响情况。聚焦疫情严重地区、贫困地区、农村地区、边远地区，重点关注建档立卡贫困家庭、低保、特困救助供养、残疾和孤儿等特殊困难学生群体。准确掌握各类学生信息，建立完善家庭经济困难学生疫情防控资助台账。

制订出台《中央戏剧学院新型冠状病毒感染肺炎疫情防控期间学生资助工作方案》，设立"中央戏剧学院学生特殊困难补助（新冠肺炎专项）"。对于学生本人或学生直系亲属感染新型冠状病毒肺炎的一次性补助 5000 元，对于因疫情导致临时生活困难而亟须帮助的学生一次性补助 3000 元。简化申请流程，坚持"一事一办"原则，以最快速度完成审核发放工作。

全面落实各项资助政策。充分考虑疫情防控期间家庭经济困难学生的实际需求，及时足额发放国家助学金等资助资金；对于已毕业且处于还款期的国家助学贷款借款学生，根据实际情况，合理延后还款期限，为其办理代偿应还本息相关手续；对符合"中央戏剧学院学生特殊困难补助（新冠肺炎专项）"资助的学生，减免本学年学费。

切实做好疫情防控期间学生资助育人工作。加强防疫知识和资助政策宣传。疫情防控期间，学生和家长对互联网依赖性普遍增加，针对这一情况通过官网、官微、电话、短信等多渠道、多形式加强对疫情防控知识和学生资助政策的宣传，同时加大对网络诈骗、电信诈骗等防范知识的宣传，引导广大学生和家长保持警惕，

切实提高金融风险防范能力。

　　加强心理疏导。由辅导员"一对一"与经济困难学生联系，及时掌握家庭经济困难学生的身心状况。对于因疫情防控产生心理压力和情绪焦虑的学生，及时安排相应的教师、心理咨询师等给予心理疏导、精神抚慰，纾解他们的心理困扰，使其能够安心学习，顺利完成学业。

　　"疫情是考题，我们是答卷人"，在举国抗击疫情的关键时期，中央戏剧学院全体教职员工始终坚持密切联系学生，一切工作以学生的健康安全为出发点，以学生的学业就业为工作点，以学生的思想心理为着眼点，竭尽全力，众志成城，共克时艰，为团结带领全体学生最终打赢这场疫情防控阻击战做出了应有的贡献！

案例三：讲好冬奥故事，共赴冰雪之约

贾姗姗　杨　舒

2022年2月20日，国家体育场上的奥运之火缓缓熄灭，空中"天下一家"的焰火为2022年北京冬奥会画上圆满句号。3月13日，国家体育场再次身披霓裳，在悠扬的《雪花》旋律和浪漫的焰火中，2022年北京冬残奥会也迎来了告别时刻。在新冠疫情依旧严峻的背景下，中国兑现了承诺，为世界成功呈现了一场"简约、安全、精彩"的奥运盛会。

为了完成这场举世惊艳的冰雪之约，无数人为此付出智慧与心血。我院师生们也身先士卒地发挥专业优势，承担起北京2022年冬奥会开幕式引导员、冬奥会闭幕式演员以及冬残奥会开幕式演出工作，并且深度参与到冬奥会和冬残奥会导演组、造型设计组、舞台灯光组、舞台监督组等部门的多项工作中，最终圆满完成了北京2022年冬奥会和冬残奥会开闭幕式演出服务保障工作。

一、工作举措与成效

（一）强化组织领导，建立工作机制

自接到冬奥会和冬残奥会开闭幕式服务保障工作任务以来，学院高度重视此次冬奥筹办工作，第一时间成立冬奥工作专班，建立由主管学生工作的校领导担任指挥、学生工作部负责人担任执行指挥，多部门参与的冬奥工作体系，进一步提高政治站位，肩负政治责任，加强冬奥工作领导小组的指挥系统建设，建立有效的工作机制，坚持以习近平总书记"绿色办奥、共享办奥、开放办奥、廉洁办奥"理念为指引，坚持发挥中央戏剧学院的独特优势，坚持冬奥工作与育人工作相结合，坚持疫情防控与冬奥筹办统筹推进，高标准、高质量推进冬奥服务保障工作。

（二）深化思想引领，培养服务情怀

学院深度关注演职人员学业发展和思想政治动态，要求各部门落实精神细化职责，加强前沿研判，做好对突发事件的预案处置，做到精益求精、万无一失。建立以辅导员为主、学生所在系为辅的全贯通式思想政治教育工作体系，全面了解学生的训练和表现情况，摸清学生的实际困难，及时了解学生的思想波动，将大学生思

想教育融入冬奥演出服务全程，通过聚焦国家重大活动参与过程，实现新时代青年服务国家的理想目标，提升学生政治意识，激发学生爱国爱党、志愿服务的热情，切实有效地将服务冬奥工作落到实处。同时，学院心理咨询中心以线上线下相结合的方式为演职人员提供全程心理服务支持，各部门工作人员持续跟踪在校演职人员思想政治健康，全力以赴，团结协作，全力保障演职人员用灿烂的笑容展示青春的风采，向世界传播和平与友谊。

（三）优化服务保障，健全激励政策

为保证此次冬奥会和冬残奥会服务保障工作的顺利进行，学院发挥我院师生多次参与大型活动在服务保障等方面的经验和优势，及时解决参演师生遇到的困难，保障学生在校训练期间的就餐、洗澡、就医、防寒等基本生活需求，制定管理要求并完善激励保障制度。

学院第一时间部署财务部门开通绿色通道批复专项经费申请，为演职人员购买了围巾、手套、保暖内衣、暖宝宝等御寒物资及防疫物资。寒假封校期间，为满足演职人员的学习生活需求，在配合冬奥会和冬残奥会训练时间的前提下，学院特开放体育馆、健身房、图书馆、排演教室等场所。食堂为寒假留京期间过生日的同学贴心地准备了生日蛋糕，为学生提供全方位的生活服务。开闭幕式演出任务结束后，所有同学都需完成一定时间的健康监测，为此学院不仅为演职人员准备了日常生活用品，还购买了视频平台会员、策划线上活动等，以此丰富演职人员隔离期间的生活，确保学生以积极健康的状态平稳度过隔离期。

二、特色育人与经验

（一）加强组织建设，提升领队自身素质

为正确引导和带领学生以良好的精神风貌完成冬奥会及冬残奥会开闭幕式演出工作，在学院冬奥工作专班的工作部署下，学生工作部辅导员老师与各系专业教师共同组成带队教师团队，不断提高自身思想政治觉悟，全面贯彻落实党的教育方针，强化培育保密意识，增强责任意识，用过硬的政治素养和业务水平，带领所有演职学生高质量、高标准完成服务保障任务。

（二）加强仪式感召，增强学生责任意识

此次冬奥备战期间也正逢春节，为了让大家留校不孤单、异乡情意暖，学生工作部为同学们准备了新春大礼包，学院领导、各系老师也纷纷入校进行慰问和激

励，给予学生生活上的关心和思想上的帮助，陪伴学生们度过这个特殊而有意义的春节，确保演职人员始终保持良好的精神状态。

除夕当日，学院举行北京2022年冬奥会、冬残奥会开闭幕式演职人员出征仪式，学院领导、演职人员所在系负责人、专业教师、辅导员，以及负责后勤保障的相关职能部门负责人一同参加了仪式。学院师生代表发表感言，重温志愿初心，激发服务斗志，共同喊响"与北京冬奥一起向未来"的口号，立志为祖国争光、为冬奥添彩。

（三）梳理工作经验，推进冬奥大思政课

2022北京冬奥会是我国重要历史节点的重大标志性活动，学生通过亲身经历和服务保障冬奥盛会，深刻认识了中国共产党领导和中国特色社会主义制度的显著优势，领会了作为"双奥青年"所担负的历史使命，未来他们将把这种冬奥精神与专业技能相结合、与职业发展相结合、与成长成才相结合、与服务国家相结合，在实践中成长，在奉献中升华。

充分利用北京冬奥会对于全面育人、思政育人的直接价值，围绕立德树人根本任务，将鲜活的冬奥故事、冬奥精神及时转化为育人素材，激活新时代思政教育的活力，将更高、更快、更强、更团结的奥林匹克文化精神内涵同青年的远大理想和崇高信念结合起来，引导和激励广大青年在新时代的舞台上拼搏进取、追求超越。组建冬奥精神宣讲团，将此次极具历史意义的重大活动作为实现思政育人使命和职责的有力工具，通过理论学习、案例宣讲、交流辅导等方式，把冬奥精神的星星之火传播到每个学生心中，以大视野、大格局用好冬奥素材，有温度、有力度地讲好冬奥"大思政课"。

二、思政教育类

案例一：求真向善至美，德艺双馨为学

陈红祥

在长期的德育工作实践中，中央戏剧学院按照培养德智体美劳全面发展的社会主义合格建设者和可靠接班人的教育目标，坚持"育人为本、德育为先"的工作理念，引导学生"求识求学求艺，为人为礼为德"，为国家和社会培养"德艺双馨"的戏剧影视艺术人才。学院实施全面育人方略，积极调动各种有利因素，促进学生全面发展，形成了"求真向善至美"的德育特色。

"求真"就是尊重生活真实，尊重学生个性，尊重艺术教育规律，培养学生把追求戏剧艺术作为一种积极的生活方式，严肃对待人生和事业，理想高远，道德高尚，勤思敏学；不断探寻和追求艺术的真谛，对各种文艺思想进行理性的辨别和分析；强调"先做人，后做戏"，树立正确的创作观，做一个合格的人，成为一名成功的艺术工作者。在德育工作中集中体现为：真心、真情、真知。

"向善"是指培养学生的"向善"之心。教师用一颗真心善待学生，善于发现学生的闪光点，激励学生，引导学生以一种平和的心态面对生活和学习，不迁怒于人，知错就改，弃恶扬善，见贤思齐，见义勇为，善纳人言，善于学习，乐善好施，乐于助人。通过文学创作和表演，歌颂"真、善、美"，鞭挞"假、恶、丑"。鼓励学生积极从善，促进社会和谐，推动文明进步。在德育工作中集中体现为：善学、善思、善行。

"至美"就是通过追求真实、追求真谛、积极向善，塑造美好，达至完美。学院引导和鼓励学生"求识求学求艺，为人为礼为德"，既要把他们培养成为艺术潮流和学术方向的引领者，又要把他们培养成为个人修养和道德情操的楷模；不仅创作出具有中国气派和世界影响力的作品，而且所思、所为、所言要体现出良好的个人品质，影响和教育更多的人。在德育工作中集中体现为：美的情境、美的发现、美的创造。

一、求真

（一）真心

德育是一种双边活动，教育对象是人，是一群有血有肉、有情感、有思维且极具个性的活生生的学生。艺术院校的学生纯真自然、崇尚本真、热情真诚。因此，不论课堂内外，在学生面前，教师的一言一行，哪怕是一个细微的表情，都应该是"真"的，是真心实意的，是饱含真诚的。真心使师生之间心灵对接相容、情感互动沟通。

在教学中，学院的教师言传身教，真诚对待学生，以真心赢得学生的真诚。他们认真备课、认真上课，耐心为学生解疑答惑，一丝不苟地批改学生的作业、作品，以敬业爱岗精神感召学生敏而好学。

高尚的师德人品总会赢得学生的尊重和爱戴。学院坚持每年评选先进工作者、师德楷模、优秀共产党员、优秀辅导员，他们的模范行为感召着身边的学生。在校园里，学生伴着晨曦苦练台词，放弃午休练声塑形，挑灯夜战研磨绘画……这样的情景随处可见。这种精神成为学院师生共有的特征，使整个校园活泼中渗透着紧张，殷实中透露着希望。

（二）真情

真情是内心感情的自然流露。"以情动人"，"情"是"真情""真诚"。只有在工作中做到心为学生所系，情为学生所动，利为学生所谋，才能切切实实成为学生成长的引路人、学生生活的贴心人、学生心灵的呵护人。学院学生工作职能部门，与广大学生紧密联系，坚持以"情感育人"的方式走入学生群体，深入了解学生思想状况、学习态度、生活方式，关心爱护学生，开展各项工作，使每位学生都感受到集体的温暖和热情。

在校园里，当学生思想产生困惑、情感低落时，抑或取得进步、获得佳绩时，他们乐意走进学生处、辅导员办公室，与教师谈心交流、汇报思想，表达内心的困惑或喜悦，获得前进的动力。

（三）真知

教师引导学生在对知识的探究过程中，不断地排除干扰、突破表象假象的迷惑，努力地接近现实、了解真相、把握真相，获得真知。教师用真心、动真情、传真知，把学生培养成为相信生活、掌握真相、追求真理的勇士与智者。

现实主义美学原则真实地再现了典型环境中的典型人物，以生活本身的形式反映生活为其基本形式，学院坚持将这一原则贯穿于专业教学和艺术创作中。在基础教学中，以真实作为艺术创作的准则，主张依据人的生活法则和运用生活的原理与逻辑进行艺术创作，使学生在体验的基础上进行再体现。

二、向善

（一）善学

在当今构建学习型社会的时代背景下，学会学习、善于学习是每个学生的必备素质，也是对每个学生的基本要求。学生不仅要学习知识、掌握技能，更要学习做人的道理。人有人品、艺有艺德，学生应做社会文明的承载者和传播者。不仅要学会学习，还要尽快实现由"学会"到"会学""善学"的转变，做一个勤于学习的人。

学院学生处、团委通过每年的"争先创优"活动，评选出品学兼优的学生，对学风优良的班集体进行表彰。通过评优活动，让学生感知优秀并不遥远，只要树立目标、付诸行动，就能成为优秀。通过树立榜样，让学生学有所依、学有所成，养成好学上进的优良品质，做一个德才兼备的大学生。

新生入学后，一些学生会因为突然接触很多不熟悉的东西而变得焦虑不安。他们争强好胜、不甘落后，但面对知识和经验的不足，往往因力不从心而失去信心，或者为交不出作业而坐立不安，蒙头哭泣。情况严重者，变得苦恼、消沉、迷茫。在这时，总会有任课教师或班主任、辅导员出现在他们身边，帮助他们寻找问题的症结，解开思想的疑惑，鼓励学生树立信心，鼓起勇气，继续前行。导演系一位青年教师经常鼓励她的学生："学导演，首先是要自己自信起来。自信，必须有定力，必须脚踏实地。千里之行，始于足下。对初学者来说，能够明白、会做就行，'最好'谈何容易，慢慢来吧。"她的话给予学生很大的启发，学生掌握了学习的方法，变得会学、善学。

（二）善思

在德育工作中，学院学生处、团委肯在"思"字上多下功夫，多做文章。他们帮助学生培养"思考"的好习惯，学会思考的方法与技巧，多角度、多层次分析问题，真正做到"多思""善思"，从而做到慎行、行善。他们引导学生团结同学、尊敬师长，求真务实、积极进取，增强荣辱意识，加强个人修养，学做人、做好人。他们教育学生把"立言"与"立行"统一起来；进一步增强自律意识，明确思想方向，坚持道德原则，遵守道德规范，做到明辨是非。在日常小事和生活细节上能够坚守道德，经受住各种诱惑和考验，做倡导和践行良好风气的中戏人。

在新生军训期间，学院学生处注重对学生的养成教育。通过军事技能训练和思想汇报相结合，让学生思考个人与集体的关系、自由和纪律的关系。通过军训，在锻炼身体的同时，让学生养成文明礼貌、遵规守纪的习惯，培养团结协作的精神，适应集体生活。学院指导教师帮助学生分析就业形式，树立科学的就业观和职业观；启发学生思考自己，认清自己，发挥自身特长；引导学生回味大学生活，增强爱校情结，珍惜在校时间，做到文明离校，强化学生"今天我以中戏为荣，明天中戏以我为荣"的意识。

（三）善行

学院坚持以培养学生道德情感为核心，以引导学生善行实践为主线，通过教学实践、课外活动、社会服务等途径，引导学生观察国家、社会、父母、同学、他人、自然对自己的帮助和付出，培养"感恩"之情；引导学生在日常生活中、与人交往过程中坚持实践善行，孝敬父母、尊敬师长、友爱同学、关爱他人，守法、诚信、负责，逐渐体验乐善好施的益处。

学院学生处组织学生参观中国共产党历史展览馆和"奋进新征程、领航新时代"十年成就展，学生工作部联合党支部带领学生党总支共同参观平北抗日纪念馆，表、导演系的"观察生活"，舞台美术系的"户外写生"，电影电视系的"短片制作"，戏剧管理系的"剧场实习"。事实证明，上述方法有效地提高了学生的道德认知，促进了学生把认知的道理付诸道德实践和知行统一。

三、至美

（一）美的情境

从某种意义上说，戏剧艺术就是让学生感悟美、发现美、享受美和创造美的过程，也是对学生进行美的熏陶、美的教育的过程。力求营造一个美的情境，让学生能最大限度地得到美的滋润与美的享受，是学院教职员工共同追求的目标。优雅、别致、安详的校园环境，平等、民主、融洽的师生关系，团结、友爱、互助的同学情谊，在这种情境中，每个人的情感是愉悦的，思想是开放的，情绪是饱满的，思维是敏捷的。

近年来，学院进一步加强校园文化建设，举办了诸如"青年戏剧节""社团文化节""时事评说大赛""校园歌手大赛"等文化艺术活动。这些活动，为广大学生提供了施展才华、竞争交流的舞台。活动打破了专业的限制，大家同唱一首歌，同演一台戏，洒下了汗水，收获了欢乐，播种了友谊，校园里合奏着团结友爱的动人乐章，绘成了一幅和谐共处的美丽图画。台前幕后，是学生互帮互助的身影：化装专业的学生耐心细致地为登台表演的学生化装，导演专业的学生在为演员精彩的表现出谋划策,伴舞的学生在热情地陪着演员反复练习,摄影的学生在认真地调整角度,作为观众的学生也会为台上的学生加油助威……一个个场面涌动的是热情,传播的是感动。

(二) 美的发现

营造美的情景,是为了学生更好地发掘美、发现美和追求美,不断提升学生的审美情趣与审美能力。常青藤爬满学校墙的环境美,教师"传道、授业、解惑"的智慧美,师生服饰、语言、行为的仪态美,人际间平等、民主、融洽的和谐美……让学生随时随地去捕捉美、感悟美、欣赏美。

在学生的眼里、心里,校园就是自己的家;在学生的口里、笔下,学院被亲切地称为"我的中戏""我们的中戏"。校园给了他们太多的感受和惊喜。在学院,学生发现的不仅仅是北京,也不仅仅是中国,他们发现的是世界艺术的精髓,感受着中国的包容、德国的严谨、英国的传统、法国的浪漫……他们踏着亚洲的土地,咀嚼着世界艺术的精华。在发现世界艺术融合的过程中,也培养了学生开放、包容的心灵。他们学会了欣赏别人,尊重他人,取人所长,补己之短,做一个艺术创作能力和人格魅力不断趋于完美的人。

(三) 美的创造

学院充分利用教学、管理、服务中的每一处素材与每一个细节来帮助学生,塑造美的人格、陶冶美的情操、建立美的情感、形成美的心境、养成美的习惯,进而产生美的行为。教师致力于激活学生追求美的兴趣和原动力,在追求美的过程中产生灵感,积极主动地参与美的创造。

在戏剧舞台上,很多外人看起来毫无价值的"破烂",都会变成精彩世界的组成部分。红色的布条,渲染着中国的喜庆;撕破了的渔网,能够铺出一片无边无际的希腊海滩;路边随处可见的落叶,洒满了法国温柔的秋天。学生可以在一天之内让观众经历世界上的一切。《罗密欧与朱丽叶》《茶花女》传达着文艺复兴时代的喜悦与悲哀;《风云儿女》《雷雨》《日出》演绎着中国近现代史的变迁;《伪君子》《三姊妹》《萨勒姆的女巫》揭示了人性最深处的一面。

戏如人生,通过优秀作品的创作和人物形象的塑造,台上台下、台前幕后接受了心灵的洗礼。学生以优美的作品,展现了他们豁达开阔的心态、激浊扬清的个性、追求高尚的品行和德才兼备的艺术修养。

案例二：求真务实、心系学生、因材施教

白小帆

高校辅导员的工作，既是一份选择，更是一份使命。坚持贯彻落实党的教育方针，坚持立德树人根本任务，把思想政治工作贯穿教育教学全过程，因事而化、因时而进、因势而新，做学生学习的榜样、生活的领路人。在日常的辅导员思政工作中，求真务实、心系学生、因材施教是三个行之有效的工作方法，以下将通过三个工作案例来探讨"求真务实的赤子之心""心系学生的博爱之心""因材施教的责任之心"在辅导员工作中的重要性。

一、案例概述及分析

（一）秉承求真务实的赤子之心

孟子在《离娄下》中说道："大人者，不失其赤子之心者也。"所谓"赤子之心"，即一颗率直、纯真、善良、热爱生命的心。高校辅导员工作中，应以一颗赤子之心坚持马克思主义理想信念，在此基础上，思政工作者要有纯洁的心、善良的心、开放的心，要以风清气正、坦诚相待的姿态率先垂范，才能让学生接受，才能和学生交心，才能磨亮青年学生的底色，引导学生立鸿鹄之志、做正直之人。我在高职学院工作期间，因为学生多为在往年专业考试或文化课考试中发挥不理想，而成为两年学制的专科学生，学生们普遍在专业学习上呈现出不自信、不敢为的状态。我针对高职学生的专业水平和心理特点，坚持以每半个月为一个周期，与每一位同学分析其阶段性的专业学习情况、生活状态和心理状况，毫无保留地跟学生分享自己学生时代的得失与经验、失误与成功、沮丧与喜悦、收获与总结，在了解学生之前，首先让学生了解自己，这样便加深了师生之间的情感联系，建立起师生之间的相互信任，进而才能了解不同学生最真实的问题，最终给予有效的建议和改良措施。在这种工作方式的坚持之下，很多专科学生在学院历年举办的各类比赛和评选中都取得了不俗的成绩，并在毕业后顺利应聘到专业对口的工作，部分优秀学生还在毕业后留在学院教辅部门工作，多位学生主动前往新疆、西藏等地进行支教工作。这种"真心对真心"的工作理念，既对学生的成长有益，也让辅导员自身不断自省、不断

自我革新，以身作则，严于律己，更好地走近学生、打动学生、引领学生。

（二）满怀心系学生的博爱之心

德国著名教育家福禄贝尔曾说："教育之道无他，唯爱与榜样而已。"对老师而言，所有的学生都是可爱的。"博爱"不是"溺爱"，而是一种理性的尊重，这是与学生建立有效沟通的基础；批评和惩罚的目的，也不应该仅仅只是一句"我知道错了"，而应该是在冷静而严肃的氛围中引导学生培养自律意识和责任感。只有用"爱"与学生沟通，思政工作者才能更清晰地在学生身上发现优点和不足，才能帮助学生"发光发热"，才能帮助学生改善自身。我在国外工作和生活期间，和26名学生一起在异国他乡学习生活了两年，全方位地参与到了学生学习和生活的细枝末节之中，一起过了两年"睡衣见睡衣"的生活，我的身份与其说是辅导员老师，倒不如说是学生的"爸爸妈妈"。学生对这种身份的认可，是建立在辅导员老师对学生毫无保留的爱之上的。无论是政治因素还是地域因素，26位中国学生在海外的人身安全是我工作的重中之重，但是一群十八九岁的青年，一方面人生阅历不够丰富，意识不到很多潜在的不安全因素；另一方面，玩心重、渴望冒险、追求刺激又是这个年龄段孩子的心理特点，所以如何确保学生们的人身安全和心理健康，成为必须攻克的工作难点。我选择的方式是爱的感化和建立在尊重之上的劝诫。一位女生出国后不久，便同当地一名中国留学生谈起了恋爱，这个年龄的青年谈恋爱原本无可厚非，但当我从该男孩所在学校的教师那里得知该男生平时是一个几乎不上课、终日混迹在大小酒吧、有过吸食大麻和嫖娼前科的学生时，便及时对这个女生进行了劝诫。我要求所有学生每晚十点前必须返回宿舍，而这个女生却在我每晚的例行查寝之后，跟我打起了"游击战"。当晚上十二点，我再次查寝时，发现这个女生并没有在宿舍，便拨通了她的电话，女生谎称在附近24小时超市买东西，我便告知她尽快返回宿舍，并在宿舍楼下等她。当晚气温零下20℃，我在寒风中等了这个女生一个小时，其间又打了两通电话，终于在凌晨一点多的时候，女孩由她的男朋友送回了宿舍。在宿舍门口，我批评了女生的违纪行为，而女生的男朋友试图帮女孩辩解，并对我出言不逊。我义正词严地告知该男生，自己既是女孩的老师，更是她的家人、她的哥哥，随后将女生带回了宿舍。第二天，我因为昨夜的风寒发了高烧，但依旧找到该女生，首先向她表示了对其谈恋爱的尊重，进而重申了宿舍严禁晚归、不归的规定，最后将了解到的男生的情况和从该生所在院校拿到的其处分通知单复印件交与女生，该女生此时才得知男朋友的背景。随后，我又向该女生列举了很多女留学生遭受伤害的案例，表达了作为老师、家人的担忧，而女生则向我表示了感谢，并真心承认了自己的错误，表示会重新考虑他们的恋爱关系。至此，女生晚归事件得到了妥善的解决。类似这类案例，辅导员老师向学生表达的首先是家人般的爱与关怀，其次才是对遵守纪律原则的要求，这种方式起到了治标又治本的作用。爱与陪伴，不仅仅是一种大众倡导的家庭生活理念，也可以是做好学生思政工作的重要法宝。就如同陶行知所说："真的教育是心心相印的活动，唯独从心里发出来的，才能达到心的深处。"

（三）坚持因材施教的责任之心

在工作中，我一直认为因材施教、因人施教，核心在于教师的责任心，不断提高人格修养和学识修养是重要抓手。在国外工作期间，我在辅导员的岗位上不断践行着因材施教的工作方式。一位男生刚到国外的第一学期，由于专业方面的不自信导致了他在艺术专业课上慢慢变得患得患失，不敢面对失败，难以接受专业老师的批评和指导，以至于出现打算退学回国的悲观情绪。我及时发现了该男生的不良状况，通过几次谈话，利用过硬的戏剧专业知识和准确的艺术审美能力帮男生详细分析了其在艺术专业课堂上存在的不足和优势，并提出了阶段性的指导建议，鼓励该生抛开杂念，勇于改变。在该生的学习态度和生活态度有所转变以后，又持续性地对其进行更进一步的引导。彻夜陪学生聊作业构思；一整天泡在排练场协助学生排演汇报作业；结合剧本内容和人物形象的塑造，带领学生前往当地乡村体验生活、观察人物，巩固专业学习成果，努力争取更大的进步。经过一个学期的坚持和努力，该男生在学期末取得在班里位居上游的专业课成绩，使其收获了自信，打消了怠学情绪。另一位女生，因为离开家乡和父母朋友，内心深处倍感孤独和无助，长期处于一种极度焦虑的心理状态，抑郁的心理状态导致该生身体机能紊乱，出现了肠胃炎、胆囊炎、头痛症、急性阑尾炎等多处病症。那个阶段我几乎每个星期都要陪同该生前往医院两到三次，一方面对出现的急症进行治疗，另一方面找心理医生进行科学的疏导。每天晚上，我都会陪着该生一起吃晚饭，运用心理学方面的知识，结合女生的具体状况对其进行安慰和劝导，并安排班里同学尽可能为她营造一个更加温暖、更加亲切的学习和生活环境。坚持每天和国内的学生家长保持联络，分享学生的学习近况和身心健康的恢复情况，该女生在老师和同学们的帮助下，通过自己的不断努力，渐渐恢复了健康。另外，对于班级里每位学生的学习和生活状况，每周我都会和国外方面的专业老师进行细致的交流，以确保学生积极状态的保持与不良状态的及时发现和纠正。国外两年的辅导员工作，我几乎全程参与了26位学生的专业课；两年合计带学生前往医院140余人次；组织开展主题班会90余次；和全班同学共同庆祝了除生日在寒暑假以外的每位同学的两次生日；共拍摄和录制了学生日常的生活视频素材近400小时，记录了每一个学生学习生活的点点滴滴。辅导员工作的责任心，是建立在大量的时间精力的付出之上的，也只有付出大量的时间和精力，才能更深切地了解每位学生的特点，发现每位学生的优点和不足，进而通过因材施教的方式开展好学生思政工作。

二、反思

学生辅导员工作，需要我们坚定"立德树人"的不变初心，坚定理想信念，打牢职业素养，坚持专业学习，秉承求真务实的赤子之心，满怀心系学生的博爱之心，坚持因材施教的责任之心，用"真"做好学生的良师益友，用"爱"与"奉献"做好学生人生道路上的领航人。只有这样，我们在辅导员这个平凡而伟大的岗位上才能贡献自己更多的能量，才能成为可信、可敬、可靠，乐为、敢为、有为的新时代思政工作者。

案例三：封控在家困难多，导员千里送温暖

孙 青

一、案例呈现

案例一： 2019年底，武汉按下暂停键，全市封城。小容同学家住武汉，疫情刚发生时，小容并没有表现出异常，每天按时打卡，并在群里跟大家分享封城后的日常，有时甚至还调侃一下自己即将弹尽粮绝。同学和老师都认为小容此次还比较乐观。自从疫情发生以来，辅导员每天睡觉前都会刷一遍朋友圈，看看学生的状态，某一天夜里，辅导员发现小容突然发朋友圈表示非常绝望，对目前封城的生活感到恐惧，字里行间透露出想要一死了之的想法。由于已经是深夜，辅导员没有贸然打电话过去，而是给小容发了微信，询问是否遇到了困难。小容说自己的亲戚因为感染新冠去世了，之前亲朋好友都没有被感染，一直觉得病毒离自己很遥远，这次身边的人去世了，让她突然恐惧起来，觉得早晚有一天自己也会被感染，与其在煎熬中等待这一天来临，不如一死了之。在得到小容的同意之后，辅导员与小容通了电话，对她进行开导，安抚了她的情绪。通话结束后，将小容的情况同步给了上级领导和小容的父母。

案例二： 新冠疫情发生以来，个别"伪专家"散布不实信息，误导群众，引发恐慌。学生小东深受这些不实信息的影响，对网上的信息深信不疑，经常转发一些没有事实依据的信息，后来甚至捕风捉影，将一些不确定的信息说成确定的，然后发给同学。同学刚开始也没有当回事，后来发现小东每天都转发几十条类似信息到群里。辅导员找到小东进行了谈话。得知小东觉得发布一些比较吸睛的信息，可以获得流量，能引起更多人注意，以此来满足自己被人关注的虚荣心。对此，辅导员将最近传播不实信息被警方处理的案例分享给小东，并且教育小东，想要吸引人注意这件事本身没有错，但是利用转发和发布不实信息来博取眼球是大错特错的，不仅会毁了个人信用，而且可能要负法律责任。小东在听了辅导员的教育后，主动删掉了之前发布的不实信息。

案例三： 小敏是毕业班学生，2020年春季一直未能返校让小敏焦虑不已。根据

当时的政策，小敏不具备返京返校的条件，所以一直在老家。这导致小敏寒假前的实习工作无法继续进行，一些面试也被迫取消。眼看着毕业来临，自己的工作还没有着落，小敏一天天颓废起来，定好的线上面试不参加，毕业论文不按时与指导老师沟通，后来干脆失联，不打卡也不回信息。辅导员得知小敏的情况后，与她进行了沟通，帮她分析了目前她的处境，以及如何才能顺利毕业并找到工作。经过此次沟通，小敏渐渐恢复了以前的状态，一边写毕业论文，一边线上面试工作，最终顺利毕业，并找到了心仪的工作。

二、分析处理

（一）厚植爱国主义情怀

疫情防控阻击战打响以来，全国上下展现出了强大的动员力、凝聚力和执行力。在疫情防控关键期，辅导员充分利用疫情防控的特殊教材，深入开展爱国主义教育、社会责任教育，向学生传播体现社会主义核心价值观的大爱精神、奋斗精神和家国情怀，引导学生扣好人生第一粒扣子，为学生成长成才奠定坚实的思想基础。一是讲好英勇抗疫事迹，弘扬爱国主义精神。将抗疫英勇事迹作为鲜活的爱国主义教育素材传授给学生。二是开展抗疫实践教育，引导学生行动报国。针对不同专业，开展差异化的教育。如安排美术专业学生围绕抗疫主题创作艺术作品；教育专业学生为封闭在家的中小学生开展戏剧教育服务。激发新时代大学生的爱国热情，倡导知行合一，推动爱国之情转化为实际行动，培育爱国主义的践行者。

（二）坚定制度自信

新型冠状病毒疫情，是传播速度快、感染范围广、防控难度大的一次重大突发公共卫生事件。疫情发生后，党中央针对湖北省不同地区疫情严峻、复杂、多发态势，采取了最严格、最全面、最及时的防控举措，有力彰显了中国特色社会主义制度的巨大优势。为防止疫情扩散，武汉之外的其他地方也纷纷采取"封城、封村"措施，大家响应号召居家隔离，不聚集，少出门。在严峻的新冠疫情之下，社会仍然有序运行，国家机器正常运转，居家隔离期间，水、电、暖不停，生活物资供应不停，通信不停，恐怕只有社会主义制度的中国能够做到。全国一盘棋，在防控疫情的战斗中，任何中国人都不缺席。社会主义市场经济条件下，在疫情暴发的特殊时期，个别企业不择手段地追逐利润，哄抬物价，囤积居奇，造假售假，政府发挥在资源配置中的积极作用，利用行政、经济、法律等手段合理配置资源，保证了紧缺医疗物资的供应，也保证了保障民生的基本物资的分配。

以疫情防控的国家制度和治理体系优势，作为加强学生制度自信教育的生动案例和鲜活素材。引导学生深刻感受中国特色社会主义制度的显著优势，以及在此制度引领下，疫情形势出现的积极变化、防控工作取得的积极成效。引导学生真诚抒发对中国特色社会主义道路、理论、制度、文化的认同。

（三）相信科学，理性抗议

疫情发生后，一些人打着科学的幌子传播"伪科学"信息，不仅误导了大众，也扰乱了抗击疫情的秩序。案例中的小东就转发和发布了这样一些不实信息，以此博取眼球。辅导员作为思政教育一线的工作者，要科学解析疫情数据，加强学生思想引领。密切关注疫情动态，积极做好学生思想引领与心理疏导，用好官方数据、权威报道，传递党和国家领导人的讲话精神，传播正能量。还要在教学科研、社会服务等实际工作中身先示范，引导学生保持足够的清醒，以科学的思维审视疫情，理性表达爱国情感，以求真之精神关注疫情、关心国家、关爱社会。

（四）树立正确的人生观

辅导员要充分利用这一重大突发公共卫生事件的时机，加强大学生健康教育和生态文明教育，使大学生自觉加强体育锻炼，提升身体素质，增强自身免疫力。要让学生了解人与自然的和谐共处之道，增强大学生的生态文明和环境保护意识，引导他们尊重自然、自觉保护野生动物。尤其是生命观教育，案例中的小容在面对病毒时，没有坚定的信念，甚至想要放弃自己的生命，辅导员要以白衣天使、人民解放军、志愿者等的大爱精神、牺牲精神和奉献精神为生动教材，教育引导大学生珍爱生命，正确理解生命的真谛。

（五）加强社会主义道德观教育

这次疫情，不仅是一次对国家治理的大考，也是一次对社会道德的大考。防控中那些感人的瞬间、感人的故事、感人的身影，都是社会主义道德观的生动彰显，都是社会主义核心价值观的鲜活呈现。

（六）加强心理健康教育

面对疫情，我们不仅要做好身体上的防护，也要做好心理上的防护，只有身心都健康，才能更好地打好这场攻坚战。要教育学生：科学了解疫情性质和流行情况；接纳恐惧、焦虑等应激情绪；进行积极的自我暗示，树立坚定信念；多交流，获得心理支持；建立积极的应对方式，面对疫情造成的心理压力，不要采取否认、回避、退缩、指责抱怨等不良应对方式，不要总躺着看手机新闻、疫情更新，要建立良好的生活习惯，保持饮食平衡，保证睡眠充足。把注意力转移到有氧运动、倾听音乐等活动上，这样能促进多巴胺的分泌，令人产生愉悦的体验，从而减轻焦虑、恐惧的情绪体验；如果自己无法帮助自己走出不良情绪，要及时寻求专业的心理援助。

（七）帮助学生做好职业规划

2020年春天，各校均已延迟了开学时间。这对于毕业生而言，面对经济下行压力加大和新冠疫情叠加等多重因素影响，就业形势非常复杂严峻。案例中的小敏深受疫情影响，面临毕业和就业的双重压力，对此，辅导员给出建议：首先，"宅"在家的这段时间，除了密切关注招聘信息以外，还需要做好职业规划。疫情期间，利用"难得"的安静，宁心静气梳理自我，探寻自身兴趣、知识、技能、价值观，确定职业发展目标。其次，按照自己的职业发展方向，有针对性地提高自己的职场核心竞争力，比如选择线上课程提高专业知识和业务技能。在对待职业选择的问题上要进行科学合理的规划，并使之符合个人职业生涯发展的方向，指向个人职业目标。想要实现高质量的就业，就要做好职业规划。

三、反思

经过此次新冠疫情，我们要学会举一反三，在面对类似公共卫生事件时，作为辅导员首先要做到多看、多想、多问、多说。有疑似特殊情况的学生，要高度重视，第一时间与其家长取得联系核实情况，确保能在较短的时间内有效解决问题。除了要自己多关注学生，还应充分发挥学生干部的作用，网格化管理，及时掌握所有学生的动态，争取将问题扼杀在摇篮中。做好心理疏导工作和政策解释工作，稳定人心。在不断解决问题中不断总结，不断学习，不断提升，只有这样，才能做好伟大工程的施工员、伟大工程的质检员、伟大斗争的战斗员、伟大事业的服务员。

案例四：封控期间情绪多，谈心谈话来工作

杨 舒

一、案例呈现

在疫情防控形势依旧严峻的阶段，校园内出现核酸结果"十混一"情况。为尽快排查各宿舍楼中的涉疫情况，保障学生身心健康，学院立即启动疫情防控应急系统，各宿舍楼进行临时封控。因疫情来得突然、工勤人员大批进入隔离阶段，教职工紧急组建了志愿者团队，进行三餐配送和物资运送工作。面对人员有限的情况，在学院号召和动员下，在校学生迅速组建起学生志愿者团队。各宿舍楼楼长、层长发挥起先进带头作用，带领各楼层志愿者负责三餐、饮用水和生活物资发放工作，协助仅存的工勤人员收拾垃圾、清洁楼道卫生。

在此背景下，辅导员通过其他学生朋友圈中的一张截图看到S同学抱怨封控期间提供的瓶装水较少，其中不乏一些对学院和其他志愿者学生的侮辱性语言。随着该截图在公共社交平台的迅速传播，这些语言被其他同学看到后，因长时间封闭在宿舍而产生的不安和烦躁情绪都被点燃，引起了学生的强烈不满。

二、分析处理

（一）人物背景

S同学在之前的学习生活中也出现过比较低落、悲观的情绪，入学初期就因对专业疑惑产生过想要退学的想法。经过多次与该生谈心谈话，深入了解该生所思所想，站在学生的角度帮助他分析利弊，学生放弃了退学的想法，同意在完成本专业学习的基础上再去拓展自己感兴趣的内容，并与辅导员之间建立了较好的师生关系。随后该学生果真按时出勤，从不旷课，各项考试成绩均能保证在及格线上，同时还会协助学业辅导中心完成自身感兴趣的拍摄剪辑任务。基于S同学的平时表现，辅导员知道该生是处于特殊时期暂时性的情绪宣泄，并非计划性针对某个学生。

（二）事件处理

受封控管理条件限制，辅导员第一时间与S同学在线上进行了谈心谈话，该生

在谈话最初非常抗拒，只是单纯地进行情绪发泄，这时辅导员并没有急于跟他讲道理，而是一边聆听一边提炼其中的重要内容，最终了解到该生出现此等情绪的原因。S同学也通过给辅导员讲述事情经过的种种细节，使原本烦躁的情绪逐渐平稳下来，甚至为刚刚对辅导员的情绪宣泄表示歉意。辅导员见状，开始与他一起总结出现不良情绪的原因：一是疫情反复打乱了他的生活节奏；二是封控最初物资供应不及时；三是封控导致期末作业完成进度受阻；四是封控导致该生无法与同在学校的女友见面，情绪不佳的情况下导致二人爆发争吵。

在总结归纳了四个情绪的起因后，辅导员耐心地和S同学一一讨论，通过教学相长式的聊天启发该生如何思考这些难题。

关于计划被打破：以自身情况做案例，告诉该生不论是学生还是老师，都会对自己在本学期的学习生活有一定的计划，被打乱的感觉很糟糕，大家都会想要抱怨，但是抱怨之余，需要我们一起学习"接受"这门功课，接受事情的走向不按期待地去发展，接受无法改变的事实。同时以启发式提问该生是否在封控期有感受到好的方面，引导学生保持对待生活的热情。最后再次鼓励该生相信现在经历的每一步都会有它存在的意义，短暂的失去终将以另一种形式归来，重要的是在这段特殊的时间里，能够吃好每一餐饭、上好每一节线上课、过好每一个当下，从而在舒缓该生情绪的同时也让其不禁产生对精神力量的思考。

关于物资不足：封控初期，人力不足，仅有的几十名教职工志愿者需要服务几千名师生，难免会出现物资配送的空白期，所以要发挥学生志愿者的自治力量，也许作为志愿者的他会想出高效服务的解决方案。S同学欣然接受，立刻加入了志愿者队伍，根据自己考虑到的问题本质提出建设性意见，同时在亲身经历实际工作后，该生也终于明白志愿服务的困难程度，这样才能做到以克人之心克己，以容己之心容人。通过启发该生尝试换个位置来看现有的情况，也通过自己的努力来改进认为存在的问题，不仅解决了实际的志愿者人员短缺问题，也解开了学生的心结。

关于学业问题：先给该生吃一颗定心丸，要相信面临封控期间的作业完成情况，院系和指导教师都会重新思考，进而给出一个合适的方案来检验大家的学习成果。而他现在需要做的就是做好准备阶段的工作，发挥专业优势，为各种突发情况准备B计划，从而在这个过程中锻炼自己的应急事务处置能力。同时在这个过程中，将精力放在阅读和积累上，做好知识和专业能力的储备，以备解封后迅速投入学习状态。

关于情感问题：情感问题是需要学生有了亲身经历，年龄、阅历和处理问题能力逐渐增长后,才能更从容应对、完美解决的,辅导员只能引导学生学习与人沟通的基本原则和方法。首先要相互尊重,无论对方是什么身份,尊重是为人的重要前提。其次是控制情绪,只有两个情绪稳定、心理强大的人才能携手走过很多艰难的时刻,而在这种特殊时期,就是两个人要增进自己能力的阶段。最后就是享受爱情、求同存异,启发学生回忆美好的时刻,并对未来产生期望,同时落实到具体行动上,从互相提醒按时上网课、分享志愿者服务心得等小事开始。

在一一分析和解决完这些问题后,S同学不仅舒缓了情绪,还对事情做了反思:只有冷静地归纳总结,然后做出判断,才是解决问题的最好方式。在解决完该生的问题后,将其提到的几点困扰总结成文字分享给各班群,希望以点及面地帮助到更多有困惑但未发声的同学。辅导员工作始终坚持教育为先、预防为主,教育引导学生正确、全面看待问题。

三、反思

第一,面对疫情防控等其他影响学生日常生活的情况时,学生的情绪和心理出现波动是很正常的,辅导员不仅要解决学生们的基本生活需求,更要主动联系学生,关心和了解他们的心理动态,并积极与家长、朋友等多方沟通,确保及时、全面地掌握信息。

第二,通过网络进行谈心谈话,与面对面交流沟通的效果并不相同,线上形式具有时效性,但不能保证实效性,因为此时学生状态更加隐蔽,在无法看到辅导员的状态和语气时,网络产生的距离会让学生天然萌生出防备心理,在没有建立起信任关系前学生可能会逃避交流,或者避重就轻地回答问题,因此需要辅导员老师尝试多个切入口,真正了解学生所思所想,才能尽快拉近距离。

第三,对于一些容易出现逆反情绪的同学,一味地批评和否定反而会起到反作用。可以采用顺水推舟、顺势而行的方式,倾听学生的想法,也尝试让这些学生肩负起一些责任,在实际工作中学生可以自然地学会理解和配合,要相信学生虽然容易被情绪引导,但良好的环境也可以对其思考和判断方式产生正向影响。

案例五：时刻关注校园舆情，做好网络思政教育

赵 杨

互联网技术高速发展，00后作为网生代，习惯于进行网络互动、网络发声，以此达到维权或者宣泄情绪的目的，由此容易出现校园舆情事件。作为思想政治教育的工作者，网络舆情工作给辅导员工作带来了新的挑战。

所谓校园网络舆情是指互联网上流行对学校某些问题发表不同看法，形成网络舆论，这是校园网络舆情的一种表现形式，是学生通过互联网表达对现实生活中某些热点、焦点问题所持的有较强影响力、倾向性的言论和观点，呈现以学生共同关注的微博、贴吧、朋友圈等网络平台为载体，以学生关注的事件为核心，广大学生情感、态度、意见、观点的表达、传播与互动，以及后续影响力的集合。

一、案例呈现

自新型冠状病毒肺炎疫情发生以来，学院按照上级要求，制订疫情防控工作方案，最大限度确保师生健康与安全，学院上下团结一心，多措并举、精准施策，辅导员们以"家人式"的关怀，以"朋友式"的关心与倾听，以"导师式"的真理传导向在校学生传递着温暖，开展着积极有效的沟通。在信息摸排、数据上报、思想引领、心理疏导及疫情防控政策等方面做了大量精细化的工作，切实保障学院学生的身体健康和校园安全稳定。

2022年11月，北京地区疫情呈多点散发，疫情防控工作难度增大，网络上也随之出现了极个别基层过度防疫导致的悲剧事件。作为艺术院校学生，相对更加感性，更容易被悲剧事件感染和共情，于是很多学生纷纷转发新闻报道，并对层层加码的防疫工作人员发出质疑，其中也存在部分学生含沙射影地对防疫政策表达不满情绪，由此产生了校园舆情事件。

二、分析处理

（一）案例分析

高校学生涉世未深，其世界观、价值观尚未完全形成，容易被外界鱼龙混杂

的信息影响，难以全面理性地看到实物，往往表现欲强烈、言语激进。可以看出，疫情防控工作给学校思想政治工作带来了前所未有的挑战，可谓是阶段性的一次考验。

显然，这是一起学生通过网络发声表达疫情防控工作不满的校园网络舆情事件。大学生不够理性与成熟，对待新闻事件的可靠性、真实性缺乏判断能力，是极易被煽动情绪的年轻群体。需及时引导学生理性看待相关信息，平复学生的激动情绪，引导他们理解、配合防疫政策。通过召开疫情防控政策主题班会，耐心细致解读相关政策，点对点进行谈心谈话，深入开展思想政治教育工作，进一步提升网络舆情应急处理能力。

（二）案例处理

1. 召开党员、班干部线上会，深入了解学生思想动态

针对疫情防控相关的网络舆情，必须尽快了解学生情况，通过召开党员、班干部线上会，重点摸排情绪激动、言论过激的学生，及时掌握情况，逐一谈心谈话。在谈话中，应注意方式方法，不能过于严厉批评激怒学生，不能与学生形成对立面，适当给予学生理解，倾听学生的诉求，帮助解决实际困难，劝导学生从集体主义角度出发考虑问题，理解、配合疫情防控工作。

2. 召开主题班会，加强思想政治教育

明道理，辨是非，明曲直，解其惑，通其心，正其道，善其事。人需要真理，就像盲人需要明眼的引路人一样。针对此事件，召开主题班会，从解决学生的最本质问题出发，从学生最关心的问题出发，从爱惜学生的角度出发，对学生见微知著地讲道理，引导学生在疫情防控的严峻形势下树立防控意识、大局意识、底线意识、红线思维，使学生认识到做好疫情防控是我们每个人不可推卸的责任，没有安全一切都是零。此外，引导学生在疫情背景下，适应疫情大环境，并明确目标计划，合理规划学习时间。

3. 特殊时期，加强关心关爱，做好学生服务工作

在疫情防控期间，学生的学习生活受到了极大影响，课程以线上授课居多，生活也有诸多不便，学生克服困难，完成学业，积极配合疫情防控政策。与此同时，作为辅导员，应当在特殊时期给予学生更多的关心关爱，尽可能地为他们做好各项服务保障工作。

4. 用真情关怀学生，做好心理疏导

认真倾听学生内心的声音，尤其疫情防控期间，各项政策给学生造成了心理压力和焦虑，应建立起心理信息员制度，深入了解学生中存在心理问题的学生，并重点关注心理状态不佳的学生。在开展深度辅导时，要以共情式倾听和适当鼓励拉近与学生之间心与心的距离，建立彼此信赖的关系。站在学生的角度谈问题，让学生没有顾忌地倾诉自己的所思所想和生活中、学习上的困难，在此基础上才能精准有效地对学生进行思想引导和心理疏导。

三、反思

（一）积极进行舆情引导，加强思想引领

当网络舆情事件发生时，辅导员要做好网络舆情的引导和化解工作，牢牢掌握舆论主动权，引导舆论向正向积极的方向发展，杜绝危机事件的发生。辅导员工作是一项用心灵陪伴心灵、用青年点燃青春、用梦想照亮梦想的事业，针对00后的学生，也应加强网络粉丝文化、动漫文化等方面的了解，以贴近当代年轻人的方式进行有效沟通。

作为辅导员不仅要认真落实疫情防控的各项工作要求，同时还要加强自身理论学习，思考防疫工作与思政工作相结合，加大宣传抗击疫情先进群体、典型事迹、先进个人，不断提高学生的思想认识和觉悟，加强思想引领。充分利用学生党员作用，培养学生骨干中的"意见领袖"和"学生榜样"，潜移默化地影响身边的学生，在关键时候能借助其态度和言论，帮助舆情向好。

疫情期间辅导员作为学生的"大哥哥""大姐姐"要更加关注学生的思想动态、学习状况、生活难处和心理压力的相关问题，这样才能够早发现、早应对、早解决。真正地想学生所想，急学生所急，助推学生成长成才。

（二）做细网格化管理，加强家校联络，做好协同育人

疫情防控工作中，学生工作要坚持网格化、人盯人、分类分层管理，针对不同的学生特点，采取精准化、差异化、特色化的育人方式。做到疫情摸排全覆盖，摸清底数，掌握战"疫"主导权。用一颗爱心、细心、用心做好学生服务管理工作，确保取得预期的育人效果。

真教育是心心相印的活动，唯独从内心深处发出，才最能打动心灵的深处。学生的学习生活状态、心理健康状况等是学校和家庭共同关注的内容，构建与家长良

好的联系合作机制，做到与家长同频共振，针对疫情期间学生存在的各类问题，及时主动与家长联系，借助微信和电话等方式了解学生的近况和思想动态，做好家校协同育人工作。

（三）加强日常网络舆情监测，加强网络舆情工作队伍建设

在思政工作中，学校建立健全常态化舆情监测机制，形成一支深入学生，业务能力突出、人员稳定的专业化队伍十分重要。发挥学工队伍和学生骨干等的作用，在开学迎新季、毕业季、特殊节日等节点进行网络舆情监测，通过朋友圈、微博、抖音等平台，对于学生诉求及时关注、及时汇报、及时处理，对负面舆情做到早发现、早处理、早化解。

案例六：开展"云思政"，化解学生矛盾，做好价值观引领

赵 杨

2020年，新冠疫情全面暴发，本学年春季学期受疫情影响师生未返校，改为线上教学。为落实疫情防控相关政策，坚持"学生为本"理念，落实"立德树人"根本任务，辅导员思想政治工作依托网络平台，深入开展"云思政"育人，做好学生思想价值引领，提升思政工作实效。

一、案例呈现

2020年3月12日，在400余人的应届毕业生联系群中，有两位不同班级的同学，针对辅导员分享的疫情防控新闻和相关政策发表了不同意见，小A同学认为政策不合理，并直接在群中对疫情防控政策、学生管理制度等方面表达不满，直接在班级群中质疑暂缓学生返京返校要求的合理性，甚至存在煽动其他学生一起发声的态势，造成不良影响。而小B同学不同意小A的看法，并在群中以强势语气质疑小A的政治立场，言语具有一定侮辱性。二人在群里争吵起来，小B扬言开学后不会放过对方，小A感觉遭受侮辱和威胁。事后，小A通过法院起诉了小B，法院希望庭外和解，诉讼律师联系到辅导员，询问小B的联系方式。

二、分析处理

（一）案例分析

小A同学父母离异，性格内向，思想偏激，涉世未深，经常在网上浏览具有煽动性的过激言论，不满疫情防控政策。小B同学性格外向、执拗，社会习气比较重，常意气用事，在群中与小A同学观点不一致，就在群中怒怼，使得矛盾被激化。

此事件表面来看是学生闹矛盾，实则是两人思想认识出现偏差。小A是政治立场不够坚定，受网络不当言论的影响，进而质疑疫情防控政策以及政府部门的决策水平。小B虽然赞成目前的疫情防控政策，但在网络平台上对持不同意见的学生进

行言语攻击，未考虑后果，行为鲁莽，方式方法需要进一步改进。

（二）案例处理

1. 分别云上私聊，疏导负面情绪，引导事态向好

事发时，辅导员老师也在群中目睹了争吵过程，并及时在线上安抚两人情绪，之后通过线上联络的方式，深入开展谈心谈话，了解小A在群中发表言论的动机、目的、意义，挖掘事件背后的深层原因，寻找症结所在。他对疫情防控政策存疑，因此辅导员老师要做好政策解读工作，告知政策的目的与意义。后来由于二人私聊再次引发口角，小B威胁开学后要教训小A，小A被彻底激怒，向法院提起诉讼，要求小B公开赔礼道歉、赔偿精神损失费，并承担诉讼费。在得知此事后，为做好沟通调解工作，辅导员老师分别联系了小A的家长和小A本人，家长的态度是尊重孩子的想法，也表示劝说孩子撤诉，私下和解。通过深入与小A交谈，引导他知晓此事并非完全是对方的责任，分析二人的不妥之处，并说明如何看待此事以及如何化解矛盾。劝说一番之后，小A表示自己也是气到极致，才想到用法律手段解决问题，如果小B之后不再找他麻烦，愿意接受道歉和解，他就撤诉。之后，辅导员老师也找小B做工作，分析解决矛盾的合理方式，最后小B选择了让步，向小A道歉，两人和解。

2. 共情倾听，建立信任，重点关注，及时干预

针对此类思想偏激、政治立场不坚定、意气用事的同学，不能直接以强硬态度进行警告批评等。作为辅导员老师，应从倾听开始，了解他的成长经历、目前困境、所思所想，建立师生信任关系，剖析事件，引导他意识到问题所在，并保持长期的重点跟踪，时常谈心谈话，密切关注他在班级群、朋友圈、微博等社交媒体上的思想动态，加强与家长的沟通联络，做到及时干预、及时引导、及时汇报。

3. 发挥网络育人作用，纠正错误思想，做好思想价值引领

当代大学生受世界多极化、价值观多重化、文化多元化影响较大，应充分发挥学生干部、党员先锋模范作用，树立起标杆榜样。在日常生活中，通过学生正面影响、正面引导的方式，实现学生自我教育、自我管理。疫情当前，作为辅导员老师，更需要通过微信、微博等实施线上思政教育，通过朋友圈、微信群加强学生理想信念教育，努力做好学生思想价值引领。可以开展云班会，了解学生生活和学习状况，了解学生疫情期间云学习情况和心理健康情况等，鼓励学生充分表达真情实感和现实需求。辅导员趁此机会进行形势政策教育，让学生深刻领悟到社会主义国

家集中力量办大事的制度优势，理解学校防疫政策的实施方式和目的，从而在内心深处理解中国共产党为什么能，马克思主义为什么行，让制度自信在学生心中生根发芽。同时，在班会上解读各大主流媒体的防疫政策点评、公安机关依法处理网络造谣者等案例，进行警示教育，鼓励学生增强法律意识，维护网络道德。

三、反思

（一）有温度地化解学生矛盾，思想引导加强深度

学生之间矛盾时有发生，当老师介入协调阶段，应注意方式方法，真情实意地倾听学生的想法，换位思考学生的所思所想，从理解的角度进行有温度的批评教育则更有实效。在谈心谈话过程中，采用循序渐进的方式，深入引导学生反思自身问题，鼓励学生主动化解矛盾，学会站在他人角度考虑问题，从而达到思政教育警示作用。

（二）创新思政教育网络载体新形式，传播抗疫正能量

在疫情期间，学生思想政治工作要充分依托网络载体发挥作用，一方面，辅导员必须通过各级各类微信班级群等平台给予学生关怀，把握学生思想动态，并且及时地发布教育部门以及学校的相关政策，将疫情的最新要求、科学防护的知识等传达给学生，让学生能够科学地防疫，理性地辨别谣言，不信谣、不传谣，传播正能量，坚守战疫情的信心。

另一方面，利用"两微一端"（微博、微信、新闻客户端）平台传播正能量视频，树立抗疫典型，以榜样的力量进行学生思想引领。比如，将身边参与抗疫志愿活动的学生先进事迹做成图文视频，通过微博、微信朋友圈、抖音等平台进行传播。以及许多战斗在武汉防疫一线的医护人员，将他们大公无私、爱岗敬业的伟大精神展现给学生，让大学生坚定理想信念，为以后成为社会主义事业的合格建设者和接班人而努力奋斗。

另外，辅导员可以在网络班级群中发起"寻找身边的抗疫勇士"推荐活动、"校园里的抗疫美景"摄影比赛、"发现生活的小确幸"征文比赛等形式多样的线上活动，引导学生积极参与，主动思考与发现生活中的美好。通过各式活动将学生的信息吸收化被动为主动，引导其进行自我教育，充分发挥思政教育的自觉性和积极性。

（三）以学生干部为抓手，搭建疫情防控网格化管理模式

辅导员的学生管理工作离不开班级学生干部的支持与配合。疫情防控期间，辅导员要着重培养和提升学生干部的整体工作能力，发挥学生骨干在网络舆情方面的作用。一方面要指导班委利用网络平台关注学生舆情，随时跟进班级同学异常的思想动态；另一方面要做好舆论引导工作，培养一批有一定鉴别力和文字表达力、人气较强的网络意见领袖，使他们成为一支具有号召力的网络宣传队伍，能在各大网络平台对大学生进行积极正面的舆论引导，促使网络舆情呈良性发展。通过班干部的联络，及时掌握学生动态，引导他们由被动的受教者转为合作者，搭建疫情防控网格化管理模式。

（四）做好核心价值观引领，加强理想信念教育

社会主义核心价值观是否确立，关乎一个人的基本思想道德素养，是一个人之所以成人成事的基本条件，这些观念是否入脑入心，对大学生的成长与发展具有极其重要的影响。大学生价值观教育的问题不只是价值取向问题，更是怎样培养人才和为谁培养人才的问题。做好社会主义核心价值观引领，有利于帮助大学生校准理想信念、价值取向的坐标，自觉克服在价值认知、价值判断、价值选择等方面存在的困惑与偏差，实现推进大学生的价值观教育与行为内化的双轮驱动，唤醒青年一代的责任意识和担当精神，坚定理想信念，提升大学生的思想道德、精神品格和人文素养。

三、心理健康类

案例一：走出阴霾，拥抱阳光

张音茵

一、案例呈现

大一女生小 A，从小和妈妈一起生活，父母长期分居，但没有离婚。妈妈陪伴孩子成长，爸爸负责家庭支出，小 A 看似活泼开朗，实则细腻敏感。小 A 从小就是班里闪闪发光的佼佼者，多才多艺，文化课成绩好。高考曾考上一所211大学，因患有双相情感障碍并在校园多次出现危机事件，学校建议小 A 家长陪读或休学、退学，小 A 不希望家长在大学期间陪读，怕会影响父母工作，不想给家里添麻烦，从而选择退学重新参加高考，考入本校。

小 A 自高中开始患有双相情感障碍，多次往返北京就医。入学以来，小 A 在军训期间曾情绪失控，胳膊上满是用刀割的血痕，辅导员和心理老师共同对小 A 进行心理疏导，密切关注小 A 的行为和动向，并与家长随时沟通。

某晚十二点多，接到小 A 同班同学的电话，得知小 A 服用了过量的精神类药物，并写下"遗书"发布在某社交平台。辅导员立刻询问小 A 目前的身体情况和精神状态，得知目前小 A 在宿舍里玩电脑，准备睡觉，辅导员立刻拨打120将小 A 送去医院，并告知学生家长，家长在接到电话后也赶往医院。在去医院的路上学生的情绪较为稳定，唯一的担忧是怕家长担心。医生在了解小 A 的具体情况后，告知小 A 需要洗胃。小 A 在洗胃的时候很痛苦，并表示以后不会再乱服药了。小 A 的家长到医院后，小 A 的情绪波动很大，安抚平稳小 A 的情绪，和家长做好交接，将血液样本送至其他医院进行毒检。

第二天，小 A 遵医嘱在家长陪同下出院。和小 A 妈妈进行沟通，鉴于目前小 A 状态非常不稳定，建议先就医，学校的课程请病假，或办理休学，调整好状态后再办理复学。学生在校外进行治疗，结合班主任和系里的意见，家长同意学生休学。随后学生办理休学手续，辅导员持续关注学生动态。

二、分析处理

（一）案例分析

小A的服药行为和心理问题绝不是一蹴而就的，是长年累月由多方面因素造成的。

第一是家庭关系因素。小A父母长期分居，小A和爸爸的关系疏远，爸爸从不回小A和妈妈的家。妈妈总把对小A爸爸的不满、自己的辛苦和对小A心理问题的焦虑，多次、重复向小A倾诉，爸爸每周给小A近千元进行心理辅导和治疗，总说"怎么花了这么多钱病还不见好转"。小A内心极其缺乏安全感，认为自己是父母的"累赘"。

第二是成长经历因素。小A在高中时期文化课成绩优异，学习压力大，精神时刻处于紧张状态。在亲密关系方面倾向同性，却屡屡受挫，变得比较敏感、不合群。

第三是社会环境因素。现在网络信息发达，学生容易受到网上信息的影响，效仿部分过激言论采取自伤行为。身边同学对于心理疾病的认知不够，认为患有心理疾病的学生是矫情、无病呻吟，从而导致患心理疾病的学生会羞于就医，不愿寻求帮助，耽误病程。

（二）案例处理

第一，做良好的倾听者。小A由于家庭原因和成长环境因素，性格敏感内向，不愿意相信同学，辅导员在和小A多次谈心谈话后，建立和小A的信任，了解小A选择自伤背后的原因。小A当晚鼓足勇气和自己十年的闺密"表白"，希望建立亲密关系，然而遭到拒绝，友谊破裂。小A一下子无法接受，认为生活没有了希望，从而服药。倾听了小A的成长经历，放大并肯定小A的优点，鼓励小A学会接纳自己的特点，每个人都是与众不同的，特点不是特殊或"另类"，并告诉小A自己随时愿意做她的树洞，可以把心里话都说出来，不要憋在心里。和小A约定了不可以再有自伤的行为，一旦有类似的想法，立刻给辅导员打电话。

第二，加强家校联动力量。充分了解学生的家庭情况，小A的妈妈从高中开始陪伴小A来京就医，说明她能够正视小A双相情感障碍的心理问题。要定期和小A的家长保持联系，了解小A的家庭环境、生活习惯、目前的治疗情况、精神状态。给小A提供学校报销相关信息，减轻小A的家庭经济负担。通过家校联动力量，让小A在温暖中不断改变和成长。

第三，增加学生心理辅导的途径。鼓励小A与心理老师建立联系，定期到学校的心理咨询中心预约心理咨询，及时进行心理危机干预。结合医院和学校双重心理咨询，帮助小A逐步改变自我认知，接纳自己，重拾自信。

第四，建立有效信息渠道。与班主任、专业主课教师、班干部沟通，在班级的日常学习生活中持续关注小A的思想动态，对小A的情况及时沟通交流，发挥班干部和教师的互补作用。

第五，以心换心，用爱温暖，用心帮助。定期与小A谈心谈话，站在小A的角度为她考虑问题，用自己的经历和经验帮助她面对目前遇到的困难。让小A明白，问题只是暂时的，人生的旅途很长，沿途会遇到不同的风景，任何问题都能慢慢解决，迎来希望的曙光。

三、反思

第一，要多学习例如抑郁症、双相情感障碍等心理疾病的相关专业知识，对不同的病症有初步的区分，对学生的情绪表现出来的问题能进行初步的筛查和判断。引导学生树立正确的观念，心理疾病其实是"心理上的感冒"，感冒要看医生是一件很正常且很有必要的事情，需要专业的诊断和治疗，而不是去回避心理问题。辅导员在与学生谈心谈话时，首先要让学生正视心理疾病。患心理疾病的学生常常认为是自己的情绪不好，或近期状态不好，不愿意接受去医院问诊、心理咨询和治疗，要及时与学校的心理老师沟通情况，对学生进行专业的一对一心理辅导。

第二，发现学生有心理问题，要及时发挥家校联动作用，督促家长陪伴学生遵循医嘱进行心理治疗。部分家长不接受学生患心理疾病的事实，从而不重视学生的心理健康。面对家长不配合的情况，要保证学生人身和心理的双重安全，要主动多次和家长沟通，告知家长学生在校的行为、情绪表现及心理老师的反馈，引起家长的高度重视。

第三，辅导员需要关注学生的朋友圈及网络平台动态，及时掌握学生的心理变化，尤其是有心理问题的学生，利用网络资源关注和收集学生信息。如今朋友圈、微博、小红书、抖音等互联网平台是大学生网络社交的重要平台，对学生的动态要有一定的敏感性和前瞻性，及时发现问题的苗头，做出预警和提前预判，与学生建立及时有效的沟通交流，预防问题的发生。

第四，重视学生干部在班级中的重要作用。定期和班干部一对一沟通，提高危机事件的敏感性，及时了解班级学生的情况，在遇到突发事件之前建立起第一道屏障，帮助学生尽快走出心理问题的泥潭。

案例二：为爱疯狂，为情所困

杨　舒

一、案例呈现

暑假期间，辅导员在某班级微信群里发布通知，要求全体学生收到并回复，从而发现班群学生人数减少一人，通过比对发现一个男生J同学退出了班级群。辅导员第一时间与J同学取得电话联系，得知是近期与同班女友S同学分手，每次看到S同学在群里回复"收到"，J同学就会心痛不已，所以选择退群。

开学后，在辅导员老师的引导下，该生表示认同老师的观点，经过时间的沉淀和积极的调整，现在已经能够接受与S同学同处一室，同意重新回到班级群，整体精神状态较之前有很大改善。但是不久后，J同学借着签假条的机会找到辅导员，主动倾诉了近期的困惑，原来该生意外得知S同学最近有了新的恋情，而新任男友正是他在班内最好的朋友C同学，而这位同学见证了他与J同学一路走来的点点滴滴，是该生唯一信任、会倾诉心声的人，一时间遭到背叛的感觉扑面而来，该生再次陷入痛苦之中。

二、分析处理

（一）人物背景

J同学有一个小他十几岁的弟弟，家里对J同学的管理相对较少，J同学很早就开始独自外出学习艺术专业课，第一次参加艺考时就拿到了学院合格证，但因文化课不达标选择复读，复读期间也是一个人在外地。就在第二次参加艺考前夕，身处异国的女友与其分手，悲痛之余只能专心练习专业，明显感觉到专业能力进步，但每每想到自己的文化课成绩可能还是考不上，就觉得毫无意义，种种压力之下，有过想死的念头，但是想到自己的父母、弟弟就会很伤心。幸好最后当年高考成绩高于分数线顺利考入学院。

（二）事件处理

案例中的男生本身就出现过心理问题，遇到情感挫折、朋友背叛的双重打击之下,可能会一蹶不振,在一段时间内都很难走出阴影,甚至激起曾经的心理问题,引发更大的心理危机。面对这种情况,辅导员要第一时间了解情况,通过谈心谈话深入了解学生的真实想法,但真正能够解决问题的是J同学本人,所以这次谈话的主角也是J同学,辅导员在其中扮演的更多是倾听者、引导者、陪伴者的角色。

首先,辅导员是一个良好的倾听者。在得知该生退群后,辅导员第一时间与学生取得联系,进行了第一次深度辅导。J同学起初还有些顾虑,只是解释了退群的原因,但是随着辅导员从该生的角度,设身处地地去交谈,找到学生担心的问题所在,承诺会为他保守秘密,同时对他退群的行为并不批评,反而只是关心他失恋后的情况,以自身经历举例表示能够感同身受,渐渐地,J同学主动打破了沉默,开始给辅导员讲述自己的故事。

该生表示自己不像看起来那么活泼,在开学自我介绍时,与大家不熟悉,所以才会用异常活跃的方式来融入集体,但是其实在校大部分时间都喜欢独处,由于年龄差距、个人经历和心智成熟度等原因,认为同班的男生大多很幼稚、很吵闹,唯一比较认可的是C同学。现在已经很适应大学生活,但是想起之前的痛苦还会很难受,特别是想起高中与女友分手后的那段经历。

随后,该生和同班S同学开始恋爱,虽然因种种原因未公开,但这段恋爱给了该生精神上的鼓励和支撑,希望能够提升自我能力从而保护S同学,但S同学的专业课指导教师认为二人恋爱会影响专业学习,对此表示反对,S同学进退两难的情况,导致J同学压力很大,因此与一些老师的关系也比较紧张。同时,受疫情影响,学校未组织学生返校,采取线上授课的方式,异地原因加速了二人的分手。经过这次深度辅导,在辅导员的开解和引导下,J同学决定将精力转移到专业学习和自主创业上,化悲痛为动力,努力提升自身专业能力,开拓视野,实现更高的目标。

其次,辅导员是一个合格的引导者。在第一次了解了J同学从恋爱到失恋的过程后,与他一起分析导致分手的症结原因,共同研判恋情发展的态势,是否还有挽回的余地,如果学生只是缺少勇气,就鼓励他进一步尝试,如果没有挽回的可能,就引导学生逐渐走出困境,回归正常的生活。第一次深度辅导后,效果较好,在开学后J同学也重新进入班群,开始了正常的学习生活。但很快,J同学主动向老师分享了自己意外得知前女友S同学与好友C同学开始恋爱的情况。基于对辅导员的信任,第二次深度辅导进展非常迅速,J同学毫无戒备地有了很多负能量的表达,能感受到其中包含了该生对于此事的不解、困惑和内心的自我矛盾。辅导员和J同学进行了真诚的交流,学会接受是面对人生的重要一步,要勇敢地面对那些不愿接受的事实，可以悲伤和哭泣，但不能就此消沉，更不能否定真爱，因为爱情是流动的，特别是在大学阶段，大家都在探索和寻找，当一段感情过去，就应该学会放手，整理好自己的心情，让自己从思维和行动上变得成熟起来，迎接下一段美好感情的到来。只有自己拥有提供爱的能力时，才能够给对方回馈爱，也才能收获幸福。

辅导员是大学生成长成才过程中最重要的陪伴者，从学生踏进校园的那一刻起，辅导员的目光就一直在学生身上，不管是学习还是生活，他们都在默默地关注着学生的一举一动，学生出现任何问题，他们总是能第一个发现。在学生遇到看似翻不过的高山时，竭尽全力地推上一把。如果学生还是沉浸于痛苦无法走出，他们也会适时地建议学生去心理咨询室找专业心理教师咨询、倾诉。在这样的每一天里，辅导员都和学生一起成长，困惑着他们的困惑，迷茫着他们的迷茫，然后带着初心、知心、细心和匠心，发挥个人的专业所学，陪伴学生一步步走向未来。若问辅导员存在的真正意义是什么，可能是多年后的学生反馈，"谢谢你，出现在我的青春，陪我走过这一程"。

三、反思

第一，大学，是每个人经历暗恋、恋爱、失恋的一段重要时期，在良性的恋爱里，彼此会互相倾吐心意、理解、安慰、宽容和扶持，互相鼓励、彼此帮助、共同进步，有助身心平衡发展，同时也能培养大学生的忠诚意识和责任意识，双方的价值观会互相影响、共同提升。恋爱是一个人除了学习外很重要的人生课程，所以大学生的恋爱教育也是大学生思想政治教育工作中的重要组成部分，通过加强恋爱心理教育、家庭伦理教育，提升学生表达、沟通和交往能力，引导学生树立正确的爱情观、婚恋观、家庭观等。

第二，目前大学生恋爱普遍呈现出自主性强、恋爱动机简单化、自控力和耐挫力较弱、成熟性和稳定性较差等特点。爱情是没有标准答案的一门课程，辅导员与学生关于情感问题的讨论不仅是为学生排解当下的问题，更要泛化成对学生人格塑造、社交能力、亲密关系和情绪管理等方面的情感教育。引导学生树立正确的恋爱观，摆正学习与爱情的关系，发展健康、大方、平等的恋爱行为，善于控制感情、理智行事，培养爱的能力与责任，同时也要提高恋爱挫折的承受能力，通过适当的情绪调节、宣泄和转移来减轻痛苦。

第三，鼓励大学生不断认识自我、完善自我、发展自我、超越自我，只有具有了独特的人格魅力,才更能得到别人的尊重和欣赏。更要学会理性地处理好因爱情而引起的一系列矛盾与选择,避免悲剧发生。虽然我们无法回答"世间情为何物",但是在勇敢谈论、面对并经历"爱"时,就已经迈出了解它的第一步。

案例三：心理健康需重视，轻生苗头早阻断

杨 舒

一、案例呈现

A同学是某专业大三学生，平时与老师沟通较少，性格较内向，但私下里与同宿舍女生M同学关系很好，平时在班内也能够积极参与各项活动，只有M同学知道该生高中时期有过抑郁症史，进入大学后也在积极治疗。但是由于种种原因，治疗只能平复一时的情绪问题，病症并没有得到本质上的缓解，甚至发病期会出现躯体化症状，比如在无人环境中突然出现四肢僵硬无法行动的情况，一段时间后会逐渐缓解。

受疫情影响，学校组织学生自愿返乡进行线上课程，该生也第一时间返回了老家。这天，辅导员收到班主任的信息，该生好友M同学反映A同学在失联了几日后给她发了信息，信息内容是感觉死亡离自己不远了，遗书放在了某地，希望好友知晓等。辅导员接到信息，第一时间与该生联系，同时将情况上报上级部门，并同步心理咨询中心备案处理。

二、分析处理

（一）人物背景

根据过往的情况可以得出，A同学的情况已经不是单纯的情绪问题，而是一种严重的抑郁病症表现。而这种病症产生的原因也是多方面的，与其家庭环境、成长环境、身体因素等都有一定关系，因此，需要从多方面、多角度掌握该生情况，进而挖掘病症原因，对学生目前的心理状态进行系统准确的判断。

A同学，女，父母离异，和小十岁的弟弟跟随母亲一起生活，母亲文化水平较低，对该生的艺术专业学习不甚了解，母女沟通较少，该生虽然与弟弟关系较好，但也存在年龄差距。父亲已经组建新的家庭，一些贷款还需要A同学日常兼职来补贴。该生自高中起就出现抑郁症问题，大学期间在精神科开了药物，其中一瓶服用后易怒，另一瓶适用于狂躁期，该生认为治疗效果欠佳，就自行停用了药物。

入学后曾经预约过心理咨询，但由于种种原因未能顺利进行，后期开始有了身体上的反应，特别是这次返乡后出现呕吐、四肢无力的症状，所以有几日与同学失联是因为正处于卧床状态，无法打字说话。该生有强烈的倾诉和自救意识，对心理学有一定的认识和了解。根据所了解的情况，该生目前处于严重心理危机阶段，需要外界和药物的帮助、干预。

（二）事件处理

1. 了解情况，明确问题

辅导员第一时间与该生取得了联系，了解学生现在身体状况、所处地点、是否安全以及同住人情况，先倾听再询问，从学生角度确定基本情况，积极与学生进行多方面的沟通，在确定学生对自身情况有一定认知并能正确接受后，鼓励该生寻求专业的心理援助并挂号就医。

2. 收集信息，与其家长和好友进行沟通

确定学生反映情况是否真实、所处环境是否安全，通过家长和好友的角度尽可能掌握更多细节情况。

3. 报告上级，商讨方案

第一时间向上级领导和相关职能部门汇报情况，在心理咨询中心对该生情况进行备案，多方人员共同研判，给出准确专业的诊断，商讨出稳妥的解决方案。

4. 联系家长，共同解决

与该生家长再次联系，将了解到的详细情况和学院的就医建议告知家长，因该生父母离异，所以需要母亲完成对学生的监护行为，对孩子多关注，保证基础人身安全，对于现有情况不要批评指责，而是多倾听，给予孩子支持和鼓励，随时与辅导员、班主任深入沟通，为恢复和促进该生的身心健康共同努力。

5. 详细评估，随时调整

辅导员要从自我认知、情感需求和现有行为等方面评估学生心理危机严重程度，在评估了学生的情绪状态后，确定学生的问题危机是一次性的还是复发性的，以及其情绪承受或应付能力。对于该生当下这种急性或逆境性危机情况，辅导员与心理咨询老师一同进行直接的干预，确定了该生无较高自杀风险，情绪状态平稳、表达清晰明白，心理咨询老师与学生进行不自杀、不自伤约定，并建议听医嘱服药，以此该生较快度过了危机。而对于该生后续会产生的复发性或慢性危机的情况，辅导员和心理咨询老师确立了长期干预策略，与该生预约了之后的咨询安排，将根据学生情况随时调整干预力度。

6. 全程跟踪，持续关注

由于及时发现了该生的情况，迅速启动危机干预方案，制订了稳妥的解决方案，执行过程更是有力到位，该生情况得到及时控制和治疗，解除自杀危机。经常保持与学生和学生家长的联系，询问学生后续就医情况，给予学生更多的关注，引导学生找到应对危机的变通方式，使学生认识到只有积极自救才能解决其遇到的问题。

三、反思

第一，大学生心理健康问题复杂、多变，具有其特殊群体的独特性，其引发原因多种多样，在具体处理过程中应全面细致地分析其诱因，对症下药才能迅速有效地解决问题。辅导员要对学生情况进行全方位、多角度的了解，做到及早预防、及时疏导、快速干预，通过教育为先、预防为主的方式，引导学生积极参与校园活动，将更多的精力投入到专业学习和文化活动中，正确认识自己，有效地调控自己的心理和行为。

第二，大学生心理危机是指学生在遇到了突发事件或面临重大的挫折和困难时，学生情绪剧烈波动，认知、躯体或行为上有较大改变，且用平常解决问题的方法暂时无法应对眼前的危机，这时就需要辅导员给予关注和干预。大学生心理危机干预需要注意如下四个原则：一是要迅速确定要干预的问题；二是要同其家人共同进行危机干预；三是要鼓励学生自信，不要对危机干预产生依赖性；四是不能把心理危机作为心理问题处理，而是要作为疾病进行处理。

第三，加强大学生心理健康教育工作不仅要及时干预，更要做好预防。从新生入学开始，就要做好新生心理普查，建立"一生一策"心理基础情况台账，排查高危心理问题学生，进行一对一深度辅导，了解学生在校情况，及时排解学生心理问题，预防危机事件发生。同时要充分利用新媒体手段，加大心理知识宣传，做好心理健康教育，引导学生热爱生活、热爱生命，正确认识自我、积极发展自我。也应对学生进行危机教育，让他们正确看待心理危机问题，对有自杀倾向的同学要积极进行帮助、双方配合完成干预。只有做好心理危机的预防工作，才能防患于未然。

案例四：排忧解难，渡过心理难关

杨 舒

一、案例呈现

L同学，男，系学院某专业二年级学生，某一天在校园里与辅导员意外遇到，便同行了一段路，可以看出其情绪较低落，辅导员便邀请他到办公室进行一次临时的谈心。通过追问后，了解到该生近一段时间内经历了分手，与同宿舍同学一同前往校外喝酒排解情绪，意外遇到同班女生，几人通宵喝酒后一同回学校，该生独自送女生回宿舍，结果被其他同学看见，私下议论二人关系，有恶意传播谣言的情况，此事让该生很烦恼，无法理解同班同学为何要这样对待自己。

二、分析处理

（一）人物背景

该生性格温柔随和，愿意积极与老师进行沟通，虽然会主动分享自己的内心世界，但可以看出该生情绪也较敏感脆弱，家庭关系复杂，暂时与母亲和同母异父的弟弟一同生活，主动提到自己在高中阶段确诊抑郁症，大一开学后开始进行服药控制，认为效果并不显著，但是一直在积极配合治疗、调整自身情绪问题。

在人际交往方面，该生认为自己筛选朋友的标准较严格，经过了两年的相处，能够得到自己认可的同学也并不多，身边的朋友数量较少，但都志同道合，可以做到互相帮助、互相扶持。在专业学习方面，该生希望可以尝试多种相关的工作形式，还没有明确未来的发展方向。

（二）事件处理

面对情绪低落的同学，首先要积极鼓励学生说出自己的问题和感受，不急于表达自己的想法，而是耐心地倾听学生的倾诉，对于其表达的观点和情绪不做过多的评判。通过这种方式，学生可以放下心理戒备尽情表达，在过程中建立对辅导员的信任，从而说出自己的真实情况，同时学生的情绪也得到了一定程度的缓解。通过第一步的沟通，辅导员得知学生存在抑郁症病史，目前导致情绪低落的问题比较明确，主要集中在处于失恋阶段和人际关系处理上。

在明确了问题后，辅导员对学生的遭遇表示理解，并分享了自己在大学期间也面临过和目睹过的相似问题，让学生明白出现这类的烦恼是正常的，人生总会遇到一些困难和坎坷，清楚地知道自己内心的想法和心理倾向，就能发觉目前存在的情绪感受，可以避免自己在行为处事上被或好或坏的情绪所影响。

待学生的坏情绪消散后，辅导员与学生共同分析消极情绪产生的原因，该生能够理解人性的本质，人际交往是一个复杂的关系，无法要求每个人的为人处世都能达到统一标准，也要看到他人身上的闪光点，在保护好自己的前提下，思考别人言行出现的原因，正视自己，接纳他人，才能以开放的心态感受社交的魅力，体会集体环境的温暖。辅导员建议该生积极参与团队活动，通过亲身实践拓宽自己的社交范围，同时提高自身修养和人格魅力，培养多种兴趣爱好，从而提升自己的人际交往能力。

通过一系列的探讨，L同学表示解决了困扰自己的问题，也缓解了低落的情绪，辅导员借此机会与其进行深入交谈。在遇到问题时，产生消极的情绪是正常的，但是要找到解决问题的根本办法，不能任由情绪发展，形成负面情绪，引导学生要学会自我调节、自我调控，也要学会寻求和接受外界的支持与帮助，积极乐观地面对问题，接受这些青春的烦恼。

三、反思

一是人际交往能力是一个人在社会环境中生存与发展的基础素质，具备良好的人际交往能力，可以帮助人们迅速适应当下的生活环境，通过与人平等真诚的相处，可以更好地了解、丰富并成就自我。而在大学中，人际关系问题不容忽视，如果遇到人际交往问题，可能会让学生产生孤单感、排斥感，学习生活质量降低，如果长期被人际关系问题困扰，可能还会出现一定程度的心理问题，甚至出现抑郁症状。

二是辅导员身处学生工作一线，承担着学生日常管理的重要职责，但对学生而言，辅导员不仅是班级的管理者，更是可以信赖的知心朋友和引路导师，当学生遇到人际交往问题，总会第一时间向辅导员求助，这就要求辅导员了解大学生人际交往过程中有可能会遇到的障碍以及出现问题的原因，针对不同的问题，辅导员可以通过组织社团活动、推广朋辈辅导、开展团体技能训练等多种方式，积极引导学生的人际交往趋向，培养学生的人际交往能力，有效解决问题。

三是情绪是一种变化无常的心理活动，但是如何用合适的方式进行表达和传播，是每个人都要具备的情绪管理能力。大学生面对老师的询问，第一时间会隐藏、加工或伪装自己的情绪，需要辅导员走进他们的内心，了解真实的情绪及其产生的原因。只有先接纳了学生或好或坏的情绪，以正确的态度与其相处，才能引导和帮助学生提高对情绪的自我察觉能力、自我调控能力和自我激励能力，从而完成情绪管理。面对情绪管理能力较差的同学，要加强关注，建立学生情绪问题档案，及时掌握学生情绪和心理变动曲线，持续跟进学生后续恢复情况，帮助学生转移注意力，建立健康积极的心理品质。同时，面对学生的负面情绪和频发的心理问题，辅导员也要学会在工作中做好心理调适和情绪疏解，既要多方面、全方位地对学生进行管理和服务，也要认识到辅导员工作本身的不完美性，无法做到全能、万能，但会做到尽心、尽力，只有用积极强健的工作心态，传播乐观阳光的能量，才能更好地助力学生成长成才，引领学生完成丰富多彩的大学生活。

案例五：失恋，险些使她失去自我

牟 佳

一、案例呈现

H同学，女，本科生，于2019年入学时进行了心理普测，结果正常。在大一上半学期期末，H同学在朋友圈公开了与他系男生的恋爱关系。然而，2020年初新冠疫情暴发，全国高校延迟开学，齐心抗疫。某天，班主任联系到辅导员，表示H同学已经三天无故缺勤线上课堂。辅导员立即致电H同学，了解到她由于疫情原因长期处于异地恋状态，与男友的关系逐渐恶化。H同学因男友只顾玩游戏、不回信息等问题而提出分手，男友立刻回复同意，使她感到无法接受，情绪几近崩溃。辅导员得知后，立即进行了心理辅导，并帮助H同学恢复健康情绪。

几日后，H同学男友突然联系了辅导员，称她要服药自杀，并且处于失联状态。班主任和另外三位同学也联系了辅导员，希望能找到H同学。辅导员从其他同学那里得知，H同学在微信朋友圈发了一张安眠药瓶的照片并配文"再见了"。辅导员立即拨打H同学的电话但无人接听。随后，辅导员联系了H同学的母亲，确认孩子的现状。经过详细的询问调查，得知H同学并未服药，生命健康并无危险。她只是因为与男友吵架，才发了那张照片。然而，这件事情却造成了学校和家人的恐慌，让同学、老师和家长感到担心。

事后，辅导员对H同学进行了心理安抚，并进行了批评教育。同时，辅导员建议H同学花些时间梳理近期发生的事情，通过适当的方式缓解自己的负面情绪，将主要精力投入到学习和个人发展中。在处理个人情感方面，辅导员劝告她要先关注自己，再考虑对方和两者之间的关系。她需要客观评估这段恋爱所带来的积极和消极因素，认真权衡得失，分清主次。

经过一段时间的深思熟虑后，H同学最终选择与男友和平分手，并成功地走出失恋的阴影。她开始积极地参加学校的各种活动，逐渐提高了专业成绩，获得了老师和同学们的认可。

二、分析处理

大学生处于青春年华，很容易被优秀的异性同学所吸引，因此恋爱和失恋是常见现象。然而，大学生的恋爱心理普遍不够成熟，还未形成稳定的恋爱观。通常情况下，大学生的恋爱关系建立在完全自由选择的基础上，但由于大学生的心态尚未成熟，物质基础薄弱，以及未来规划模糊等原因，双方建立的恋爱关系通常不稳定。如果双方不能在内心深处升华感情，最终会由于一些自身或外界因素使恋爱关系难以维系。一旦恋爱关系破裂，部分大学生会产生自卑、无助、孤僻、封闭、极端、抑郁等负面情绪和心理问题，甚至可能导致心理失衡、学业下滑，严重的还会导致打架斗殴、自暴自弃、自残或轻生等后果。

在这个案例中，女生因感情挫折而产生消极悲观情绪，自暴自弃，无故旷课，甚至做出了极端行为并发布了不实信息，导致周围人恐慌。辅导员在详细调查后，第一时间加强了解和沟通，通过深入谈话摸清学生真实想法。很多学生不愿将自己的感情经历与家人和老师分享，而是更愿意与身边的朋友分享。因此，辅导员首先取得了学生的信任，从学生的角度出发，设身处地地提供帮助。在交谈中，不仅为学生保密，还从帮助学生的角度出发给予关爱，而没有一味地教育和批评。辅导员倾听和掌握学生讲述的恋爱过程，帮助学生分析根本问题所在，共同研判恋爱发展态势是否有挽回的余地，从人生的角度劝诫学生去追求更美好的自己，并引导学生做出决定，协助该生走出困境，回归正常的校园学习生活。

三、反思

（一）辅导员应该加强预警机制并利用网络资源收集学生信息

应该在学生所在的平台上开展工作，特别关注一些特殊学生的网络状态，时刻保持高度的敏感性，及时发现问题苗头并将之消灭在萌芽状态。

（二）辅导员应该重视恋爱观教育

在大学期间，恋爱是一件普遍的事情，如果不妥善处理恋爱关系，将会影响学生的身心健康，甚至在不理智的情况下做出极端行为，造成严重后果。因此，辅导员应该对大学生的恋爱进行正面引导，帮助学生树立正确、良好的恋爱观。

（三）辅导员在处理突发事件上应该及时、果断、有效

应该在可控范围内抑制住突发事件，避免朝不良方向发展。如果发生突发事

件，辅导员应该立即上报相关主管领导，争取最广泛的力量帮助，寻求最佳解决方案，促使事件向好的方向扭转。切勿因瞒报、误报或犹豫、拖延导致事件处理不当并进一步恶化。

（四）辅导员应该鼓励学生自我成长

一些学生容易产生"恋爱脑"，对待爱情尤为执着，严重影响正常的校园学习生活。辅导员应该引导学生珍惜大学学习时光，努力提升自我能力，这样才能得到别人的欣赏和尊重，并展现独特的个人魅力。

（五）辅导员应该引导学生拓宽人际圈

一些大学生在恋爱后人际关系较为单一。因此，辅导员应该引导学生学会拓宽人际交流圈，要善于和同学、朋友交往，努力营造良好的人际关系。

案例六：拨开失恋的雾霾

罗 燕

一、案例呈现

A，大三女生，21岁，长头发，第一印象文静、柔弱，由两位舍友陪伴前来心理中心，因为其中一位舍友曾经到心理中心咨询过，认为A的情况需要咨询。

A自述失恋导致的心理困扰：从本学期开学开始，经常失眠、缺乏食欲、情绪不稳定，没有心思学习，持续近2个月。A进入心理咨询室坐下就抱着抱枕可怜兮兮地说：他（男朋友）不要我了，我不甘心，所有人都不喜欢我，妈妈、妹妹（7岁）也不喜欢我。同学们都烦我了，不想听我说，在背后议论我，说我自找的，说我蠢，说我活该。起因是去年6月和同社团一个大二的男生恋爱，其间男朋友几次哭诉没钱了，我问我妈妈要钱或者兼职赚钱给他。后来有次看男朋友手机发现他其实有钱。上学期放寒假前就觉得男朋友有点不喜欢我了，看他QQ和其他女生聊得很多，寒假男朋友说分手，把我拉黑，我打电话给他的妈妈，后来男朋友把他妈妈手机也拉黑我。开学后见过一次，男朋友说我不值得被喜欢，之前和我在一起是瞎了眼了。男朋友前前后后花了我1万多，开学初辅导员和男朋友及他的辅导员调解过一次，当时谈的什么不记得了，他赔了我2000元。

二、分析处理

先澄清金钱的伤害和感情的伤害，哪个是A当前最想解决的。A答：感情。于是，先梳理这段感情的问题。A描述2个多月来睡不好觉，上课听不进去，整天浑浑噩噩。男朋友不要她了，不甘心，想要去找他，可是有一天路上正好见到他又恐惧，吓得紧紧抓住舍友的手，尽管如此仍然想去找他，想让他觉得自己阴魂不散，想让他不开心。

第一次咨询结束，A坐在沙发上不愿意走。我说那你坐在这里待一会儿，我跟陪你来的舍友交流一下可以吗？A答应了。A的舍友反馈A昨天一个人去派出所报案，想让警察出面解决纠纷，晚上11点才回寝室，说有一个警察愿意帮她。她们不知道A口中的"警察"是不是真正的警察，劝A不要病急乱求医，A不听，说"警察"很好，是唯一愿意帮助她的人。我也很疑惑"警察"的真实身份，询问A，但她不愿意多说，果断约了下次咨询时间，叫上舍友走了。

第二次咨询，A说"警察"不愿意帮她惩治男友，让她自己去做。妈妈来学校陪伴了她两天，昨天刚走，妈妈对她很失望，不想再管她了。前天晚上她想跳河自杀，走到河边，想了一下觉得不能年纪轻轻就这样死了，又回到宿舍。

本次咨询中有一小段对话如下：

咨询师：在这段感情中，这个男生身上有什么样的特质，让你当时那么喜欢他，现在也放不下？

A：他说他要和我结婚，我想我们会一辈子在一起。

咨询师：你能想象到更年长的你，比如30岁的你会是什么样子吗？

A：没有以后了。

咨询师：如果爸爸在天堂能看见现在的你，他会对你说什么？

A：他都不要我了。

咨询师：爸爸不要你了？

A：是的。

咨询师：你有没有想过这段感情带给了你什么？

A：教会我怎么去骗钱、骗别人。

第三次咨询A未到，询问得知A去找了校长。最后学工部协调A、其前男友、双方辅导员、心理老师现场会议进行调解，了解双方诉求，男生说没有诉求，A（身体有点发抖）要求男生真诚道歉以及做普通朋友。男生同意，并现场道歉达成和解。鉴于A近两个月失眠、食欲减退、情绪不稳定、想自杀的情况，心理老师建议A到心理门诊就医，听听医生的建议。辅导员反馈A后半学期由妈妈来陪读，A逐渐恢复正常学习生活。

三、反思

有一个很重要的背景资料，在A读高三时，A的爸爸在楼下和人争执发生打斗，不幸身亡。爸爸和妈妈关系不太好，因为爸爸出事时，妈妈在楼上，但没有去理会。外婆和爸爸从小最疼A，但都去世了，让A体验到被抛弃感，即丧失感。A认为自从妹妹出生，妈妈更偏爱妹妹。失恋这件事，爷爷、奶奶和妈妈站一边，都说是A的错，对A来说，她没有获得家人的足够支持。

A将对爸爸的感情转移到男友身上，为了维持和男朋友这段亲密关系，A做了很多努力，所以关系断裂对A来说是丧亲一样的打击。A反复说男友不要她了，爸爸也不要她了，可见A渴望维持关系，又害怕被抛弃，于是各种折腾，不停地折腾是寻求爱，也是一种自救，以一种让别人难受的方式来表达她自己的难受。母女关系爱恨纠葛，她觉得母亲更爱妹妹，又很想依赖母亲（因为想跳河是在母亲走的前夜）。同学说A活该、自找的、自己蠢怪谁，同学想骂醒A，可是对处于敏感期的A来说，这些语言是否定甚至是二次伤害，让她更加觉得是她不好他们才不要她。A缺乏足够的外界心理支持，她想要以死亡来消除痛苦。在咨询中，咨询师试图引导A从积极的角度看问题，A没办法积极响应，咨询师可能有点操之过急，需要慢下来静观其变，理解她的失落与哀伤。

案例七：直面集体宿舍的烦恼

罗 燕

一、案例呈现

G同学，女，18岁，大一学生，身高1.6米左右，体态正常，无不良嗜好，无重大躯体疾病史，无家族精神疾病史。父母均为某国企职员，家庭经济状况良好，本人为家中独生女，与家人感情良好，家庭和睦，从小学习成绩较好，对自己要求严格，平时与他人交往不多。上大学后开始住集体宿舍（六人间），之前没有住校的经历，因此感到不适应。近一个多月来，经常失眠，导致第二天感觉头昏脑涨，难以集中精力学习。

G同学自述上大学后第一次住进集体宿舍，刚开始还很新鲜、很兴奋，也不想家，和宿舍同学相处融洽，一段时间之后，发现各种矛盾都出来了。比如，天冷了，有的同学不喜欢关窗户睡觉，而自己就睡在靠近窗户的位置，不得不一次次起来关窗户；有时晚上12点多了，宿舍同学还没睡，自己多年养成的11点睡觉的习惯被打破了，每晚依然是11点就躺在床上，却无法入睡，等到大家都睡了，还翻来覆去睡不着。这一个多月来，差不多总要到半夜1点以后才能入睡，导致第二天头昏脑涨，上课直打瞌睡，很影响学习，担心期末考试挂科。心里很着急，听说失眠就是神经衰弱，曾有一个高中同学就是因为神经衰弱休学了一年，因此更紧张了。同时，G同学还感觉宿舍同学不像刚入学时那样友好了，她们根本不顾及她的感受，她觉得这就是不尊重人，不把她放在眼里。有时她也想给宿舍同学提意见，但又不好意思说，而且妈妈送她上学的时候还一再交代要与同学友好相处，要谦让忍耐，不要闹矛盾。她担心提了意见之后同学会对她不满。所以虽然她内心意见很大，可表面上还要对同学笑脸相迎。她开始想家了，想念妈妈，后悔自己选择了离家远的大学，她担心长期生活在这样的环境里会崩溃，于是来咨询，希望可以得到帮助。

二、分析处理

G同学的症状主要表现为：（1）认知方面：产生失眠就是神经衰弱，不按时作息就会影响学习和健康，同学友好相处就是不能表达不满，有同学不顾及自己的感受就是不尊重自己、不把自己放在眼里等错误认知。（2）情绪方面：不能很好地调控自己的情绪。（3）行为模式：缺乏人际沟通的策略与技巧。

G同学的心理问题是由明显的现实原因引起的，主要表现为人际适应不良，因不适应集体宿舍的生活、不善于与人沟通而引发的焦虑情绪反应，反应强度不太强烈，社会功能正常，问题带来的影响仅有一个多月。

第一次咨询主要是建立咨询关系、收集相关资料，确立咨询目标。与来访者进行摄入性会谈，运用倾听、开放式提问、情感反应、内容反应等参与性技术，使G同学感受到咨询师的接纳和积极关注，从而使G同学将自己的内心感受、困惑和渴望解决的问题尽情倾诉出来。与G同学一起梳理她对大学集体生活的不适应都有哪些，向G同学介绍情绪ABC理论，使G同学认识到这种不适应与其自身对情境的认知有关。

第二至五次咨询，通过交谈、理性分析，帮助G同学找出其不合理的思维方式、信念。第二次咨询主要是针对有关睡眠、生活规律与学习、身体健康方面的不合理信念；第三次主要针对关于人际交往方面的不合理信念；第四次主要针对对同学期望方面的不合理认知。引导其与不合理信念辩驳，学会以合理的信念取代这些不合理的认知，如糟糕至极、对人对事的绝对化和以偏概全等思维。在咨询过程中，还结合使用行为调节的方法，第二次咨询时引导G同学进行想象放松的练习，以使其在入睡前可通过放松的方式尽快入睡；第三次咨询向G同学介绍人际交往的原则、方法、技巧，在此基础上进行一般交往技能训练；第四次咨询对来访者进行问题解决训练；第五次咨询主要是人际交往的能力训练，如理性平和、内外一致的表达等，逐步提高人际交往能力。

第六次咨询与G同学对整个咨询过程进行回顾总结，引导G同学整理自己在整个咨询过程中的收获和感受，咨询师对G同学的进步给予充分的肯定和鼓励。

三、反思

G同学的主观感受发生了变化，失眠情况已基本消失，每晚睡眠时间即使不够8小时，第二天也能精力充沛；不是很想家了，心情舒畅；同学关系真正融洽了，开始喜欢自己的宿舍；与其他同学的交往也变得顺利了。宿舍同学发现G同学变得活泼开朗了。通过回访和追踪，发现咨询已基本达到预期目标：来访者情绪和精神面貌大为改善，促进了良好人际关系的发展，提高了人际适应水平。这样的适应问题在大一新生中其实是很普遍的，咨询可以帮助大家更快地适应。当然，适应有一个过程，个人的主观能动性在这其中起着重要作用，积极应对会让新生更快地适应大学生活。

案例八：爱自己比真相更重要

罗 燕

一、案例呈现

L同学，研究生，腼腆，偏胖，戴眼镜，打扮成熟，看上去略大于她的真实年龄。L对自己的评价是"又懒又馋"，懒惰、拖延，还好吃。在家里不干家务活，因为养母很能干。在学校里可以因为情绪不好，几周都打不起精神做事。最大的爱好就是搜寻哪里有好吃的，打车出门去吃东西，偏好自助餐，吃完就回宿舍睡觉，一个月的生活费有三分之二都花在吃上面。自己对吃的渴望有一半是因为饥饿，有一半是因为心理的原因，吃东西可以给自己带来快乐。现在也为自己肥胖的身材而感到担忧，因为会有健康隐患。

最近出现心理问题的诱发因素是二哥赌博欠下了几十万元的债务，觉得养父母偏心，再回顾小时候的经历，尤其觉得养父母一直偏心，不再是以前心目中那么完美，心里突然觉得有些难受。养父母对二哥的欠款不遗余力地给予帮助，已经影响到自己在学校的生活水平，自己从来都是懂事的孩子，也没有向家中说明自己的困境，现在生活费靠自己做家教支撑（亲生妈妈会给一些零花钱，都主动拒绝）。回想到自己在大一的时候开始办助学贷款，觉得自己有些傻，家里明明有经济能力可以供养读书的，为什么要办助学贷款呢？现在研究生快毕业，马上面临还贷款的问题，出了二哥的这件事情，觉得还款要完全靠自己。那阵子养父母天天说家里没钱，都在借钱。后来与二哥通电话后，二哥说的情况并没有养父母描述的那么严重，感觉被欺骗了，觉得养父母是不想为自己偿还贷款而故意夸大其词，觉得自己被骗、被利用，像个傻子一样。所有的这些她都是默默地想，从未质问过养父母，因为不敢质问。随着这件事情而来的还有自己对未来婚姻的焦虑，有一个表姐结婚，老公给了10万元的彩礼，表姐的父母直接把10万元自揣腰包。养父母会把表姐夫当傻子一样闲聊，还隐隐地暗示自己也应该找一个给10万元彩礼的，而且还说过要自己的亲生父母出陪嫁，她觉得养父母的这种要求很过分。按当地的风俗，女孩无论嫁多远，父母生病了都需要回家照看，L觉得养父母当年换自己是出于自私的考虑，想享受女儿带来的好处，而不想承担对女儿的责任。在就业问题上，养父母很多次都暗示自己可以去找亲生父母帮忙，因此自己觉得很烦。

另外，L还有一件烦恼的事情，她觉得自己的性格不好，老是妥协、求和，把自己放在很卑微的地位，害怕人家给脸色、害怕人际关系破裂。比如对于助学贷款的忧愁、彩礼的担忧，都没法对父母开口，自己一个人承受。比如一师妹向自己借电瓶车口吻很不友好："我今天下午两点要用你的车。"觉得对方没礼貌、自己被命令，心中呐喊着"凭什么借给你啊，你是谁啊，我有义务吗？"心中十二分不爽！但是自己不想这段关系破裂，于是忍受、压抑自己的不满，行为上还是把车借给了师妹。因为这样的事情，又自个儿不开心很久。自己明白应该拒绝的，坦诚地对师妹说出自己的想法，但就是没办法！很讨厌自己这样的性格。

二、分析处理

第一次见面L有些局促，刚开始有点放不开，经过第一次咨询，建立了较好的信任，接下来的四次咨询L讲述了她的家庭，以家庭为中心探讨了养育模式、亲子关系、人格特质、就业、恋爱的问题。

L一出生就被亲生父母和另外一个家庭的男婴进行了换养。L在养父母家中排行最小，是唯一的女孩子，有两个哥哥。亲生父母的家里有三个姐姐。养父母、亲生父母相互认识，换养是亲生父母提出的。L小学三年级开始住校生活，当地当时流行小学寄宿制，觉得童年生活非常幸福。高考结束养父母告诉L身世，L崩溃了一段时间，慢慢自己调整适应。逢年过节会和亲生父母走动，像走亲戚一样。换养的男孩子由于很闹腾，很小就知道自己不是亲生的事实，与亲生父母的相认早于L，L和那个男孩子没有沟通交流过。与亲生父母相认后，亲妈对她诉说过有多么想她，经常到L家附近默默地看她，L表示对这种行为嗤之以鼻，觉得亲妈很做作（"既然你这么爱我，那为什么要把我给别人呢？"）。自从接受了自己被换养的事实以后，养父经常开玩笑说：还是有个闺女好啊。养父母对自己的亲生父母貌似是有所求的，在经济上有来往，养父的言谈中会透露一些你去找你爸爸或者妈妈解决这件事情之类的话语。她表示对养父母的这种行为难以理解，自己已经是他们的孩子了，还指使自己去亲生父母的家里，觉得不可理喻。L认为自己对养父母有很深厚的感情，会养老送终，对亲生父母像亲戚那样对待即可，不会有太多的交集。

在就业问题上，L和养父母有一些冲突。养父母希望L回家乡找工作，希望L去找亲生父母寻求关系，谋求好职位。L有自己的打算，决定自己找工作，先奋斗几年，积累经验，就业的地方不限，不一定非要回家乡。

在恋爱问题上，大四的时候和同校的男同学谈过一年半的恋爱，研一的时候分手。分手的原因L归结于是自己的问题，男朋友问了L一个问题："如果要结婚的话，你觉得是我们的感情到位了，水到渠成的，还是因为你觉得自己的年龄该结婚了？"L觉得这个问题让自己有些难堪，很愤怒，因为内心深处赞成第二个说法，一气之下就和男朋友分手了。现在回想起来觉得自己当时不懂事，至今再也没有遇见合适的男孩子。

三、反思

L的换养经历，以及得知真相后亲生父母与养父母带来的关系扰动，使得L的内心是挣扎的、痛苦的、敏感的、多疑的。很多的思考与感受无处倾诉，在烦恼的时候，一方面通过吃来缓解这些压抑的情绪，释放自己。另一方面吃代表爱的补给，L是缺爱的，出生后因是女孩而不被期待、被抛弃，长大了养父母想让她去找亲生父母解决问题，好像又想"甩锅"回去。L觉得养父母是自私的、偏心的，以前的自己是傻的。现在要多为自己打算，而不能像以前那样任人拿捏与摆布，自己决不能成为他们向亲生父母提要求的筹码。在这样复杂的关系里，L开始有自己的选择，意识到要为自己考虑，不必去讨好别人，这是L能够积极寻求就业以及婚恋发展的动力。L非常聪明，把自己的问题梳理得很清晰，其实也就有了改变的方向。L很明白咨询的这些问题成年之后一直对她造成困扰，她一直在积极应对，咨询中通过倾诉，她的情绪得到了很好的疏解，同时也得到支持陪伴，内在萌生了一些力量去应对现实问题。在L的身上我们可以看到她坚韧有力量的一面，所以不管拥有怎样的身世，我们期待像L一样可以有选择地过好接下来的人生。

案例九：只有变好才能实现自己

罗 燕

一、案例呈现

S同学，女，大二，少数民族。因与同寝室好友A的关系纠葛，打了A，辅导员描述她把A同学身上打、掐得青紫，以自杀威胁A同学，A受不了了告诉父母，A的父母与辅导员沟通，要求S休学或者换寝室、转专业，与A断绝来往。随后A的父母来校找S，听了S的叙述后，A的父母对S表示非常同情。所有老师对S的第一印象都很好，对她的平时表现很满意。辅导员介绍S前来咨询，咨询师对S的第一印象是衣着得体、干净整洁、健谈、思维清晰、有礼貌，对事件的整个过程认识清楚、自我剖析到位。

S自述和A在大一刚开始时关系不太好，后来慢慢地变得互相依赖，A身兼姐姐、妈妈、闺密多重身份，对S很包容，送S很好的礼物，比如昂贵的化妆品。在A面前S很真实，有时候闹矛盾忍不住对A动了手，S说自己也知道不对，但是没想到在A那里是那么严重的后果，提出要求自己休学或者换寝室、转专业。她不知道怎么会走到这一步，她昨天跪下求A原谅和解，没有成功，为这段感情她做了最后的努力，她也放下了，不会再纠缠，她现在也要为自己的利益考虑，她不休学也不走（转专业、换寝室），若她实在要求，她的底线是答应换寝室。

S陈述自己目前的状况跟小时候的经历有很大关系，从小就看着父母吵架、打架，妈妈爱骂脏话，有一次妈妈骂她很难听的脏话，她想着妈妈要被爸爸打了，就让妈妈陪她去上厕所，结果妈妈不去还继续骂她，妈妈果然被爸爸打了。小时候妈妈煮牛奶非让她喝完，爸爸说她不喝就算了，让她上学去吧。妈妈嘴上说"你赶紧上学去吧"，实际堵门口掐她。小时候犯错只要是妈妈认为她错了，就会笑嘻嘻地把她抱到外面去打一顿。上初一时爸妈离婚，她跟爸爸住，妈妈至今就回来看过她两次，给她花的钱不到1万块，处理这次事件时，老师把妈妈也叫来了，她不想对妈妈表述感情，不想再受伤害。

二、分析处理

S同学每周咨询一次，共咨询了7次。

第二次咨询S已经搬了寝室，当时有2楼、6楼的两个寝室可以选择，2楼寝室直接贴纸在门上说不欢迎，就去了6楼，目前还好，和A上课偶尔能见到，假装看不见绕开。现在有另一个朋友B，B很优秀，和B在一起有点自卑。

第三至六次咨询，S讲述了童年一些不开心的经历，她觉得说出来能够排解内心压抑的愤怒。S有个很受宠的堂妹，堂妹上四年级S上初中时，堂妹打了S一嘴巴，S告诉爸爸，爸爸说算了，不可能去跟三婶（堂妹的妈妈）争论。S最讨厌的是婶婶们说她爱撒谎，说她妈妈爱打麻将、不工作又懒，说她们母女俩一模一样。小时候有很多事情不是S做的，却被三婶冤枉，S怕被打和破坏关系，只好承认。一年级时一天晚上妈妈说出去买药，S就知道她又要去打麻将。S在家半夜醒来看到妈妈还没回来，就出去找妈妈，忘了锁门。门卫奶奶收留S，让S到她家睡，妈妈回来把S抱回去，回家发现家里DVD被偷了，大半夜直接被妈妈打了两小时，头被打出血。小学穿裙子，妈妈会说你整天穿给哪个男人看，现在有时候穿上裙子就觉得恶心，干脆不穿了。觉得性也是很恶心的，常因为A和男友上床、亲吻、吵架，觉得她很脏。想找个男友一定要干净，脸上没痘痘，没口臭，要纯洁。不生孩子，最好没性功能，自己也不受谴责。初中记得爸爸经常会说自己房间没关灯，有次S跟奶奶说：你儿子房间灯也没关。爸爸一嘴巴子扇过来。记忆中很多次被打不许哭，哭再被打，不许不吃饭，眼泪掉碗里又被打。高考完回家，奶奶说今天有个阿姨要来看你，S才知道爸爸和那个阿姨已经结婚了。S和奶奶住，过年时阿姨、阿姨的孩子、爸爸走一起有说有笑，S一个人走，感觉他们才是一家人。

最后一次咨询，S说选修课见到A，分到一组。下课正想要不要去找老师调开，看到她去了，对于A的感情有些不甘心，觉得丢人，好像她是个香饽饽，自己追着她。上周末和一个男生相亲，见面觉得他性格有点软弱，关系不到位还总想肢体接触让她很恶心。父亲的爱情观就是责任和需要一个伴侣。母亲的爱情观则以为对她好就是爱情，等别人把好拿走，她就一无所有了。她现在对什么是爱越来越理解了，也能理解父亲对自己的爱。想考研，父亲坚决反对，但自己有自己的打算，先努力考上再自己兼职挣钱、贷款读研。

三、反思

  S内在有个坚定的信念，认为只有变好了才可以实现自己，做自己想做的事。自己就想朝着好的方向改变，包括身材、容貌好，学习好，各方面优秀。从积极心理学角度来看，S自己建立了一套只有自己不停地变好才不会被抛弃，变好才不受别人压迫的价值体系。这非常有利于S朝着好的方向发展，这也是S为什么从小经历了那么多坎坷，经常被父母打骂，仍然能够茁壮成长，没有放弃自我，还要坚持考研究生的原因。这其中涵盖了很多我们所熟知的防御机制：超理智、合理化、升华等。从客体关系理论来说，客体关系不良会让S难以维持长期稳定的亲密关系。因为在S的世界里太亲密会带来伤害，所以S选择不生孩子甚至是无性婚姻，这也是咨询师比较担心的，不过，相信S会做出最适合她的选择，并且保持她的信念朝着正确的方向发展。

案例十：无声的忧伤

罗 燕

一、案例呈现

C同学，女，20岁，大二，有个小6岁的妹妹；对C同学的第一印象是穿着打扮好看，有气质，有礼貌，非常谨慎，说话尽量用词准确，比如说到某个词，会认为不够准确，一定要找到更准确的词来形容。C因为经常会遇到一些情况，纠结要不要说，说了难受，不说也很难受，常常在这样的两难选择中纠结。小时候不明显，初高中忙于学习，也没有特别关注这件事，大学刚开始还好，慢慢地越来越容易对某个问题想很久，害怕别人给自己的回应不是自己想要的，或者不回应，非常恐惧遇到类似情况，因此陷入焦虑、难受中。清明假期回家，C因为这个问题寻求了一次心理咨询。C觉得自己很软弱，出去买东西，如果需要和服务员沟通，就觉得很麻烦也很困难，害怕别人嫌自己事儿多。C认为是小时候总被妈妈打，所以现在才这么软弱。

C从小在父母身边长大，但由于父母工作忙，经常亲戚轮换着或者是请保姆来照顾她。妈妈是个强势的人，妈妈跟C说母女应该像朋友一样相处，多聊聊天，分享自己的想法，可是聊着聊着妈妈开始大骂C太理想化，把C气得不行，事后妈妈又会跟C道歉，妈妈总是这么阴晴不定。C很少提到爸爸，只说爸爸妈妈经常吵架。C认为妹妹比她小6岁，看起来幼稚可爱，但实际感觉妹妹比自己成熟。恋爱方面C感觉现在已经做好谈恋爱的准备了，以前虽想过但没做好准备，而且妈妈是个热心牵线的人，这方面以后妈妈肯定会给C张罗。对于朋友类型C有明确的区分，有个别要好的知心朋友和一般的朋友，C认为一般朋友关系不到位，很难被她们理解，一旦发现和朋友想法不一致，就没法建立更亲近的关系而渐行渐远。

二、分析处理

用对话的形式展现咨询过程中与C的互动如下：

刚好C说完话，咨询师咳嗽得厉害，没法马上回复。

C笑着说：好尴尬。

我点头示意（还在咳，停顿十几秒）。

C又笑着摸下巴说：好尴尬，我最怕这样。

咨询师：这样是什么样？

C：两个人坐着不说话。

咨询师：哦，是正好到我说话结果我咳起来没办法马上回应你。

C：嗯，就是比方说我刚说完了什么，然后就没有回应了。

咨询师：这带给你什么感受？

C：就是我很担心别人不回应或者给不了我想要的回应，我就很难受，所以不知道到底要不要说，不说忍着挺难受的，说了又担心别人的回应。

第一次咨询C形容自己是一个开朗又内心封闭、细腻、敏感、杞人忧天的人。C告诉咨询师她想考研并强调这是一件很私密的事，不想让别人知道。

C说看了一个节目，不方便透露节目名称，说得很隐晦。咨询师很疑惑到底是一个什么特殊的节目，仔细了解、反复确认才大概知道是一个唱歌类的综艺节目。C看到朋友发状态也在看这个节目，立马感觉难受，难受要不要回复或者告诉朋友她也喜欢这个节目，纠结之后还是跟朋友说了，聊得还可以，难受也就很快过去了。课间休息听到后面同学在讨论那个节目，难受了一下，鼓起勇气回头说："这个节目我也喜欢。"同学看了她一眼，没反应，导致她很难受。周二的课，她点歌，老师播放了，同学都叫另一个女生的名字，大家都知道那女生喜欢那个歌手，以为是她点的，老师也没说破。整个过程心情从紧张到失落再到平静。

第四次咨询C写了备忘录，说这次想说的事很复杂，事先拟了草稿。又是周二的课，老师放了一个歌手的歌，C说她喜欢那个歌手两年了，老师说你以后可能还会遇到喜欢五年十年的。顿时觉得不被老师理解，课间时间短没法说出自己的复杂感情和想法，就是喜欢每一个人有他的独特性，不可用年限比较。

C提起最近走在校园里很凄凉、很抑郁的感觉，对C进行风险评估：C曾在高三时给妹妹说我如果死了，我的QQ密码是多少，日记在哪里，你去看，妹妹说"好的"。因为妹妹其实比她成熟，每次爸妈吵架，她坐那儿听着很烦躁，就等着妹妹站出来说：别吵了！

第五次咨询C问咨询师：你想知道什么，你问什么我就说什么。几番沟通C说那还是讨论第一次的问题：你觉得我是改变自己尝试表达，还是接纳自己沉默不表达？哪个更适合我？这是一个好问题，咨询师当然不会给答案，但是可以抓住问题和C一起分析。讨论过程中咨询师只要一沉默，C就会表达不说话好尴尬，然后C发现自己已经有了一些变化，选择表达多一些。

第六次咨询C问咨询师：有两件事，先说短的还是长的？咨询师把选择权交给C，C决定先说短的。有一天上课，旁边两个同学又在讨论那个节目，第一感觉兴奋激动，又想到跟她们没那么熟，不好插嘴，然后默默难受。第二件事就是舅妈让C找个同学帮忙完成办卡业务，C问了好朋友，好朋友当晚给C发了身份证，第二天，好朋友又说她父母不允许，让C最好也别给身份证。C感受到好朋友的不信任，可以明说自己决定不给了，希望她别拿父母来做挡箭牌。回家跟妈妈说，本就委屈，妈妈骂C，说C是理想主义者……C绝望地对妈妈冷笑，在绝望到临界点的求生欲驱使下，C觉得可能要放下对自己和对别人的高要求。同时，C担心咨询哪天突然结束，已经依赖了咨询关系，结束以后怎么办。于是咨询师和C讨论了怎样提前为咨询结束做准备。

三、反思

正如C同学描述的，她是一个开朗又内心封闭、细腻、敏感的人。C缺乏安全感，既渴望有可以信赖、依赖的人，又担心她会离开，有明显的分离焦虑。C的主要防御机制：压抑、理智化。重要的客体关系：父母、妹妹、舅妈，C和舅妈关系较好，小学五年级假期去舅妈家玩十多天，很喜欢舅妈，C形容是迷恋舅妈，回家后被妈妈批评，妈妈不允许C和舅妈太亲近。妈妈和舅妈无意识的竞争关系也引起C的矛盾，好像喜欢舅妈就是背叛妈妈一样。C的敏感、追求完美跟妈妈的高控制和情绪不稳定有一定关系。咨询中C逐渐学会了自己做选择，积极调适和应对自己选择的结果。回顾咨询初期，咨询师是一个大大咧咧、不拘小节的人，不太适应C欲言又止的节奏，感受到咨询在不断绕弯子。通过咨询过程中不断地探寻、确认，去理解C的敏感、C对自我安全空间的维护，带给咨询师很多启发，包括平衡自身文化背景和个性对咨询的影响。

案例十一：光照进来的地方

张瑞萌

一、案例呈现

在刚进校时就有班干部反映该案例学员不太愿意参加集体活动，也不愿意参与大家的课后聚会和社交，大多数时间都用来打工赚取学费和沉浸在自己的小世界。在学校助学项目摸底工作当中，辅导员也了解到该同学因父母早年离异，是随祖辈亲人一起长大的，祖辈亲人去世后，原本就因情感匮乏导致的性格孤僻，演变成了心理普查认定的"双相情感障碍"。作为辅导工作的重点关注对象，该案例学员始终小心翼翼关闭着自己的情感通道，家庭经济的窘迫也让她感受到了无助和自卑，与家人几乎没有交流，与同学也来往很少。情感匮乏成了比经济窘迫更严重的障碍。

二、分析处理

（一）案例分析

家庭的情感匮乏若是在孩子还很小的时候就已经发生，孩子只能被动应对，无力改变，随着逐渐成年，一部分形成了"讨好型人格"，一部分则继续自我封闭。他们把自我局限在自认为安全范围的狭小圈子，包裹严实，很容易陷入极端情绪当中。在没有良好人际交流和充足信息来源的大学时代，很难在与他人的互动交往中获益，从而改变自己当下的处境，获得益处。

双相障碍的关键特征是极端的心境波动，它之所以被称为"双相"障碍，是因为患者的心境在高峰与低谷这两极之间来回波动，要让这波动当中的平衡良好保持，需要适时地照进爱和阳光。

（二）案例处理

1. 引导学生去关心他人

该案例学员本身是需要被关爱和照顾的对象。但在分析处理的过程当中，通过创造时机条件让她去关心别人，赢得尊重和喜爱，有利于通过别人的积极反应带来一定程度的情感认同和满足，增强她与人交往的自信心。

2. 发挥班级管理的良性作用

学生干部队伍建设也是辅导员工作的重要部分，让班内学生干部平时与该案例学生在不打扰对方个人空间的基础上多接触，通过一起研究设计方案、一起去图书馆等沟通方式，循序建立人际信任。

3. 引导学生坚持"不随意放弃"的原则

给予该生在校期间参与勤工俭学的行为以支持，鼓励对方在不影响学习的前提下，坚持自己每一个当下的选择。恒定的坚持，带来稳定的情绪。同时鼓励学生在专业领域也要坚持钻研，发挥自己对审美和情感的敏感特性，通过自己专业素质的提高，达到自己对未来美好生活的要求。

4. 励志奖学金的鼓励

进一步发挥国家励志奖学金的资助育人作用。励志奖学金的作用在扶贫更在扶志，让学生在积极争取奖学金的同时心理破冰，更有自信地融入大学校园的大家庭，对未来生活有所展望，进而以积极心态应对。同时，在积极争取奖学金的过程中，该生的主动性也被调动起来，现在已能够不排斥地加入一些集体活动并提出自己的看法和建议。

5. 从细节处给予学生鼓励

案例学生在勤工俭学的过程中拓展了新的社交圈。其中我们可以发现该生具备较强的执行能力。从细节处鼓励，得到认可的学生笑容会更加明朗。

三、反思

在多次的辅导实践当中，发现那个能让光照进来的地方，才是辅导员的最大作用。自信、自尊、自爱建立的关键还是在于学生自己。大学生群体的特殊性和重要性，让辅导员工作中的每一个细节都不能忽视。真心和爱，永远是最好、最有效的沟通方法。

案例十二：略带三分拙，兼存一线痴

张瑞萌

担任辅导员工作的一年间，我逐渐对多样化的人才培养体系中鼓励个性发展的同时彰显出的多样化性格有了更深入的认知，多种性格中天然存在的B面效应，常常隐藏在渐成习惯的沉默中，又或许就裹挟在一个漫不经心的笑容里。

作为一名高校辅导员，我在工作中以"略带三分拙"的交友式互诉来引导学生修正其行为，同时"兼存一线痴"作长期观察和交流，来引导学生善"养"其心。

常心虽素履以往，但其唯有"养"，方能茁壮。我们能做的基础就是修"行"，以行为来规范内心，是最接近心法的方法。

一、案例呈现

案例学员因患有双相情感障碍，已经无法正常在校完成课业，连续请假两周。其在美术设计方面有着自己独到的审美意趣，理想是能有自己的独立设计工作室。原生家庭中，父亲刚刚辞职，母亲也没有工作，在日常生活中的诸多选择上极易自我否定，情绪起伏较大，有自杀倾向。

二、分析处理

（一）案例分析

咨询辅导的过程中，先以表格问卷的形式对学生做了最基础的了解，发现她在自己的心里种下了一朵悲观主义者的花朵，并把自己投放到了内心世界里由"快乐"和"悲伤"筑起的两面高墙之间的死循环当中。和多数患上躁郁症的人一样，她从第一次觉得精神的痛苦已经达到无法忍受的地步，唯一的解决方式就是结束自己的生命开始，已经无数次地产生过这样的念头。严重的时候甚至想好了在什么时间、什么地点、以什么方式自杀……

交流的过程中我发现，这样的孩子，在其性格深处其实比普通人要更加善良，所以她们选择解决问题的方式是伤害自己。

案例中的学生因对绘画设计有着极大的兴趣，绘画也成了她生活当中最好的宣泄和疏散情绪的渠道。有渠道疏泄情绪并且愿意主动采取沟通，就是这两面高墙中透进的光。

（二）案例处理

很多人可能以为，得了这个病根本不可能正常生活。实际上，相当一部分人虽有这个病但事业照样取得了巨大成功（如丘吉尔、海明威、玛丽亚·凯莉、梅尔·吉布森、科特柯本、费雯丽……）。

1. 建立信任关系的同时适当保持距离

通过参考网络专业平台上相关案例的分析，在倾听过她的理想和现状过后，我主动与她聊起了星座、绘画专业等她感兴趣但又远离现实生活的一些问题。

建立关系的前期，不过多询问关于个人未来的计划和家庭成员之间的关系，不制造聊天过程中的情感焦虑。同时，建议她多进行绘画创作，并从专业角度推荐了几位治愈系画家的作品让她欣赏分析其作品分割。

2. 厘清现实中的人际关系，清净自洁

建议在积极采取相应治疗的同时，和生活当中容易产生负面情绪的社交关系保持距离，定期看医生，随时观察自己的情绪浮动频率。

3. 以行为"修正"来"滋养"内心

养成阅读和写自我鼓励话语的习惯，保持自我审视。做正向记录，发现自己每天都有小小的成长和成就，同时适当记录自己的问题。

4. 建立良好人际关系，保持社会性

足够的爱和社会支撑至关重要，平时保持有两三个信得过、不介意自己状况的至交好友，保持一定的社会性。除此之外，避免与人深交可以避免陷入无人理解的孤独。

5. 及时寻求专业帮助

手机里要存有学校辅导老师和就近相关机构的热线电话和医生电话，一旦情况恶化，一定要向专业人员求助。

该生心理状况已属心理治疗范畴，在深度辅导过程中，与学校的学业辅导中心和心理中心共同探讨了沟通话术，建立起良性沟通模式，以心应心。该生现在已基本打消了轻生的念头，与身边一二好友建立了良性的信赖关系，每周有固定的约会。学校的课业方面，与其专业老师沟通后得知，也基本可按时完成。

三、反思

双相障碍的关键特征是极端的心境波动，它之所以被称为"双相"障碍，是因为患者的心境在高峰与低谷这两极之间来回波动，相比之下，重度抑郁患者的心境只沿着单极（低谷）发生波动。躁狂或抑郁的发作所持续的时间长短不一，短则几天，长则数月。与通常人们所认为的不同，大约有40%的患者并不会交替地体验到抑郁与躁狂，而是同时体验这两种心境。

在深度辅导这一类型的学生时，应以稳定其心理波动为目标，根据其专业、兴趣、爱好等，提出合理建议，稳定心境。也可以建议其多参与到品茶、插花等静心、提高专注力的生活活动当中，让大环境带动小心境，从而达到疏导的效果。

案例十三：存心于力，不困于情

张瑞萌

一、案例呈现

案例学员与同校的女同学是恋爱关系。恋爱甜蜜期间，女友因安全感的匮乏和双相情感障碍的缘故，曾多次表现出情绪失控、提出分手又复合、恋爱关系内与他人暧昧、行为出格等不稳定状态。案例学员在这段恋爱关系当中投入了大量的时间和精力，入校时专业成绩第一的好学生也因存在多次旷课记录、情绪不稳定等因素导致成绩明显下滑。其间，该学员通过朋友圈等渠道了解到女方在恋爱关系内的出轨行为后，还出现了情绪过激行为。

目前，两人已确定分手。但该案例学员在这段关系当中产生了较为明显的心理失衡、自我否定等不良情绪。

二、分析处理

（一）案例分析

在大学生的年纪，在生理成长和外部环境的作用下，恋爱、失恋都是常见的现象。但一段失败的恋爱关系，在短暂美好的背面极有可能导致较为严重的心理失衡、学业滑坡甚至是自我否定。

交流辅导的过程当中，倾听了解其恋爱过程，帮助分析这段关系里双方的症结所在，做到为对方保密，缩短该学员的情绪阴影期。并在了解到对方的真实想法后重新建立起他对学习的兴趣和自爱、自信的能力。

（二）案例处理

在大学生恋爱引导的工作当中，鼓励学生建立更加健全的人际关系和人格自信是相当必要的。

1. 鼓励学生自我成长

该案例学员本身有着非常好的学习能力和基础。但这段恋爱关系的耗损已经严重影响到了他的正常学习和生活。关心之余，可以适当选择激将法，告诉他"真正的吸引力来自综合的人格魅力，这当中包括你的学习能力、处理事情的成熟淡定以及朝着可预判方向发展的稳步成长"。要鼓励学生通过更切实可靠提高自己的方法，快速覆盖不良情绪，引导对方通过自我的提升赢得尊重和欣赏。

2. 鼓励学生建立新的交流圈

大学生在一段恋爱关系当中时，容易将个体世界与外部世界隔离开来，并因恋爱关系的局限性模糊自我认知。拓宽人际交流圈，可以有效帮助大学生通过兴趣爱好的广泛交流和建立，对外部世界的认知更广，从而拓宽自我认知的边界。

3. 鼓励学生恒定决心

该案例学生在这段恋爱关系当中，虽多次发现问题，但存在分分合合、摇摆不定的明显问题。这也符合很多这个年龄段学生没有恒心、遇事易纠结、形成情绪恶性循环堆叠的问题。考虑到案例学生本身的专业素质和学习能力，在引导沟通过程当中，鼓励他在专业上深入潜心，提升学习成绩的同时，也有助于培养其决断果敢的能力。

该生现在已与之前的女友分手，并在分析症结之后不困惑于是否还会复合的问题。学习态度上，较之前对专业的兴趣更加浓厚。该生逐步走出自我怀疑的阴影，也在尝试通过参与到校园更多的社交活动当中，重塑自信与魅力。

三、反思

大学生阶段正是对爱情充满期待和向往的年纪。恋爱关系当中的青春冲动性和理想大于现实的关系不确定性，是使这类问题常见的原因。

案例当中，遇到情感挫折后的一段时间内，很容易陷入自我否定当中。这时，取得信任，做到为对方保密是首先需要强调和注意的；其次，在引导交谈的过程当中，多倾听、少教育，既要让对方重新建立起更加完整的自我价值体系，也不能让学生丧失对爱情的美好向往，通过多渠道的开拓视野、建立新的交际范围等方式，让学生清楚认知到好的爱情是理解、接纳、认同和包容，也能让他们在成为更加优秀的自己之后，收获更好的感情。

案例十四：10人小组团体心理辅导纪实

罗 燕

团体是一个神奇的地方，这里承载了很多的情绪，很多的感受，很多的自己。每个人都往团体里扔块石头，有些人扔的大一些、多一些，有些人可能扔的小一些、少一些，总会让其他人被影响到，让自己有所觉察、有所成长！

——欧文·亚隆

团体性质：成长性团体，缓解压力，疏导不良情绪，获得同伴的支持与人际联结

时间：2020.11.11—2022.12.30

地点及团体次数：团体辅导室线下2次，因疫情转线上腾讯会议5次

带领者：罗燕、王瑛

组员：剪刀、坏人、好人、粉色、小北、佳佳、三金、六六、金鱼、一一

组员介绍：

剪刀

（1）基本信息：女，大一，18岁，没谈过恋爱，爱说话，喜欢和固定的朋友社交，遇到事情可能表面情绪稳定，内心却翻江倒海。肠胃不是很好，偶尔会胀气、恶心，考试紧张焦虑的时候会更严重。初二开始痛经，非常严重，无法下床，经期必请假。因为学画画很累，腰椎、颈椎也不好，一疲劳就会痛。刚开学可能不太适应，全身起荨麻疹。参加团体也是因为对心理学很感兴趣。

（2）目前困扰：情绪紧张焦虑的时候躯体症状更强烈。

（3）目标：提升自己，实现自我成长。

（4）背景信息：爸爸60岁，已退休；妈妈49岁，家庭主妇；弟弟12岁。父母关系不好，以前经常吵架，觉得父母的关系应该彻底决裂了，他们又表面和好。和弟弟关系不错，就是家里房子很小，没有自己私密、独立的房间。

坏人

（1）基本信息：男，大一，19岁，爱笑，头发略长，偏分，显得帅气，有灵活性。之前谈过恋爱，目前单身。觉得自己性格比较好，没什么脾气，但不善于

社交。

（2）目前困扰：有时候感觉很孤独。

（3）目标：想感受一下团体氛围，很好奇陌生人在一起会摩擦出怎样的火花。

（4）背景信息：爸爸曾经是军人，退伍后做生意，转型开工厂，当厂长，为人温和，对他很好。妈妈以前做医药销售，现在是会计。3岁时成为留守儿童，住奶奶家。6岁跟着父母去江苏，后来又到上海。上初中又回老家，住在姥姥家。初中在学校表现很好，当主持人，演讲比赛获得第二名。学习成绩非常好，因此保送了重点高中。

好人

（1）基本信息：男，大一，20岁，对心理学感兴趣，并且觉得自己有需求，想要调整一下状态。体形偏瘦，说话有条不紊，看起来比较沉着稳重。

（2）目前困扰：大学有一些不适应，很忙。每天有做不完的作业，很累，想放松一下，但现实环境又让他放松不下来。

（3）目标：调节情绪，提升自己。

（4）背景信息：独生子，爸爸比较外向、心大、性格开朗，喜欢游泳。妈妈脾气火暴，以前开服装店，现在算是退休了。父母偶尔吵架，关系还行。自己从小就被认为有绘画天赋，曾获得全国二等奖。初二去某市画室学习，被老师夸奖是他最好的一名学生。

粉色

（1）基本信息：女，大一，18岁，染了粉红色的头发，自述偶尔焦虑，会想办法调节。初三时睡眠少，白天仍然可以精力旺盛，过得挺快乐，没什么负面情绪，就是成绩有些下降。高一时住校，刚开始比较兴奋，精力旺盛，只爱学习，也不交朋友，对人比较凶。在元旦节向一个男生表白，被拒绝、被恶意诋毁，因此心理上很受打击，痛苦难受，无法学习，当时就抑郁了，曾去寻求心理咨询的帮助。

（2）目前困扰：想要通过团体的方式调节自我。

（3）目标：作为文化生希望可以更加适应艺术院校氛围。

（4）背景信息：出生后就和姥姥、姥爷一起住，妈妈开公司，生意做得很好，很忙，3岁时父母离异。爸爸是不负责任的人，既不怎么管，也不给抚养费。近几年会叫粉色去看他，爷俩一起去旅游。粉色对爸爸没有亲人的感觉，害怕被丢下。妈妈再婚，和继父生了一个弟弟，弟弟很调皮，不爱学习。小时候妈妈让粉色学钢琴，粉色不想练琴就被打，大一点她也会和妈妈吵架。继父发脾气时眼神很凶，有一次继父生气得把粉色刚买的苹果手机摔坏了。

小北

（1）基本信息：女，大三，长相清秀，说话利索。认为自己很长时间有心理障碍，大二上学期去医院看，诊断为双相情感障碍，一直听医嘱服药，状态比较稳定，也曾在好几个心理咨询机构咨询过。

（2）目前困扰：高中前是比较积极主动的人，高二至今变得比较封闭，和大家一起去食堂都很困难。

（3）目标：想要没那么封闭，不用逼自己去跟朋友聊天。

（4）背景信息：爸爸自营设计工作室，妈妈靠积蓄养老。3岁至8岁主要由亲戚、保姆照顾。9岁跟爸爸回老家，和爷爷奶奶住。平时跟妈妈很少联系，或者说联系却无情感沟通，艺考前到妈妈那里住了一阵，才从妈妈那儿得知父母早已离异。随后父亲再婚，又生了个弟弟。诸多影响导致第一年艺考失败。

佳佳

（1）基本信息：女，大一，外表看起来青春活力，形象气质佳，认为自己是慢热型，领导力强。

（2）目前困扰：比较封闭，情绪波动大，容易抑郁。

（3）目标：对心理学感兴趣，想体验一下团体。

（4）背景信息：父母均是高中教师，小时候一直在父母身边，初中跟姥姥、姥爷、表弟（小一岁）住，姥姥、姥爷有点重男轻女，印象中总是跟表弟争风吃醋。高中一个人从山东来北京上附中，其间早恋是一场不太好的交友经历。高考前压力很大，用小刀割手腕（比较浅），那时候妈妈特别担心。

三金

（1）基本信息：女，大一，18岁。皮肤偏油性，脸上总是冒痘，看起来恬静、温和，高三与父母发生冲突，联考没考好，医院诊断为中度抑郁并休学一年。

（2）目前困扰：表演课放不开。

（3）目标：希望提升交流沟通能力。

（4）背景信息：爸爸经商，妈妈婚后便没出去工作，有个弟弟今年13岁。自己小学上的公立学校，成绩一般，学跳舞。初高中上私立学校，住校，和室友关系好。高三时，父母闹离婚；自己想报考艺术院校，父母不同意；联考失利，排名下降很多，这三件事叠加在一起导致了抑郁。

六六

（1）基本信息：女，大一，19岁。一头大波浪卷发，蓬松得容易遮住脸颊，显得气质优雅成熟、美丽大方。对心理学很感兴趣。第一年高考没考上，复读一年。

（2）目前困扰：神经衰弱（经医生诊断）。

（3）目标：调节心理状态，实现个人成长。

（4）背景信息：父母离异，妈妈是小提琴手，比较偏激，当年赌气和爸爸结婚。很小的时候爸爸便出逃国外，后入狱，今年出狱，是一个败家子，出狱后由大伯提供生活费。小学五六年级被学校女生霸凌，15岁去附中上学，认为自己独立且叛逆。

金鱼

（1）基本信息：女，大一，18岁，不爱说话。高中时期参加过心理社团，喜欢研究自己的心理，分析自己的状态。

（2）目前困扰：无。

（3）目标：获得个人成长，帮助室友。

（4）背景信息：爸爸46岁，人很好，有点大男子主义，脾气暴躁，会家暴。妈妈46岁，雷厉风行，会强迫金鱼做某件事，对她生活方面控制欲强，学习不怎么管。金鱼出生后一大家子人一起住，金鱼主要由爷爷、奶奶带，8岁时爷爷、奶奶搬出去住。父母经常吵架、家暴，也闹离婚。初中时很害怕，不知道怎么办就躲起来。高中后能劝阻一下，防止他们吵得更厉害。

——

（1）基本信息：女，大一，18岁。个子高挑，偏瘦，文静内敛，不爱说话。自觉有时候情绪不好，会感觉胸闷、喘不上气。

（2）目前困扰：比较矛盾，觉得自己开朗又内向。

（3）目标：实现个人成长。

（4）背景信息：独生女，妈妈在电视台工作，爸爸做生意。爸妈比较忙，自己寒暑假就去姥姥家住。遇到心情不好的事，一般自己疏解消化，不太会跟别人说。

第一次团体

一、团体呈现

第一次团体每位成员签署了团体契约，带队老师简要介绍了本期团体的情况，并做了自我介绍，随后邀请同学们自由自我介绍，谁想说都行。这时好人提出来得按顺序介绍，不然不知咋弄。带队老师并没有解释只是温和地回应好人：不一定要有顺序，谁先说都可以。团体安静了几秒钟，三金说："那我先来吧，我来自安徽，主要是自己有一些心理问题，想通过这个团体提升自己。"好人接着说："我来自山西，一个历史上出好汉的地方，今天的团体是想提升一下自己，本身的问题可能比较少一点。"金鱼说:"我来自辽宁,加入团体第一是自身面临过一些心理问题,第二是想得到自身的成长,第三是想帮助身边有心理问题的朋友。"一一说:"我来自河南,参加团体一是想要进行自我提升,二是想了解心理方面的知识。"剪刀说:"我是北京本地的,来这个团体是因为身体有一些躯体化的表现,但是我不是很清楚它跟我心理的关系,想了解它俩是否相关,另一方面想交朋友,和大家一起更好地认识自己。"六六说:"我来自山东,来到团体是因为我很喜欢心理学的精神分析,之前有一些短浅的学习,我喜欢研究人,大家很喜欢找我聊天,来这里算是学习一下。"坏人打趣地说:"我来自湖北,和好人相反,我们那地方出土匪。我特别容易心慌和焦虑,高中每次考试前都会拉肚子,刚开始我以为是身体问题,后来去看医生,医生说可能跟心理有关。"粉色说:"我来自陕西,来这儿是因为之前一直有双相情感障碍,高考之后都没有治疗过,想要有一个新的途径治愈自己。"

带领者提了几个简单的问题,比如经过一轮介绍,你们都记住谁了?记住了什么?帮助大家互相加深印象,记住彼此。继而强调了团体的无结构性,大家有什么想说的,有任何心理上、身体上的困惑,都可以说一说,畅所欲言。于是大家围绕坏人说到的焦虑的问题,每个人都谈到了自己的焦虑症状,什么时候更容易焦虑,焦虑的时候有什么心理、躯体的反应,什么情况不太会焦虑以及自己习惯怎么去应对。

二、分析与反思

第一次团体大家围坐成一个圆圈,感觉比较亲近,同时也有一些局促,看得出来身体是有一些紧张、不自在的,因为同学们都是第一次参加这样的团体。刚开始带领者提出无顺序的自我介绍规则时,同学们显然有点茫然,认为没有顺序不可行。实践证明大家完全可以做到,中途也没有冷场或者不顺畅,还有些默契与相互连接,无形中团体动力就诞生了。经过一轮的自我介绍,大家互相熟悉,带领者观察到同学们看起来放松了不少。带领者感受到这一期线下的团体,比上一期全程是线上好很多,线上始终会让人与人之间有距离感,线下更容易建立团体氛围,团体动力更强,大家都愿意为团体的进展做出自己的努力。

第二次团体

一、团体呈现

第二次团体,第一次未到的小北先和团体成员们互相认识了一下,她发现只有自己一个人是大三的学姐,有些不好意思,又有些自信,在学弟学妹面前可以当老大。小北形容自己这几年过得有些封闭,想要努力多与人建立联系。本次团体大家围绕着疫情之前的大学生活和疫情之后的大学生活进行了激烈的讨论，如疫情之前艺术类专业发展很好，师哥师姐"传帮带"的传承作用发挥得极好，大一大二只要积极肯学就可以获得非常多的锻炼机会，积累实践经验。疫情以来，整个行业受到了很大的影响，遗憾没有很多机会和师哥师姐一起工作，缺少了传承。疫情相对封闭的校园生活，感觉很忙又碌碌无为，理想与现实的差距感很明显。话题一打开每个人都很有共鸣，每个人都说了说这学期是怎么过的，纷纷吐槽了各自的憋屈苦闷，总体比较重复的是上课、做作业，非常难的作业做不好，比方要编剧、要做设计，有时候就是卡在那儿，无从下手，心情烦躁，要尝试各种方式调节情绪，稳定下来再去做作业，无限次循环。同时期待学校举办一些大型活动，包括社团活动等，以增添大学生整体的活力，但同样受到疫情限制，只能线上，大家又开始吐槽线上的弊端，同时希望团体可以一直线下，珍惜每一次可以线下的机会。

二、分析与反思

第二次团体，学姐小北的加入，给团体带来了新鲜感，小北作为学生身份的乐于分享，让大家产生了更多对于大学生活的好奇，提出很多问题，比如怎么和专业老师有效沟通、作业进度拖延徘徊在死亡线边缘怎么办、小组合作怎么选择搭档、疫情封闭情况下可以怎么参与或者开展活动、怎么样减少或者适应疫情的影响。这部分探讨小北在其中发挥了重要的支持作用。同时在讨论的过程中，同学们吐槽了一些平时没有机会吐槽的问题，情绪得到了很大的宣泄，我觉得这样的宣泄对同学们来说是非常有利也是非常宝贵的，同时说明我们的团体关系有了进展，大家彼此是信任的，敢于说真话实话，同时团体是足够安全的，团体带领者的包容和接纳大家也感受到了，才会产生这样的效果。

第三次团体

一、团体呈现

疫情原因使我们的线下团体暂停了一周后转为线上进行，这一次团体中有7名同学已经回家，只有好人、小北、剪刀还在学校，带领者首先询问大家转为线上有什么感受。三金迫不及待分享：自己返乡后正在隔离酒店中隔离，刚开始的两天还可以，从昨天开始精神状态有点不太对，一个人关屋子里特难受，就自己跟自己说话，就盼着今天的团体，团体是一个极大的出口。六六认为还是线下比较好，线上容易分心，开着视频还可以看一下手机，在家也容易受干扰。好人暴露自己身体有些反应，开始失眠了，连着三个晚上四五点才睡着。剪刀是从隔离开始看世界杯作息就被打乱，睡得很晚，这两天在恢复健康规律。——陈述自己的问题是很困，随时都很困。带领者发现我们这个团体很有意思，有人很困，有人睡不着。大家开始讨论各种睡眠问题，比如一天睡几个小时够。结论是五六个小时大概够了。特别困的话怎么办？可以采取适当喝点咖啡缓解。从喝咖啡聊到冲咖啡的讲究，再延伸到生活需不需要讲究、精致或是仪式感，大家激烈讨论是要保持精致还是接纳自己越活越糙。剪刀说顺遂心意，不要很疲惫了还追求精致。粉色觉得有阶段性，一段时间你可能觉得怎么舒服怎么来，一段时间你会觉得生活就是要有仪式感，有时候它是一种自律，有时候又是一种舒服，遵从当下即可。

这时又生出一个问题：人们往往状态好的时候是可以选择精致的，那状态不好的时候要强迫自己"精致"吗？剪刀提到早上起床换掉睡衣收拾好更容易进入工作状态，粉色说曾经每天坚持早起化妆，早上8点的课也不困，渐渐不化了，上早课反而很困。关于随意不随意，还是得分事，有的时候不能随意。

这时候睡过头迟到的佳佳来了，和大家打过招呼之后，团体突然没话题了，沉默了3分钟，带领者澄清这样的沉默不完全是团体里的沉默，有的人是转移了，可能跟家人说话、回个微信。有的人在笑，其实她不是在团体里笑。——立刻解释自己笑就是因为太安静，用笑来缓解尴尬。接着，讨论由对沉默的耐受性引申到冷暴力。佳佳提到恋爱中会遇到有点冷暴力的对象，——说谁冷暴力我，我会比他更冷。继而聊到了亲子间的冷暴力，粉色分享了自己的故事，认为还需要时间慢慢接纳父母的爱。六六有同感，觉得00后大多和父母关系不好，父母总幻想有一个乖巧听话的孩子。带领者问："那00后幻想有什么样的父母？"佳佳说幻想没有父母，小时候特别希望自己是孤儿。粉色说幻想父母特别富有。因时间关系没有再继续讨论，最后10分钟以冥想放松结束了本次团体。

二、分析与反思

本次团体坏人因为在回家途中，视频跟大家打了招呼便请假离开。小北坚持不愿意开摄像头，粉色的电脑没有摄像头，好人和剪刀因为在学校必须按点去做核酸中途离开，可见第一次线上团体出现了很多不可控因素，团体的稳定性被动摇，这一点启发带领者要坚守稳定的团体设置。同时感受到同学们的自我暴露性和话语开放性回缩，有可能是转线上不适应，有可能是没有安全感。好人提到自己失眠的问题，剪刀的回应略过了这一问题，咨询师对于没有把问题及时拉回到好人感到有点遗憾，没有帮助好人对他的问题进行更深入的剖析。当讨论到精致生活、仪式感的问题时女生们各抒己见，发挥了较好的观念糅合与分析梳理。在亲子关系、冷暴力的问题上，粉色贡献了自己的故事，将讨论引入更深层次。咨询师深切认识到00后的亲子关系问题是大学生心理工作亟待重视的问题。

第四次团体

一、团体呈现

第四次团体，所有同学均已离校，并且所有人都按时进入了会议室，带领者表扬大家坚持参加团体特别好，强调了一下不露面信息量不太一样，但4名同学仍因各种缘由没有露脸。因为疫情政策调整之后，好多人"阳"（指新冠病毒阳性，即发生新冠病毒感染）了，三金返乡一起隔离的十个大学生五个阳了，三金觉得自己很幸运，劫后余生。大家火热地讨论阳了到底是啥感觉，各种症状讨论了一遍，以及出门前后热盐水漱口等预防方法，为迎接阳做了充分的心理建设。

粉色提出一个问题：网上有视频讲催眠能让你想起2岁之前的事情，是真的还是假的？我自己跟着视频试了一下，好像是不能，但看到视频评论，有人说试了是真的。带领者回应可能确实存在但没法验证真假，自己试可能没有那个技术所以不行，但这也没有科学证明。其他人觉得偏玄学不懂，再没有多言，团体陷入沉默，3分钟后佳佳先开口说："感觉大家离开学校之后变沉默了，有点尴尬。"坏人说："像一群人面壁思过。"大家都笑了，表示认同。佳佳问："大家是不是过得挺舒心的?"这一问终于再次点燃大家的分享欲，坏人回应学习很困难，没法借道具，生活上不错。一一说刚开始舒服，这两天觉得太闲了，离开群体，在家有点浑浑噩噩，有事但不想做。大家纷纷表示同感，很闲但又不想做作业，尤其小组作业，协调起来困难重重。坏人提到小组作业中分配任务的问题。一一、粉色反映更麻烦的是小组里大家要求不一样，有的人觉得OK了，有的人觉得不行要改；小北分享自己在7人小组中所遇到的困难：有人经常联系不上，有人工作看心情，有人光态度好不干实事。三金分享了有人被孤立，有人退组的情况。大家就小组作业遇到的各种实际问题互相出谋划策，表达自己的立场观点。最后一致认为合作伙伴很重要，同时没有办法把控其他人，重要的是做好自己，通过小组作业能够历练问题分析、人际处理等能力。

二、分析与反思

今天的团体应景当下的疫情状况，大家围绕没阳的幸运、阳了的症状、如何预防阳等问题，互换信息，对于应对现实中的阳做好充分准备。接着粉色主动提问催眠的事，此刻反思觉得粉色其实是抛出了一个童年阴影的问题，但是大家的回应浮在催眠真假的表层问题上，同时真假又涉及玄学的问题，小组成员没有人对玄学有研究，所以就草草结束了这一话题，若是沿着回忆童年经历的脉络问题会进行得更深入。前面出现好几次冷场，带领者保持稳定，就看谁憋不住，还好基本冷场3分钟就会有同学开始说话。后面45分钟讨论到小组作业分工、任务分派、问题处理，场子总算是热起来，大家有感而发。小组作业既有分工，又有合作竞争，通过大家的分享，从很多视角分析探讨了人际关系的问题，相信对每个成员都有所触动。

第五次团体

一、团体呈现

第五次团体成员中有六个人阳了，正好一半阳一半没阳，于是两拨人分别述说了不同的感受。佳佳说租房在北京，阳了特别想妈妈，特别想回家，每天只能点外卖，合租室友也阳了，二人一起躺尸，也没什么好吃的，俩人都不想动，矛盾加深了很多，关系受到影响，还有阳了耽误事，作业静不下心来完成。六六深表同感，说住在燕郊外卖都很难送到，就晚上看看夜空的星星心情好点，建议佳佳和室友多沟通，理性地解决问题。金鱼分享自己花了两小时和朋友耐心沟通解决矛盾的经验。坏人分享了自己的例子，一是和妈妈性格不合，一直有问题从来没尝试沟通，认为亲人之间不沟通关系还是会持续下去，不会放在心上；二是和朋友的矛盾，曾主动发长文跟朋友沟通，朋友也主动道歉，虽然问题解决了，但关系不那么好了。大家一起讨论了朋友关系或是恋人关系中离不开、不想离开又沟通不了的各种情况，应对的方式主要是难受，用哭缓解难受，同时换位思考、包容。

话题聊完沉默出现，过了一会儿佳佳说："今天团体前还想，要是今天还有好多人不开摄像头，我其实还挺没安全感的。不知道他们在做什么，不知道他们是否开着外放，或者周围站很多人。"粉色、剪刀澄清了没法开摄像头的原因，便没有人再提出抗议，好像也就默许了。六六表述团体感觉像一家人坐着，想说什么就说什么。坏人说有时候自己想说些什么，但是觉得自己说的已经够多了，想让发言比较少的同学多说说，让团体中的每个人都有参与感。剪刀觉得团体中需要有人开启话题，自己比较被动，不会开启新的话题。粉色表达和剪刀一样，而且对有的话题没经验就说不出什么。

最后一一、三金分享了仍然没阳的焦虑，怕自己在期末考试的时候阳了，想阳又担心各种症状不好受，担心传染给家人，得出结论就算考试阳了还可以和老师协调补考，得放平心态。六六感慨熬过这段时间可能就好了，应该能恢复大学应有的生活。大家都期待可以恢复正常生活，就算阳了也值得。

二、分析与反思

这一次除了带领者，团体中终于有人站出来表达不开摄像头对自己的影响，但团体中并没有出现群起攻击的结果，好像是我也就这么简单一提，你确实有困难，就算了。一种包容和抱持的态度，可见00后的学生敢于挑战权威，敢于做自己，即便没开的人少，他们也不会迫于压力从众。佳佳这次在团体中暴露了自己和合租室友的矛盾问题，大家的回应给了她一些支持和建议，这也让佳佳进一步有勇气表达不开摄像头带来的假想，虽然大家还是不开，但是纷纷做了不开的解释也让开的人心里好受些。佳佳的状态也从刚开始的低沉、难受慢慢舒展，变得有活力了。坏人表述想让所有同学有参与感，都有发言机会，为团体着想，牵动了大家也都表述了自己在团体中的表现以及感受。这样的联动效应让带领者觉得非常好，就像一个家庭，有的人爱说话、有的人不爱说话，但大家都在，只要你把话题放这儿，就有响应，不需要所有时间都得平分，其实说是贡献，听也是贡献。

第六次团体

一、团体呈现

本次团体全体成员12个人，只剩小北、一一、坏人还没有阳，小北说自己每天该出去就出去，很幸运没阳，圣诞夜打算约上几个朋友办个party。一一说每天都不敢出去，一直没出去所以没阳，可是很想出去。阳了的同学分享了各自的状况，粉色稍微严重些，发烧好几天，其他人症状过去得比较快，都是轻症，没有特别难受。坏人分享跟妈妈商量要去深圳舅舅家玩，可是妈妈担心疫情不让他去。结果第二天妈妈阳了，没出门也阳了，所以妈妈同意他去了，他非常开心。佳佳反馈了跟合租室友深度沟通的状况，认为俩人有一些性格上没法向对方妥协的部分，自己最近找到一个和室友相处的新方式，就是跟室友说话尽量温和、多鼓励、赞赏他，相互之间的关系变得更直接、更亲昵。带领者引用艾瑞克·伯恩(Eric Berne)提出的PAC理论，用父母、成人和儿童的状态举例，即及时识别自己和对方的状态，更能做到当知当觉，缓和冲突。

接着大家聊到阳康了的自由，一一说到她有同学被家长禁足，羡慕小北没阳还能自由出行。小北的状态给了一一动力，打算也出门转转。坏人想起2022全球华语大学生短诗大赛中给他很多感触的诗《非必要离校》，给大家分享了这首诗。他觉得这首诗虽然有些反叛，但对他的触点是勇敢的价值观，好像找到了生命活下去的意义。这更加给了一一出门的勇气，想立刻出去及时行乐。

小北分享了自己看到热搜女子把药藏在茶包里寄给男友，因为担心快递被偷。大家就这条新闻为什么冲上热搜以及怎么看待这个行为进行了讨论。原来这是小北的一个兼职，大家觉得小北很努力、很用功，小北说自己并不是总是处于努力状态下，偶尔也会想什么都不做，有点懈怠，最终大家都觉得这种学习工作状态其实是常态。

二、分析与反思

带领者有些无力，由于始终有四五个同学不开摄像头，确实会影响团体的安全感，团体难以更深入交流。因为第三次刚转线上的时候没有严格要求必须开摄像头，后面再强制要求不开不能参与也不合适，所以只能抱持着接纳的态度允许他们不开摄像头。当然以后再开展线上团体时必须在第一次就明确设置，不开摄像头就不能参与。同时线上团体相比线下更容易分心，很难一直集中注意力在团体中，影响也比较大。所以，虽然团体已经进行到第六次，总体感觉仍然没有很深入的交流或者针对某个问题的深度剖析，大家在团体里相处和气，团体内部没有产生明显冲突。

第七次团体

一、团体呈现

2022年12月30日，原计划本期团体共进行八次，因为疫情中途停了一次，而下一次团体是2023年1月6日，除了大三的小北，其他同学都有公共课考试，因此，今天的团体调整为最后一次。大家先分享对2022年的感想或者是参加团体的感悟。坏人感觉自己越来越放得开，以前到一个新的团体会很紧张，到大学来放开的速度变快了，不知道是大学的环境还是参加团体的作用，前面有几次发言完大腿还是会微微发抖，不知道大家看出来没有？其他人反馈他说话笑嘻嘻的，挺幽默，没看出他紧张。这让坏人吃了一颗定心丸。金鱼说自己是典型的不爱说话的人，每次就默默地听，然后点头或摇头，很难会说自己有什么确定的看法。在团体中也是渐进的过程，慢慢放开了些，现在偶尔还能说上几句，如果是完全陌生的团体，一般都不说话。2022年最开心的是在大学找到了好朋友，跟妈妈关系变得更好了，也很开心。带领者分享对团体的感受，表扬大家对本期团体的珍惜，今天最后一次团体，基本没有人掉队，感谢大家的参与。三金感觉团体里大家还是挺放得开的，自己有一定成长，每星期都会很期待周五和大家聊天。大家不说话就在这儿坐着也有岁月静好的感觉。坏人回应和三金感受一样，在这儿聊天没有目的性，很好地治愈了自己的孤独感。现在在深圳舅舅家有两个弟弟，除了辅导作业，跟他们没有共同语言。作为有弟弟的三金和粉色分享了自己和弟弟相处、辅导作业的经验。

从三金的弟弟爱玩还谈恋爱的话题转向关心团体中还没谈过恋爱的三金、剪刀和金鱼，有经验的佳佳分享了恋爱的利弊，粉色分享了在恋爱关系中获得的成长、悟出的道理。恋爱的话题大家比较感兴趣，表现更活跃，接着大家更深入地讨论了不婚不孕、同性恋、恋爱脑、友情和爱情容易混淆等问题，有很多观点涌现，收尾很温暖，大家互相鼓励，一致认为要活在当下，做自己。最后，每个人送出了自己的祝福。

二、分析与反思

最后一次团体，在恋爱的话题中轻松愉悦地结束了本期团体，整体感觉团体没有达到预期的深度，但是当听到成员们反馈每周对团体的期待以及感受，好像觉得带领者也应该放下那份执着，或许陪伴就是最好的疗愈。金鱼是团体中一直最少说话的人，今天算是说话最多了，给我印象很深，有信任，也有一些突破。坏人比较灵活，说到下一次有团体他还要继续参加，给带领者很大鼓励。当同学们说到在团体中慢慢放开这个渐进的过程，给我很大启发，团体也是一个渐进的过程，每一次都是后半小时讨论更深入，最后这一次团体也更深入，恋爱的部分大家的自我暴露意愿更高，更愿意分享。这是带领者第一次尝试无结构式动力团体，回顾这七次团体，其实带领者也需要放下对团体中沉默的焦虑、对团体中深度挖掘的期待，静待花开，这样或许更真实、更纯粹，同学们自由发挥的空间更大。

案例十五：重点关注抑郁学生，陪伴学生成长

赵 杨

2022年9月迎来了秋季新学期，对于毕业生来说，受疫情影响，这是十分艰难的一年，面临毕业创作、毕业论文以及毕业去向的多重考验。在这特殊的一年中，及时排查和重点关注心理异常的学生，帮助学生顺利完成学业，助力学生找到心仪的工作，是辅导员工作的重中之重。

一、案例呈现

某系毕业生小Z有重度抑郁史，曾长期服用抗抑郁药物。小Z心思敏感，对自我要求极高，专业能力突出，追求完美。12岁独自进京求学，面临着学业、人际、生存等多重压力。满怀期待步入心中向往的大学后，由于现实学习环境与她的期待存在偏差，专业学习不太顺利，同学相处也存在问题，恋爱屡屡受挫，导致情绪崩溃，发展为重度抑郁。在此期间，父母给予了她极大的包容与理解，班主任、辅导员老师们保持着对她的关心与关爱，随着时间的推移，小Z一直在成长，慢慢与周遭和解。在规律服药后，抑郁情绪有了极大缓解，并积极投身于毕业创作和找工作中。

基于抑郁病史，小Z获得班主任、辅导员老师的高度关注后，她十分热衷为学生管理、后勤服务保障等方面提意见，往往初衷很好，但想法不够成熟，无法落地实施。遇到这类问题，辅导员则需要耐心细致地剖析现实情况，争取学生的理解与支持。

二、分析处理

（一）案例分析

针对患有抑郁症的学生，从学生管理角度来说，确保在校期间学生的人身安全是一切的前提。作为辅导员老师，应发挥同学、室友、班干部及学院心理育人机制的作用，密切关注抑郁学生的学习生活动态，关心关爱学生的成长成才，及时干预、及时引导，帮助学生渡过难关。

该生原生家庭关系比较和谐，父母关系和睦，对待孩子也十分包容。作为辅导

员老师，要针对每位同学的个体差异，找到合理、对症的切入口，进行恰当的陪伴关心和有效沟通。

值得注意的是，针对抑郁症学生，在学生管理方面应当注意分寸感，适度解决学生各类问题，避免学生惯于抑郁而无视学生管理规定和教学管理规定，从而导致学而无成。

（二）案例处理

1. 进课堂、进宿舍、进食堂，密切关注学生状态

作为辅导员老师，通过关注学生课堂学习情况、宿舍生活状态、饮食作息、朋友圈状态等方面，了解学生日常情况。主动帮助解决生活中的难题，疏解学生日常小情绪，及时化解宿舍矛盾。利用谈心谈话了解学生所思所想，耐心倾听，产生共情，积极疏导，抓住学生接纳期，建立师生信任关系尤为重要。在此基础上，当学生寻求帮助时，第一时间想到辅导员老师，合理解决学生诉求，及时掌握各类情况，如该生身体不适需外出就医，在哪里实习、求职意向等信息，做好干预与帮扶。

2. 增强家校联络，确保信息畅通

该生自确诊重度抑郁以来，其家庭给予了很大的支持，这也是学生慢慢向好的重要因素。父母的理解与包容，成了孩子内心最坚强的堡垒。作为辅导员，与该生母亲初次沟通时，感受到她对孩子的近期情况了如指掌。母亲承担起了倾听者、引导者的角色，疏导着孩子每天的负面情绪。这成为家校协同育人的正面例子，双方沟通顺畅，各司其职，有效地维护了该生的人身安全与心理成长。

3. 注意保护学生隐私，督促按时服药复查

在工作中，辅导员应当保护学生隐私，特别是抑郁症学生，他们较为敏感，在信息报送和危机干预时，要注意方式方法，应当充分调动辅导员的责任心、同理心，耐心陪伴她，当她需要帮助时，尽量做到随叫随到，但不要过多主动干扰。在治疗过程中，应当提醒该生及时去医院调整用药的种类和剂量，引导她配合医生规范治疗，鼓励她早日康复，并与室友做好沟通，避免因调整药物产生的剧烈情绪波动造成寝室矛盾，避免给抑郁症学生带来不必要的压力和伤害。

4. 抓住毕业窗口期，做好价值引领

辅导员工作的核心是学生思想政治教育，通过与同学长时间的接触，在答疑解惑中，注重价值观的引导也是非常重要的。在学生实际学习生活中，关于人际、恋爱、求职等方面，应当给予正面引导，帮助学生树立正确的人生观、恋爱观、求职观，助力学生成长成才。

三、反思

（一）加强心理危机意识，筑牢安全底线

作为辅导员来说，从思想层面，对于心理状态不佳的学生，要做到底数清、情况明，工作中增强底线意识、安全意识，始终把学生的生命安全放在首位。对于出现心理危机的学生，及时上报、及时干预，做到迅速反应、冷静处理，要具备心理危机干预的能力。应当参加大学生心理教育培训课程，提升心理疏导能力，不断提升其识别和应对学生心理问题的能力。面对突发情况时，从容应对、方法得当，确保校园的安全稳定。

（二）加强心理健康教育知识储备，提升自身职业素养

根据世界卫生组织的相关报告，抑郁症在全世界的发病率约达11%，成为世界第四大疾患。在学习过程中，大学阶段的发病率尤为突出，这给高校思政工作带来了严峻挑战。基于此背景，辅导员作为思政工作的骨干力量，应当加强心理健康知识储备，积极参加各类培训学习活动，开展心理辅导案例分享，努力提升自身职业素养，增强职业敏感度，从而具备对学生心理问题的排查和疏导能力。

（三）多方协作，形成"1+N"心理育人模式

高校应当牢牢把握"生命高于一切"的原则，建立学生心理危机工作机制，做好学生心理危机应急预案，把心理预防做到前头，应尽早筛查，早发现、早跟踪、早干预。

辅导员面对特殊学生时，要敞开怀抱，让学生时刻感受到辅导员与他们同在，真心、真情、真爱的流露是其身心恢复的重要动力，让学生感受到尊重、认可，犹如一道光照进学生心里，驱散阴霾、否定、怀疑，做照亮学生前行的灯塔，引导学生正视问题，健康成长。同时，辅导员老师在帮助抑郁症学生的过程中，也要学会排解自身压力，避免负面情绪影响自己，保持工作热情，但不过度影响个人生活。

重视与家长的沟通交流，合力帮助学生走出阴霾，健康成长。学校和家庭都要尽其所能为抑郁症学生提供理解、帮助与包容，双方密切配合，及时沟通，保持良好的协作关系。学生的心理健康状况是学校和家庭共同关注的内容，构建与家长良好的联系合作机制，做到与家长同频共振，针对在校期间学生存在的各类问题，及时主动与家长联系，借助微信家长群和电话等方式了解学生的近况和思想动态，做好家校协同育人工作。

案例十六：暖心陪伴学生，提升人际交往能力

赵 杨

近年来，高校在培养学生专业能力的同时，也重视学生综合能力的培养。辅导员老师作为思想政治教育的骨干力量，在于引导学生树立正确的人生观、价值观。思想教育可以与综合能力培养相结合，帮助学生快速适应大学新环境，制订学习计划，不断加深自我认知，增强人际交往能力，从而更好地融入社会。

一、案例呈现

小D，女，性格直来直去，情商较低，情绪表达较为直接，自我认知不够清晰。在换校区后宿舍成员有所调整，和舍友关系紧张。作为应届毕业生，准备毕业作品和论文压力比较大，专业老师要求很高，她担心自己完成不了，产生了焦虑心理，有时候和室友探讨问题时比较情绪化，室友为此非常不满，感觉是小D故意针对。除此之外，近期她的男朋友提出分手，濒临失恋，于是她陷入了自我怀疑、自我否定中，情绪低落，甚至想要休学。

小D父母平时工作很忙，对孩子学习生活关心较少，给予支持不够。因此小D很少与父母交流，在面对问题的时候，总是独自扛着，自己排解，往往最后就选择逃避，感觉自己十分无助。

二、分析处理

（一）案例分析

人对环境的适应，主要是对人际关系的适应。有了良好的人际关系，人才有了支持系统，有了归属感和安全感。该生出现了舍友关系紧张、学业压力大以及失恋等问题，实质是人际关系、抗压承受能力以及自我调节能力失衡，因此学生提出休学，实际上是逃避现状。但对于学生成长和未来就业来说，不建议选择休学，应鼓励引导学生直面现状，勇于克服困难。整体来看，引导学生反思自身问题，梳理现阶段学习生活中的重点难点，培养学生积极健康的心态，树立正确的恋爱观、价值观。目前大学生出现心理危机，往往是多重压力叠加造成的，而失恋大多会成为导

火索，因此学生出现情绪不佳、学习状态较差、作息不规律时需要格外关注。

从家庭背景来看，小D的父母对她的关心关爱有所欠缺，辅导员老师可以作为学生与家长的沟通桥梁，将孩子在校情况与父母进行汇报沟通，引导家长适时关心孩子的学习生活，一起帮助学生解决问题。

从小D性格出发，她缺少关心关爱，缺少安全感，因此特别需要从朋友、同学、恋人身上寻找更多的安全感，由于她过度缺爱，也没有办法给予他人更多的关心关爱，所以人际关系往往不尽如人意。

（二）案例处理

1. 谈心谈话，安抚情绪，积极调整

辅导员老师通过谈心谈话，倾听学生内心感受和目前的困难，安抚焦虑情绪，深入了解小D与室友的矛盾点、恋爱分手的原因，引导学生反思，获得信任感之后再和学生讲清休学弊大于利，比如晚一年就业，压力会更大，复学后仍然需要完成毕业作品创作和毕业论文，不如在现有基础上抓紧完成。当小D切实意识到自己考虑得不够周全后，才有内在驱动力去积极解决。在解决问题的过程中，辅导员给予指导，分享提升社交技巧的书籍和讲座，引导学生重视情绪管理，明确社交原则，学会心态调整，提升抗挫能力，提高心智赋能。辅导员应以朋友身份与其交流观点与看法，求同存异。随着交流的深入，辅导员可以结合职业发展、理想信念、人际交往等理论与实践对其进行自身发展的启发教育，引导其转变自身思想意识，进而树立正确的核心价值观。

2. 加强与家长沟通，合力助力学生成长

最近的多重压力导致小D萌生休学想法，作为辅导员老师在关心、指导学生的同时，也应该将情况汇报给家长。在与家长沟通的过程中，要讲究方式方法，从关心学生发展的角度出发，澄清休学利弊，只阐述建议，不做决策。关于是否和家长说学生恋爱情况，应当优先咨询学生意见，如学生并不想让家长知情，则尊重学生想法。另外，提醒家长在毕业学年多加关心小D的学习生活，特别是在毕业去向方面，需要家长为其考虑和谋划。

3. 与室友谈心谈话，消除误会

通过和小D室友的谈心谈话，了解他们对小D的认识与看法，其中若有误会，应当说明情况，努力消除误会。实际上，日常相处过程中，他们并没有无法调和的矛盾，大多时候女生心思敏感，容易揣测对方想法，因此还需要辅导员老师多加引

导，本着团结同学的目的，从培养社交能力、组织协调能力出发，引导他们正确看待同学关系，正确看待他人的优缺点，培养自身的接纳能力、包容能力和同情能力。如果有不可调和的矛盾，随时和辅导员老师沟通，商量着一起解决，这比私下闹矛盾更利于事态发展。

4. 积极开展班级活动，创建和谐互助的氛围

作为辅导员老师，在班级建设方面需要积极开展各类班级活动，开展与专业相关或是思政教育类的班级活动，增进班级同学情谊，鼓励学生制订活动方案，组织分工协作，让"问题学生"担任重要职务，协调解决活动准备工作，在活动过程中引导学生互帮互助，共同解决各类难题，营造和谐互助的班风。

三、反思

（一）坚持教育和管理相结合，正面引导学生

在班级管理和思政教育过程中，应该坚持教育与管理相结合，坚持与学生谈心谈话，进行证明引导。坚持解决思想问题和解决实际问题相结合，明确问题症结，精准发力，从思想根源上帮助学生认识问题，并采用切实可行的方法帮助解决问题。人际关系处理是大学生的必修课，辅导员在引导过程中，需要具备工作的技巧性、时间性和多方合力等，因此在班级中建立信息员，了解学生之间的相处状态，及时掌握情况，做到发现问题，解决问题，防止学生矛盾扩大化、极端化，以免发生危机事件。

（二）建立师生信任，是解决问题的关键所在

培养师生之间的信任是开展辅导员工作的基础，多深入到学生中，多倾听、多了解，切实帮助解决各类问题。在引导学习过程中，学会聚力量、聚资源，充分发挥班主任、班干部、家长等的力量，共同出力，合力解决问题。值得注意的是，要持续关注后续情况，及时复盘事件，引导学生全面总结，汲取经验。

（三）组织班会讲座、沙龙、活动，提升综合素质能力

面对目前竞争激烈的社会环境，应培养大学生具备良好的综合素质能力，如环境适应能力、人际交往能力、沟通协调能力、语言表达能力，组织主题班会与沙龙，为学生提供分享平台，以案例形式共同探讨，充分交流；聘请相关专业人士，讲授适应社会人际交往法则、情商培养等知识，从专业角度进行分析指导。

案例十七：学业压力需警惕，家校联动脱困境

万思言

一、案例呈现

入学新生心理健康排查结果显示，W同学的分数有异常，心理咨询中心老师通知辅导员重点关注该生。军训期间集体外出活动，辅导员与W同学一路坐车长谈，得知W同学高中时长期遭到同学的霸凌，被孤立，没有朋友。W同学高中读的是某附中，舞蹈专业水平极高，被老师重点培养，因此被同学嫉妒、孤立。母亲是演员，在W同学小时候就与其父亲离婚了，父亲脾气很暴躁，离婚后与W同学父亲几乎没有来往。母亲在去年再婚，继父是南方某高校大学教授，对W同学非常好。W同学称自己高中时诊断出双相情感障碍，之前一直在服药，入学以来好多了，觉得大学同学都很友好，人际关系让她很放松。

一天傍晚，专业课老师打电话给辅导员请求支援。起因是在专业课上，W同学提交的作业老师不是很满意，没有得到老师的肯定，W同学情绪崩溃。之后W同学服用过量抗抑郁药物导致精神恍惚。辅导员立刻将情况上报给学工部领导，学工部领导将这一情况上报给主管院领导和相关部门，第一时间启动了危机紧急干预程序，联系心理中心老师一起赶到教室。辅导员和心理咨询中心老师抵达时，W同学萎靡不振，瘫在椅子上，埋头啜泣。

辅导员联系W同学的母亲，得知W同学双相情感障碍在高中时曾经发作过3次。第一次是高中时期长时间遭到同学的孤立霸凌，一次午饭，看到W同学来到桌旁，全桌人都躲开不和她同桌吃饭，她精神崩溃；第二次是被很信任的亲戚欺骗背叛；第三次是母亲再婚。W同学父母离异多年，母亲在去年再婚。父亲常年不联系，母亲是演员，对她的陪伴也不是很多。W同学从小学习舞蹈，中学考入某艺术类附中舞蹈专业，在舞蹈方面造诣很高，拿过多个国际大奖，高中毕业时国内外多个知名剧院团抢着与她签约，最终她签约了某国有大型院团，被破格录取并给予编制户口。之后，有长辈介绍W同学参与电影电视剧拍摄，W同学喜欢上了表演，从剧院团辞职考入本校。在舞蹈领域听惯了表扬与赞誉，大学专业领域不够好，提交

的作业没达到老师的要求，没有得到肯定，因此接受不了心理落差，情绪崩溃。

辅导员与W同学的母亲一直保持连线，在家长和W同学本人的要求下，没有去医院。在W同学情绪趋于平稳时，请两位男生和三位室友把她送回宿舍休息，辅导员和心理老师在宿舍陪同，W同学陷入昏睡。随后，辅导员请W同学母亲来校，她表示人在外地，委托朋友即学生的干妈将学生接回家休养。

在宿舍楼下等W同学干妈的时候，接到W同学室友的电话，说W同学起来上厕所，回来拿了室友的水果刀，割伤手腕，想要自杀。辅导员和心理老师再次回到宿舍，对她进行安抚和疏导。让同宿舍同学把宿舍里所有有可能造成危险的水果刀、剪刀等物品都锁进抽屉，拿走钥匙，不让屋里出现危险品。

学生干妈到学校后，W的情绪已经平稳，在药物作用下再次陷入昏睡。W的母亲电话叫醒W让她下楼和干妈回家，她不肯去。之后家长写了免责书。辅导员与宿管沟通，重点关照、夜里查一次宿舍。当时已经是晚上11点多了。在三位室友的看顾下，W同学安全睡到第二天。

第二天辅导员要陪同就医，W同学拒绝，说老师在会有压力，自己和同学、干妈一起去回龙观医院就诊。回来后不信任医生的诊断，发朋友圈大骂医生不专业，又在宿舍住了一夜，情绪激动。辅导员联系同宿舍同学和宿管，重点关注W的情况，有事随时联系。W的母亲联系辅导员提出第二天抵京，带学生去北大六院再次就诊。

事件发生第三天，W同学的母亲抵达北京，接孩子外出就诊。诊断与前一天不同，并且开了和以前不一样的药物。辅导员、心理老师、班主任与其母亲详谈，形成了畅通的沟通渠道。母亲接W同学在校外居住。十五天后，W同学情绪稳定，返回学校。

二、分析处理

（一）案例分析

这是一个典型的伤害危机应急干预案例，需要学校各方面，包括学院领导、学工部、辅导员、心理咨询中心、班主任、宿舍管理员等全面参与，时间上一环扣一环，哪一环出问题或没有及时处理，都可能造成严重的后果。正是由于班主任在专业课上及时发现，辅导员和心理老师第一时间跟进，及时陪同和了解情况，并迅速做出反应，通知家长，才保证了学生的安全。造成W同学问题的原因是多样的：

第一是原生家庭因素。父母离异，母亲工作繁忙，父亲不尽抚养义务。W 从小缺乏父母的关爱，缺乏安全感。母亲再婚，让 W 觉得自己被抛弃，从此只有她一个人。

第二是成长环境因素。W 从小住校，初高中时期长期遭受校园霸凌，被孤立，没有朋友。老师对她越好，同学们就越孤立她，人际关系非常紧张。

第三是校园环境因素。中学以来 W 同学一直引以为傲的是她的专业能力，到了大学，换了专业后，专业水平并不是很好，周围同学比她专业能力强的有很多，心理落差大。

W 同学实际心理是自卑的、不安的，觉得自己被家庭抛弃、不被同学喜爱，是自己不够好，不配拥有别人的喜爱。专业是她觉得自己唯一能拿得出手、被别人关注的东西，然而在大学专业也不再优秀，一下子感觉天都塌了，自己一无是处，才会情绪突然崩溃。

（二）案例处理

第一，班级管理。W 返校前辅导员及时叮嘱同班同学，心理问题就像是心理上的感冒，有过心理危机的同学就好比感冒恶化成心肌炎的同学，心肌容易感染，只要好好养护，可以恢复健康，大家对这样的同学不要戴有色眼镜。叮嘱同宿舍同学，关注 W 的情绪，如果有不好、不稳定的趋势，及时和辅导员老师联系。

第二，师生配合。和系里专业课老师取得联系，说明 W 的情况，在未来的教学中对 W 讲究方式方法。

第三，关心关爱。返回学校后对 W 同学及时关心关爱。叮嘱她不要有负担，心理问题是很普遍的情况，人人都会有抑郁状态的时候，只是她在抑郁状态的时候没有及时得到支持和帮助，现在稍微严重了一些。目前恢复得不错，以后有不愉快不要自己憋着，要及时和朋友、老师联系，说出来就会好很多。

第四，心理咨询干预。帮助 W 预约心理咨询中心。需要一定时间的长期咨询和药物干预。

第五，家校合作。和 W 的母亲长期保持联系，交流 W 在校、在家的情况，双方都能及时掌握学生的心理动态。

（三）后续追踪

W 同学自上次危机事件后，遵医嘱服药，情绪比较稳定。辅导员经常关心关注 W 同学，也和家长经常沟通 W 同学的情况，班级里也没有同学因为危机事件而对 W

同学另眼相看。W同学在班级里和同学相处很融洽，还找到了呵护她的男朋友。专业课程方面，W同学慢慢接受了自己在舞蹈以外的领域不是顶尖的这一现实，仔细学习摸索，认真对待每一项作业，在新的专业领域也开始慢慢地发光发热。

三、反思

当一个学校或集体将学生的价值和成功定义为成绩时，会导致许多问题。首先，那些成绩好的学生可能会受到过度的优待，而其他学生则被忽视或被边缘化。这可能导致某些学生感到不公正或被遗忘，甚至可能导致这些学生在学校或社区中感到孤独和不安。当大多数同学都被忽略，只有成绩最优秀的同学得到关注时，被边缘化甚至被霸凌的就是那些成绩最优秀的学生。

辅导员需要了解每个学生的需求和问题，而不仅仅是关注他们的成绩。辅导员还要和学生建立良好的关系，并为学生提供指导和支持，帮助他们克服障碍，实现自己的目标。最重要的是，辅导员需要公正、平等地对待每位学生，让他们感到自己是被关心和尊重的。

案例十八：用心呵护疏解心理压力，助力渡过人生难关

万思言

一、案例呈现

Y同学是一名来自贫困家庭的学生，自幼由爷爷和姑姑带大。父母在她很小的时候就外出务工，几年都不回来一次，造成她与父母关系疏离。她一直乖巧、顺从、听话，成绩优秀，与爷爷的感情非常深厚。由于家庭贫困，父母并不支持她学习艺术，她高中时学艺术的学费和买资料的钱都是爷爷拿攒下来的低保来支持的，这也进一步造成了她与父母形同陌路。

学期初，爷爷突然病逝。Y同学的父母为了让她能安心上学，没有及时通知Y同学，导致她未能及时赶回家，错过了见爷爷的最后一面，回去时爷爷的葬礼已经结束了。Y同学心中十分埋怨父母。最近，她频繁头晕头痛，去医院检查后发现脑部长了一个肿瘤，需要手术治疗。在这个情况下，她难以完成小组作业，想到了休学。在辅导员询问她休学原因时，Y同学的情绪激动，崩溃大哭，并称自己坚持不住了，想要自杀。

二、分析处理

（一）案例分析

Y同学有较严重的抑郁倾向，有自杀的念头，认为自己没有价值。由于与爷爷感情深厚，爷爷去世且没见到最后一面对她的打击非常大，父母的自作主张让她心生埋怨。查出自己长了肿瘤，在还未知道肿瘤良性恶性的情况下，压力太大。又有来自学业的压力，让她不堪重负。Y同学表现出明显的哀伤、低落情绪，但是思维连贯，认知功能也正常；冲动性可控，但安全性较低；社会支持系统较差，基本社会功能受损。人际互动表现出顺从、合作，但自尊较低，倾向于掩盖问题，隐藏愤怒，将愤怒转向自身并攻击自身。

（二）案例处理

在与Y同学进行深度辅导时，辅导员采取了主动、果断、自信和包容的风格，与她建立起了信任和安全感。在了解她的家庭背景和情况后，辅导员开始着手制订针对她的解决方案。

辅导员首先确认Y同学的自杀危机程度。辅导员与她进行深入的沟通，了解其自杀念头的具体表现和危险程度，并对其进行自杀危机评估。Y同学承认自己想过自杀，并且考虑过跳楼这一自杀途径，但觉得爷爷在天上会失望，她保证不会真的自杀。在评估后，辅导员联系了Y同学的姑姑，给予其心理上的安慰和支持。又与Y同学澄清了自杀危机的程度，并告知她应该及时寻求专业的心理帮助和支持。

其次，辅导员建议Y同学接受学校的心理咨询，以帮助她应对心理困境。通过咨询，她可以得到专业的心理支持和建议，帮助她理解自己的情绪和思维，并获得更好的应对方式。

再次，辅导员建议她调整饮食与作息，保持身体健康。Y同学的头晕头痛等身体症状除了肿瘤的原因，可能与她的作息不规律，睡得较晚有关，也和饮食习惯不良有关。辅导员建议她注意饮食营养均衡，保持良好的作息习惯，增强身体免疫力，减少身体不适的发生。积极配合医生的治疗，早日康复。

最后，辅导员建议Y同学找到缓解压力的有效途径。如减轻课业负担、寻求同学和老师的帮助、参加兴趣小组等。同时，也引导她正确面对压抑的愤怒情绪，改善Y同学与父母的关系。提高自我认知能力，积极寻求解决方案，调整和改善与父母的关系，化解心理危机。

（三）后续追踪

Y同学接受了心理咨询中心两次咨询与哀伤辅导后，情绪好了一些，也渐渐接受了爷爷去世的事实。后续Y同学每周坚持一次咨询，一个学期下来，情况稳定了很多，不再有想要自杀的念头，也没有服用抗抑郁的相关药物。她头部的肿瘤经过多次复查化验，也定性为不影响生活的囊肿，后期只要坚持定期复查即可，无须手术。几次检查，父母都陪伴在她身边，增进了了解，她也渐渐对父母不再有那么深的抵触情绪。

三、反思

作为辅导员，我们不仅仅要关心学生的成绩，更应该关注学生的心理健康状况。辅导员应该具备识别心理异常学生和心理疾病问题学生的能力。在这个过程中，我们需要有耐心，需要关注到学生的每一个细节，需要倾听他们的声音，让他们感受到我们的关怀和支持。对休学学生要仔细询问休学原因，了解学生的真实情况，认真对待每个学生的不同状况，在偏离成长的路线时，帮助他们回到正确的轨道上。关注学生的人际关系，尽可能地给他们提供帮助和支持。注重学生的自我发展和成长，帮助他们树立正确的人生观和价值观。与学生建立更为亲近的关系，鼓励他们多与家长、老师、辅导员等沟通，遇到问题，及时解决。遇到危机案例，要及时与家长取得联系，家校合作，共同保护学生的生命安全。同时，也要加强自己各方面的知识，提高自己的专业素养，更好地帮助学生解决问题。

案例十九：倾听内心的声音、正视自我的需求

高怡文

一、案例呈现

S同学，女，19岁，体形偏瘦，无家族精神病史，无重大躯体疾病史，无不良生活习惯和嗜好。S同学为家中独生女儿，母亲为地方公务员，父亲为货运司机常年在外，家庭经济状况一般，与母亲感情良好，与父亲感情比较疏离，从小由爷爷奶奶带大，因与爷爷奶奶共同生活而有着深厚的感情。从小成绩良好，行为举止乖巧得当，是大人们眼中的"乖乖女"，进入大学后依然保持着良好的成绩，并获得校内奖学金。平时性格较为内向，不太善于沟通与表达，大学阶段知心好友比较少，觉得大家只能一起吃饭上课，并没有什么深交，觉得可能是自己要求太高，希望自己今后能更加宽容一些。

近来觉得自己情绪十分低落，并伴有严重的失眠，对自己的状态感到不满，也懒得梳妆打扮，对任何事情都提不起兴趣，越来越不愿意学习，甚至不想上课，也不能按时完成作业，想要与人交流却发现没有合适的人选，于是经常一个人掉眼泪，甚至莫名其妙地感到万分沮丧。S自述父母非常希望自己可以保研或者考研从而继续深造，今后争取留在高校任教，做一名老师，然而随着专业课程的增加，S发现自己其实并不是特别喜欢这个专业的内容，也并不想要做一名老师，对自己的未来要进行怎样的选择感到十分迷茫，觉得如果没有按照父母的要求去读研会万分地对不起他们，心里也很清楚自己目前的成绩已经没有保研的希望，考研成功的概率也比较低。S不愿意与父母谈论这个话题，感到和他们沟通有难度且压力巨大，试图回避。

S于小长假返回老家休息，与家人的团聚虽然短暂但依然让她觉得心情好转，然而返回北京的那天感到胸闷头晕，出了火车站便开始剧烈地呕吐，这场经历让S感到无比崩溃和恐惧，回到学校后学习和生活状态更加糟糕，并开始伴随各种身体不适的情况出现。S希望能改善情绪，缓解身体的不适，并了解更多造成自己状况不佳的原因，于是前往心理咨询中心求助。

二、分析处理

S同学每周进行一次咨询，共8次。第一次咨询时，咨询师评估S呈现出比较明显的抑郁状态并伴有身体的不适，建议S前往专科医院进行进一步的评估，以便有机会接受更加专业的治疗。S表示同意，并在第一次咨询结束后前往医院就诊。

第二至四次咨询，咨询师与S探讨了关于原生家庭的议题并绘制社会亲疏差距图。图谱中显示S与母亲、爷爷以及奶奶的联结程度最强、心理距离最短，而与父亲的联结强度比较弱、心理距离较远。S一方面很依恋自己的母亲，另一方面又有些惧怕她，深知母亲很爱自己只是不善言辞，经常在沟通上出现一些误会。而对于自己的父亲，从小到大相处机会不多，感觉父亲是个很沉默、不太爱交流的人，但是也相信父亲是同样爱自己的。对于爷爷和奶奶，S觉得他们才是最有安全感的港湾，他们从小照顾自己的生活起居并兼顾辅导学业，联结紧密，自己在进入大学学习后的假期里也更愿意住在爷爷奶奶家而不是自己父母家中。S重点谈到了关于母亲的很多内容，自己虽然与母亲联结紧密，但每当母亲不太赞同自己的决定或观点时，会非常坚定地表达拒绝，让自己感到毫无商量的空间，导致这两年越来越不想把真实的感受和想法说给母亲听。S谈到中学的时候，自己开始喜欢动漫文化，经常参与各种社团活动，有一次活动中自己扮演了一个很重要的动漫形象并受到大家的好评，引来很多同学围观合影，自己感到十分有成就感，回家后立即与母亲分享了自己的喜悦，结果母亲不但没有表现出认可反倒是很严肃地告诉自己这样的活动很占用学习时间，而且花销很大，希望S今后终止或者少参与这样的活动。那一次的对话让S感到很意外，认为母亲并没真正了解过自己，自己从来没有因为参与活动而影响过学习，经费的问题也向来是用压岁钱或者减少开支来平衡，同时S回忆起自己从小到大的成绩排名父母向来不清楚，只有爷爷奶奶最清楚自己的情况，觉得难免有些伤心。

第五次咨询，S谈到自己与专业课老师进行了一次深入的沟通，并告诉了老师自己并不是很想要考研的想法，老师表示很理解，并帮助S分析了目前的就业形势和考研难度等，自己在未来将要如何进行选择这个议题上又有了更多的探索和思考。

第六至七次咨询，S谈到在这段时间通过一些师兄师姐的介绍，已经了解到自己的专业背景和个人能力更适合去参加一些实习工作，而不是考研，希望征得父母的同意，前往自己未来想要去的城市开始实习。同时也想尝试着与母亲和父亲进行更加深入的对话，谈一下自己的心理状况、服药情况、成绩排名、未来的打算等。咨询师邀请S同学想象30岁的自己会对现在的自己说什么，S流着眼泪缓缓回答：

"现在的害怕和担心都是没有意义的，还是要面对父母的，要告诉他们的，如果有时间，尽量多陪陪爷爷奶奶，保持现在这种平和的心境，就不会太快变老，多学习才会让自己懂得更多，不一定这些知识什么时候有用，或许哪天就可以用到，要试着去多交一些朋友，接触一些新领域的东西，现在的困难都不是什么大问题，一定都会过去，年轻时吃点苦是可以的，总比以后一直吃苦好，别害怕！"

第八次咨询，S谈及自己与母亲已经打了好几次视频电话，每一次时间都很长，在视频里S告诉母亲自己被诊断有抑郁状态并在接受药物治疗的实情，母亲一开始表示很惊诧，但是很快就理解了，并告诉S自己会协调好工作，争取一个短暂的假期前往北京陪伴她一段时间，如果未来S决定要去其他城市兼职，母亲也可以暂时停止工作一段时间陪她一起安顿好生活。同时母亲也给父亲打了视频电话进行了沟通，父亲表示虽不能前往但会支持自己的决定。S感到自己被父母理解了更多，之前的担心也可以放下一些，未来也许可以试着和父母沟通更多的内容，尽管父母很多时候并不能完全理解自己的心意，但自己可以慢慢等待。最后，S谈及自己已经做了决定，将前往另外一个城市开始实习工作，希望在那里有更加适合自己的生活。

三、反思

S同学从小由爷爷奶奶带大，母亲和父亲在家庭排序中的位置十分弱化，而爷爷奶奶更多地替代了父母的责任。S虽然有很强烈的自主意识，也希望可以给自己的未来做决定，却在执行上感到困难，从小到大都在扮演一个懂事听话的"乖乖女"形象，尽量不给父母增添麻烦和负担。在人生抉择的关键时期，自己心中有坚定的想法却苦于和父母无法很好地沟通，害怕得不到母亲的理解和支持，感到压抑和焦虑，引发一系列身体不适。

咨询师陪伴来访者一起正确地认识自己内心的需求、渴望，规划实现需求的方式方法，让来访者看到自己可以做的事情有哪些具体选项，而不是永远停留在空想的层面。随着自己开始行动，负面情绪也渐渐减少，带来的躯体化状况也逐渐减轻。同时，S在经历了多次的咨询后，决定鼓起勇气与父母进行正面的沟通，虽然在沟通的过程中并不是一帆风顺的，但是也带动了母亲和父亲产生了一些态度的转变，得到了父母更加深厚的理解和支持，并看到了未来与父母更好相处的方向。

案例二十：爱是一种可以学习的能力

高怡文

一、案例呈现

L同学，女，22岁，大学四年级学生，体形微胖，乐观开朗，善于沟通，无不良嗜好、无精神疾病及重大疾病史，为家中独生女儿。自述母亲为著名公司高管，父亲为国企普通员工，由于母亲工作繁忙，她从小到大基本是和父亲待在一起。从小成绩优秀，考大学也比较轻松，目前准备考研继续深造。平时性格乐观，为人随和，大学期间也有不少闺密可以一同聊天、玩耍、分享心事，但是随着年龄的长大，自己却没有恋爱经历，觉得在这方面需要一些探讨和帮助，于是前往心理咨询中心要求开展心理咨询。

二、分析处理

L同学每周进行一次咨询，共6次。第一次咨询时，L重点谈到了自己的父母及成长经历。L描述母亲收入丰厚，做事果决、雷厉风行，总给人一种成功女性的感觉。她经常出差，在家里的时间极少，印象中一家三口坐在一起吃饭的次数寥寥无几。父亲则与母亲相反，温和内向、寡言少语、收入不多、工作稳定，因此有较多时间照料家庭生活，也比较听从母亲的安排。父亲业余没有过多的兴趣爱好，偶尔和朋友们一起打牌。L认为父亲与母亲感情和睦、性格互补，但是与自己一直比较有距离感，感觉他们更像认识了许久的老熟人，因此平时能自己解决的事情从来不麻烦他们。L谈及自己曾有一次要搭清晨的飞机出行，因为时间太早没有地铁到达又担心打不到车，她宁可提前一天晚上坐地铁到达机场等到天亮也不想麻烦父母凌晨早起送机。后来被父亲得知了自己的打算，执意在第二天凌晨早起送机。这一次让自己感到原来爸妈也是可以"麻烦"的。

第二次咨询，L谈及自己从小就很独立，小学时就能够独立照顾好自己的生活起居，自主安排好所有的学习娱乐时间，成绩也一直名列前茅，不需要让父母操心。高二的时候自己突然做了决定想要进入艺术领域，后来艺考一次性成功，以优异的成绩轻松进入了大学。大学四年里，虽然课业负担较重，但自己也一直保持着班级前几名的成绩，拿过各种奖学金，为人处世也大方得体，在老师们眼里一致被评价为"好学生"。

第三至四次咨询，L谈及近期因为觉得自己年龄越来越大了，需要完成恋爱成家等任务，于是出去约见一些异性，希望通过不断见人遇到合适的人选。之前见过的几位都比较优秀，有很好的学识背景和工作，行为举止也很得体，对自己也都表示满意并愿意继续交往下去。可是每当对方提出想要进一步发展时，自己就感到很有压力，选择回避，再也不见这个人。L谈及高中的时候，因为转班遇见了新的同学，第一次十分明确地有了"喜欢"的感觉，从而相信世界上真的有"一见钟情"，随后自己与这位同学一直保持着不远不近、相互关心的关系长达一年之久。一年后，这位同学突然转学去了其他学校，删除了L所有的联系方式，并通过其他人告诉L觉得自己配不上L的喜欢。那之后L为该怎样定义这段关系感到十分困惑，觉得自己在这段相处中收获了对方的支持和鼓励，但也受到了伤害和打击。L称从那之后自己再也没有遇到过如此喜欢的人，每当对方提出进一步发展的邀请时自己就要跑开，是因为觉得不够"一见钟情"，对方仍不是那个让自己足够喜欢的人，所以很担心答应继续相处下去，只是在浪费彼此的时间和情感。

第五次咨询，L谈及自己近期见到一个各方面都很符合自己要求的人，和他在一起的感觉很愉快，对电影类型的喜好也很一致，对艺术的感悟和想法也有很多的共同点，是一个可以和自己深入交流的人。但是当对方提出想要继续约会时，L感到十分纠结，一方面觉得难得遇到一个很符合自己要求的人，但另一方面仍然觉得自己无法完成内心的突破，害怕走进长期而稳定的亲密关系。咨询师邀请L更多地聚焦自己的感受和需求后，L表示自己其实是一个十分希望得到别人理解和包容的人，希望对方可以长久地陪伴，而不要像自己的母亲一样成天不在身边。L因为害怕与对方确定恋爱关系后对方做不到这些会让自己难过，所以宁愿选择不要开始。

第六次咨询中，L表示自己比以前更有勇气一些，想用更加开放的心态来迎接未来发生的事情，虽然自己没有什么恋爱的经验，但是愿意去尝试和学习，因此打算给自己和对方多一些机会，多约会几次。L自述似乎比以前更多地看到了自己的需要，不再回避。

三、反思

L在外人眼中是一个开朗乐观的女孩，从小就很独立，有很强的解决问题的能力，也有较为开放的心态和较强的心理承受能力。随着年龄的长大，亲密关系成了必须经历的问题，一方面很渴望有人理解自己、关爱自己，想要体验恋爱的感觉，另一方面又害怕对方达不到自己内心的预期而失望，或者因关系维持困难导致自己有挫败感，从小追求完美、独立自强的自己好像没有做好迎接各种未知的挑战的准备。咨询师陪伴L梳理了原生家庭结构，发现L害怕在亲密关系里对方如母亲一样长期不在身边，会产生强烈的不安全感，因担心恋爱达不到自己想象的样子会失望，所以宁可选择不要开始。咨询师陪伴L正视自己内心的需求，带领L看到自己真实的渴望，试着将母亲的影响与对未来的对象的假想区别开来，让L试着去允许不一样的生命走向自己，用更加开放的态度来迎接生活中新的可能，因为爱是一种可以学习的能力。

案例二十一：勇往直前，成为更好的自己

高怡文

一、案例呈现

M同学，女，20岁，大学二年级学生，体形偏瘦。M的母亲为中学老师，较为严厉，父亲为摄影师，为人开朗随和，小学毕业时父母因感情不和离异，随后M与父亲一同生活。高一时M因转学感到环境难以适应，一度情绪低落，曾前往精神专科门诊就医并接受药物治疗。那一年M与父亲商量后决定休学一年好好调整，父亲暂停了工作陪伴她开始体育锻炼改善情绪，也一同去了很多地方游玩散心，慢慢地M的情绪有了很大改观，随后重返校园开始了高中阶段的学习。高三时M决定参加艺考，遗憾的是并未取得较好的名次，因此无法前往心仪的学校学习自己喜欢的专业，于是M鼓起勇气选择复读一年后再考。第二次艺考后，M进入了自己喜欢的大学，但仍旧没有被自己最喜欢的专业录取，而是去了一个自己相对能接受的专业上学。

大学生活开始后，M发现该专业虽然不是自己最喜欢的，但是要求却十分严苛，课后作业负担较重，自己十分努力跟进学业，才勉强过完了大学一年级，这让M感到压力巨大。进入大学二年级后，随着专业课程的增加，M深感自己与其他同学有较大的差距，变得有些沮丧，时常自我怀疑是否不该选择这里。随后开始出现明显的失眠、身体疼痛、头晕等症状，于是前往精神专科复诊，并再一次开始接受药物治疗。M有强烈的求助意识和改变自我的需求，于是前往心理咨询中心开始进行心理咨询。

二、分析处理

M同学每周进行一次咨询，共4次。第一次咨询时，M自述近期状态不佳，已前往精神专科医院复诊并接受药物治疗，同时利用课余时间接受针灸治疗帮助自己改善失眠的状况，最近几天的睡眠状况在针灸治疗后得到了一些改善。M谈到了自己的考学经历，从小到大自己一直在学舞蹈，特别希望自己可以从事与舞蹈相关的

工作，但是高中因转学只能前往音乐相关的班级，到达新学校后一切都与自己想象的不一样，是一种完全没有过的体验。因为自己并不擅长音乐却要继续学习下去感到十分困难，时常头晕并伴随严重的失眠。M将此事告诉了自己的父亲，父亲鼓励M前往医院就诊接受药物治疗，向学校提出了休学一年的申请并果断暂停了工作陪伴M共渡难关。一年后M重新回到学校开始了音乐方面的学习，虽然不是班级里名列前茅的学生，但是成绩也不差。转眼进入高三，M需要决定未来考学的方向，她希望自己也可以像父亲一样成为一名摄影师，于是开始备考摄影相关专业，然而遗憾的是并未考上。复读一年后M来到了现在的学校，虽然与自己喜欢的摄影艺术相去甚远，但仍是自己可以接受的范围。

第二次咨询M谈到更多进入大学后的学习状况，M经常会将自己与班上其他同学进行比较，然而总觉得自己不如他人，甚至怀疑是否自己本不应该选择这个专业方向。在前段时间的专业课里，M也得到了老师的认可，老师表示能看到M付出了努力，也十分认可M的专业能力，希望M未来会有更大的进步。然而高兴还没有多久，第二天的专业学习中老师便提出了很多的问题，M感到十分丢人和失败，再一次陷入自我怀疑，下课后靠在墙角默默哭泣，尽管同学们前来安慰仍然不能改变自己沮丧的心情，当天晚上M失眠更严重了。咨询师引导M思考老师提出了很多的问题是否可以理解为还有更多的空间可以用来创作和改进，M表示自己之前从来没有从这个角度思考过，感觉老师的本意并不是要指责自己，而是希望自己可以做得更好，因此才说了这些话。

第三至四次咨询，M表示在专业课学习过程中仍然可以清楚地看到自己和同学们的差距，但是知道每个人生来就是不同的，他们有他们的特点，自己有自己的优势，因此可以接纳这样的差距。咨询师引导M思考自己有怎样的优势和特点，M沉默了许久后谈到自己有比同龄人更加成熟的心智以及更为丰富的人生经历，之前与同学一起讨论某个角色的内心活动该怎么表达，自己总持比较不同的意见，自认为对角色的理解更为深入和多元，而同学们选择的处理方式显示出了很多不够成熟的方面。另外谈及人生经历，M回溯了自己从小到大经历了父母离异、高中时休学、高考失利复读、艺考换专业等，种种的经历让自己看到虽然经常会因身体不适而苦恼，但是自己的内在也很有力量，如今的自己已经在改变的路上，能感觉到自己的内在心理世界已经越来越有弹性、越来越包容，懂得尊重每一个生命的存在，理解每一种行为的诞生，M认为这些都将成为自己无可替代的资源，会回馈到自己的职业以及生活中。最近两周的学习中，虽然M还是会被老师提出很多问题并要求改善，但是 M 相信自己能够正视这些不足，并通过努力来慢慢改善，也许效果不会很快显现，但未来可期。

三、反思

虽然 M 因为身体不适前往咨询中心寻求帮助，但是更为困扰的是学业上的压力导致的不自信。M 十分清楚自己的过往经历、原生家庭等因素共同塑造了如今的自己，M 对自己的要求很高，在没有达到自己心中设定的目标时会感到失落与自我怀疑，迫切地希望自己可以变得更好，同时也喜欢缓解身体的不适。通过和咨询师的沟通，M 再次梳理了过往的经历，表示理解父母离异的决定，也再一次正视自己虽然没有进入最喜欢的专业领域，但在目前的专业上也希望自己可以做得优秀。因此当学业压力大而老师又提出问题时，M 会很担忧自己是因为先天条件不足无法改观而导致了目前的状态，咨询师引领 M 看到除了那些不可能改变的先天条件之外，自己的身上还有很多优点以及宝贵的部分，这些部分值得被看到、被尊重、被发扬，这些部分会让她成为更好的自己。

案例二十二：人际冲突亦是成长的良药

高怡文

一、案例呈现

D同学，男，21岁，大学三年级学生，体态偏胖，说话轻声细语，性格较为内向。D为家中独子，小学的时候父母因感情不和离异，后来一直与母亲一同生活，假期及周末偶尔与父亲相见。母亲创业，是一家民营企业的老板，近些年生意做得不错，家庭经济条件优越，父亲经常更换工作，并不太清楚父亲的具体职业，自觉不如母亲的事业发展顺利，甚至有时觉得父亲有些落魄。从小到大母亲对D的管教都是比较宽松的，也非常支持D的兴趣和爱好，但是D从小不喜社交，母亲并不会强行带D出去交际，也会允许D独自在家看电视、打游戏等。大学期间，D除了学习之外，也参与了一些学生活动，但是一直没有特别知心的朋友，直到大二的时候遇见W同学并逐渐成为好友。近期因为和W在一次活动中有了比较大的分歧，甚至开始怀疑是否W从来没有把自己当作过真正的好友而感到十分苦恼，前往心理咨询中心进行咨询。

二、分析处理

D同学每周进行一次咨询，连续五周。第一次咨询，D同学自述大学二年级时，因为参加一次学生活动认识了其他专业的W同学，两人因协同工作有了大量的交流，和W多次交谈后D发现彼此有十分相似的成长经历，都经历了父母离异，都从普通的理科生转艺考生进入了艺术领域，并且都非常喜欢动漫文化。D觉得大学期间能够遇到W是一件非常幸运而开心的事情，倍感珍惜，同时也觉得与W持相同想法。那之后两人经常一起上自习，周末一起玩游戏、外出参加动漫展等，渐渐成了无话不说的好哥们。每每遇到学业困难或者生活里的烦心事，D会第一时间想起来找W分享，这样的关系维持了近一年。D描述自己是比较内向的人，平时不太爱主动社交，说话也向来轻声细语比较温柔，而W恰好与自己相反，他很热情，总是面带微笑，说话铿锵有力，在学校里也是很受同学欢迎的一个人。但是面对W，D觉得自己可以很自然地表达内心的想法，不用过多言语就会得到 W 的理解和回应，这让 D 感到十分开心。D 回忆起与 W 一起度过的时光，表示那些回忆是让自己倍感珍惜且十分美好的内容。

第二次咨询，D 谈及进入大学三年级后需要为自己的未来做一些规划，也正是从这个时候起，感到自己和 W 之间好像有了差别。D 因为家庭条件优越决定出国留学，目前只需要做好时间规划，完成申请的各项事宜即可。而 W 在班里向来名列前茅，大家默认 W 会考研继续深造，然而 W 却表示自己并不想读书，希望尽早参加实习工作以便今后顺利地进入社会。D 感到有些意外，同时也为 W 放弃深造而感到可惜，于是 D 主动找到 W 进行沟通，表达了自己的想法，希望 W 可以重新考虑。而在那次谈话中 W 表现得非常生气，表示 D 并不了解他及他的家庭情况，他没有办法支付未来的学费且家庭负担较重，必须尽早工作挣钱。听完这些 D 感到十分难过，觉得 W 没有理解自己的好意同时也伤到了自己。那之后的一周 D 与 W 没有碰面，偶尔在学校碰见也是擦肩而过，为此 D 感到更加心痛。咨询师澄清 D 的心痛是因为害怕这段友情的结束，害怕 W 离开自己，甚至担心再也没有其他人可以如此理解自己、支持自己，安全感的丧失导致了 D 十分难过。

第三至四次咨询，D 提及 W 在一年内从来没有说过自己想要实习并工作的想法，如同突然决定一样，担心 W 是否遭遇了突发事件，于是发信息与对方联络想要好好谈谈却迟迟没有得到对方的回应。D 感到很难过，觉得 W 不应该有所隐瞒，甚至怀疑 W 是否早有此意，不想再与自己有深入的交流，从而 D 开始怀疑自己因为性格内向、不善言谈导致自己在维持友情这件事上一直很失败。咨询师带领 D 重新认识自我，看到 D 身上有很多宝贵的品质，比如善解人意、心思细腻，有较好的逻辑思维能力和广泛的兴趣爱好，虽然内敛但并不无趣，是一个值得交往的人。同时也带领 D 分析总结了自己在交友过程中的收获和学习，D 表示在 W 身上也看到了很多宝贵的特质，比如热情开朗、行为举止体贴得当，这些都是 D 非常欣赏的品质，同时 D 也回忆了那天去和 W 谈话时语气过于苛责，让对方感到不被理解和怀疑，D 表示自己也许应该主动向 W 道歉，告诉 W 自己真实的感受与想法，也希望得到 W 的回应。

第五次咨询，D 谈到自己勇敢地向 W 道歉并清晰地表明了自己的心意，无论 W 做出怎样的选择和决定自己都会支持对方，并且希望可以听听 W 的想法和感受。那之后 W 与 D 进行了一次长谈，W 表示并没有故意回避交流，只不过两人家庭情况的差异，导致了他们在人生的十字路口会做出不一样的选择，W 很害怕得不到 D 的理解，害怕D看不起自己所以选择了刻意回避，但现在听到了D的理解与支持便不再担心。虽然未来大家可能会走向人生的不同方向，但仍然希望彼此都可以在自己的领域里做到更好。D表示在化解了这样的一次冲突之后，两人都更加了解了彼此，更多地开展了思考，人际冲突并不是可怕的、不可以化解的问题，而是可以让双方共同成长的机会。

三、反思

大学阶段人际交往的冲突是常见的问题，很多同学因为害怕面对冲突或者不知道如何解决问题而选择了回避，从此大家行同路人。D是一个很重情义的人，非常珍惜自己的好友，理解好友的心意并想尽自己最大的努力支持对方，尽管在人际交往里遇到了冲突，并没有想过回避而是勇敢地站出来希望用更加合理清晰的方式化解冲突，共筑友谊长城。咨询师带领D看到更多自己的优势，帮助D树立自信，打消因冲突带来的自我怀疑，陪伴D梳理这段友情的发展流程，帮助D用同理心看到W的不同，学着接纳W与自己的不一样，同时也照见自己的不足，进而改观友情的发展模式。D也十分勇敢地完成了自我突破，与W主动和解，表达内心意愿，给予对方更多的支持和理解。人际关系如同一面镜子，好的人际关系将照亮彼此，促进彼此的成长，而人际冲突亦是让双方共同成长的机会。

案例二十三：原生家庭对大学生的影响

牟 佳

一、案例呈现

H同学，女，大一新生。在与辅导员老师的沟通中，H同学给老师留下了阳光开朗的印象，并且社交平台状态一切正常。在新生军训期间，H同学表现突出，乐于助人，主动帮助辅导员承担班级信息传达工作。

在新生军训结束后，仅仅开学不到一周的某一天晚上，辅导员接到了同系M师哥的电话，告知H同学可能有自杀倾向。辅导员马上查看了H同学的朋友圈，但没有发现任何异常。然而，M师哥随即发来了一张H同学割腕的照片，照片配文中写道："可能死了，就解脱了。"辅导员立即前往H同学的宿舍，发现她正在窗台上自残，地上散落着刀和血迹。辅导员随即陪同H同学去医院处理伤口。

在路上与H同学交谈时，辅导员了解到，H同学近期情绪低落，可能是因为刚刚步入大学还不太适应。然而，H同学并没有清楚地表达出情绪低落的原因，只是说想伤害自己。辅导员在进一步询问中了解到，H同学在高中期间就患有双相情感障碍，并且父母在她小时候就已经离异了。母亲已经重新组建家庭，而父亲则在外地工作。H同学从小是在小姨家长大的，因为小时候患有眼部神经疾病，总是控制不住眨眼睛。H同学表述自己的母亲从小就不喜欢她，甚至在别人面前说自己的坏话，导致她从小就对母亲产生了很大的反感。H同学认为自己目前的自卑性格和心理疾病与母亲有很大的关系。

二、分析处理

在这个案例中，暴露出三个关键问题需要解决：

第一，引导H同学按时去医院复查病情，使其尽快恢复正常的学习和生活；

第二，引导H同学正确认识原生家庭，处理好与母亲的关系；

第三，帮助H同学重建自信心。

作为辅导员，应当遵循研判—转介—疏导—恢复的思路，努力帮助H同学。

（一）迅速研判，及时转介

结合H同学出现的自残行为，初步判断该同学正处于病情发作状态，情况危险，随时都有可能再次发生轻生行为，需要及时转介。辅导员立即向学院领导、部门领导以及心理老师如实汇报H同学的情况。经心理老师评估后，建议辅导员尽快联系H同学的父母，带学生去医院精神科就医。

辅导员立即联系H同学的母亲，告知H同学当前情况，并帮助协调家人尽快到校带H同学到医院就诊。当天下午，H同学的妈妈开车到学校，带H同学去医院就医。医生诊断结果为双相情感障碍发作，建议家人陪同H同学服药治疗。H同学的母亲提出请病假一周，希望能够回家更好地照顾H同学，等H病情好转后再回校。

（二）家校联动，共同做好学生的引路人

著名家庭治疗大师萨提亚曾说："一个人和他的原生家庭有着千丝万缕的联系，而这种联系有可能影响他的一生。"鉴于H同学的情况，辅导员多次与其父母通话，分析了家庭教育问题以及曾对外人表述不当而导致了H同学自卑、情感出现障碍。辅导员希望家长能够主动关心和关爱H同学。H同学的母亲也逐渐意识到家庭教育的缺失对孩子造成的伤害，开始反思如何与H同学更好相处，重新培养母子亲情并建立理解和信任。经过H母亲一段时间的努力，H同学与母亲之间的关系得到了缓和。

随着病情的好转，H同学逐渐恢复了正常的学习和生活状态。她开始积极参加校内活动，与同学们建立了良好的关系，并在学业上取得了不错的成绩。同时，她也逐渐学会了自我调节，关注自己的情感健康，保持身心健康。辅导员和心理老师继续关注H同学的情况，并提供必要的帮助和支持，每周与其进行谈心谈话，深入了解该同学在校学习和生活的情况，并及时将情况告知其母亲，保持家校联动，共同做好学生的引路人。

（三）用爱疏导，治愈创伤，多方助力，持续做好帮扶工作

在多次与H同学谈心谈话时，辅导员有意引导H同学认识到家庭情况的多样性。辅导员告诉H同学，父母的教育方式是不同的，不能因为父母的一句不好听的言语而对生养自己的父母失去信心，导致自己变得自卑和情绪不佳。辅导员鼓励H同学理解并接纳不完美的父母，在日常生活和学习中，应该理性地面对心理创伤，通过自我疏导或寻求老师帮助等方式得到自愈。面对精彩和丰富的大学生活，H同学可以多尝试和挑战不同的事物，从擅长的事情中重新获得自信。辅导员鼓励H同

学不能总活在过去，要看向未来，把更多的精力放在专业上，使自己变得更加强大。经过一段时间的努力，H 同学慢慢能够正视和接纳原生家庭曾给自己带来的影响，也表示自己将努力尝试走出过去的创伤，迈向新的生活。

与此同时，辅导员叮嘱 H 同学遵照医嘱按时服药，身体不适时要学会向老师和同学发出求助信号并及时就医。辅导员还为 H 同学制订了"一对一"的帮扶计划，在 H 同学宿舍安排一名知心联络员，鼓励同学们在日常生活中多与 H 同学沟通、相处，如发现 H 同学有任何异常情况要及时上报辅导员。

另外，辅导员鼓励 H 同学发挥自己绘画的特长，多参加相关比赛，增强自己的自信心。经过半年多的帮扶，H 同学虽仍需要服药，但她整体的精神状态好了很多，与班上同学相处和谐，暂未出现轻生念头，期末考试也顺利通过了。

三、反思启示

（一）提高自身素养

作为高校一线工作人员，辅导员应不断学习心理学、教育学等相关知识，深入了解大学生心理规律，提升自己的问题发现和解决能力，以有效地开展心理健康教育。

（二）重视新生心理普查结果

针对心理普查结果风险较高的学生，进行"一对一"深入谈话，通过谈话进行风险评估，开展心理高危人群追踪服务，加强关注和关爱，实现心理问题的及早发现、及时预防和有效干预。

（三）加强师生和家校联动机制

辅导员一方面要拓宽信息收集渠道，及时、准确地掌握学生的动态，增强工作的主动性；同时要与班干部建立密切沟通，进行心理健康教育培训，及时掌握存在心理健康问题的同学情况，发现异常情况立即上报，避免延误时机造成不良后果，最大限度发挥班干部的作用。另一方面，辅导员要加强家校联动合作机制，与家长保持密切沟通，共同做好关爱帮扶工作。

案例二十四：发现抑郁倾向不要怕，勇敢战胜它

牟 佳

一、案例呈现

X同学是一名大四女生，就读于五年制专业。她的成绩在班级中处于中上等水平，但性格较为内向。由于从小父母离异，X同学和姐姐是由母亲独自抚养长大的。班级同学表示，X同学平时很少主动与同学交流，大部分时间都是独自行动，只有L同学比较亲近她。她的情绪变化不太明显，很难分辨她是高兴还是不高兴。根据辅导员四年来对X同学的观察，X同学非常明确她的学习目标，并且想要跟上她的姐姐（一位清华大学本科生）的步伐。她平时做事稳重，且与同学之间没有过纠纷。然而，在大四下学期的某天，辅导员接到了一位心理咨询师的预警电话，称X同学存在自杀的风险，并已经写好了遗书。为避免事态恶化，辅导员需要立即通知X同学的家人，告知他们学生当前的心理危机情况。

辅导员得知这个情况后，并没有直接给X同学的母亲打电话，而是第一时间拨通了与X同学关系较好的L同学的电话，询问X同学近期的生活状况。在询问中得知，X同学的姐姐最近抑郁状态很严重，情绪很不稳定，每天X同学都要给姐姐打两个多小时的电话。同时，X同学还在准备考研，每天又给自己安排了大量的线上课程。L同学回忆最近与X同学的相处状态，并未发现她的情绪异常，也可能是X同学有什么事情自己憋着，没有表达出来。L同学也曾关心过X同学最近姐姐生病了，再加上学习任务这么重，会不会很压抑，但X同学的回复是一切正常，因此并未引起L同学的怀疑。

辅导员了解到大致情况后，立即安排与X同学进行面对面的谈心谈话。在深入交谈中，辅导员了解到X同学的母亲近期情绪不稳定，容易发脾气，导致无法进行有效沟通，而姐姐则严重抑郁。X同学每天都要花费大量时间陪伴她们，倾听她们的情感疏泄。同时，由于自己要备考考研，课程安排紧张，加之最近收到太多负面情绪的输出，X同学的心理负担极重，积压了很多负面情绪，最近经常做噩梦，甚至产生了"不想活了"的念头，写下了一封遗书。但是X同学很快意识到这不是解

决问题的方式，积极寻求心理咨询师的帮助，并逐渐走出低谷。

辅导员征得X同学的同意后，决定将这一情况告知其母亲，并希望引起家长的重视，带她进行专业的心理诊断和治疗。经过专业心理医生一段时间的诊治，X同学逐渐恢复了正常的学习和生活状态。

二、分析处理

通过X同学的案例可以分析出，X同学产生自杀风险背后的原因并不是性格缺陷，而是心理问题。这种心理问题是长期未能排解负面情绪以及未解决积压的困难导致的。问题的产生原因也是多方面的，与其家庭成长环境和个性等密不可分。因此，X同学的情况需要联动多方力量，包括辅导员、家长、校心理咨询中心以及专业的心理医生，共同为这类心理问题的学生提供有力的心理支持。

针对X同学的实际情况，首先，辅导员与X同学的好友进行了沟通，以了解学生的近况，预测并评估事态发展方向。其次，与X同学进行了深入的心理谈话，了解了其基本情况和心理状态，并对其心理问题程度进行了初步评估。在X同学的同意下，辅导员联系了其家长，告知他们学生当前的心理状态和轻生的念头，建议家长陪同学生进行专业的心理诊断和治疗，以便及时帮助学生恢复正常的学习和生活。经过诊断，X同学为轻度抑郁状态。在接受了一段时间的积极治疗后，X同学恢复了正常的学习和生活状态。在医生的帮助下，X同学找到了适合自己排解负面情绪和压力的方法，也成功消除了自杀的念头。

经历了这次事件后，X同学对心理学产生了浓厚的兴趣。在辅导员的支持和鼓励下，X同学加入了心理社团。通过学习心理学知识，X同学不仅帮助姐姐走出了心理困境，还引导母亲以正确的方式来排解负面情绪，从而改善了家庭关系。最终，X同学成功考入本校的硕士研究生。这个经历让X同学认识到了心理健康的重要性，也明白了要在自身心理健康的基础上，帮助他人解决心理问题。

三、反思启示

抑郁状态以及抑郁症等心理疾病在高校大学生群体中屡见不鲜，因此，高校应强化大学生心理疾病的筛查和处理机制。

基于本案例，得出的思考与启示有如下五点。

第一，辅导员应当对心理疾病保持理性和相对专业的认识，能够快速初步判断和筛查不同情况和病症。如果学生产生了轻生的念头，这意味着该学生已经出现抑郁状态，因此，专业的诊治是必不可少的。当大学生出现心理问题时，需要得到多方的关注和支持，辅导员、家长以及专业医生应该共同努力，以帮助学生走出心理"阴霾"。

第二，辅导员应与此类学生密切保持联络，即便是康复后也要定期与学生家长沟通，避免再次复发。

第三，辅导员在与学生平时的交流沟通中，除了要有敏锐的洞察力和准确的判断能力，还应该尊重学生并提供相对宽松的求助通道。学生只有充分信任辅导员，才会主动求助和倾诉，从而避免错过处理问题的最佳时机。

第四，建议家长和学生积极与专业医生合作，共同制订相应的治疗方案并积极参与治疗过程，以提高家长对学生心理问题的危机意识和提升治疗的效果。辅导员可以与家长一起进行正面引导，分享一些成功的案例，帮助学生建立起战胜心理问题的信心和勇气，同时在学生最困难的时期给予必要的支持和帮助。

第五，学生康复后，辅导员应以关爱之心对待学生，引导学生积极参加群体活动，帮助学生找到适合自己兴趣的社团，提升自我存在价值，发挥自我实现的潜能，协助学生度过大学生活，收获美好人生。

四、日常事务类

案例一：宿舍矛盾巧化解，共同生活需包容

孙 青

一、案例呈现

甲同学，女，大一，某天给辅导员发信息提出想要换宿舍，辅导员询问原因，甲同学称有三方面的原因：第一，因上课时间不一致，所以作息时间不一样，相互有打扰；第二，甲同学是南方人，宿舍其他同学是北方人，生活习惯不一样，一些理念也不相同，与宿舍其他同学相处一个学期后，发现仍然无法融入宿舍的小集体，有时甚至会爆发言语冲突；第三，甲同学由于专业课原因与同宿舍的乙同学形成竞争关系，因自己无法正确处理，导致两人关系剑拔弩张。综合以上三方面的原因，甲同学提出更换宿舍，脱离现在的宿舍环境。辅导员在得知甲同学的诉求之后，表示对于她的处境非常关心，并安抚了她激动的情绪。此时辅导员并没有直接答应甲同学的诉求，而是第一时间找到她宿舍的同学和班干部了解情况。根据了解，甲同学的专业课基本都是在下午，而其他同学的专业课都是在上午，其他同学早上出门比较早，甲同学因为上午没课，起得晚，她对于其他同学早上洗漱进进出出打扰自己休息非常不满，经常呵斥其他同学。而其他同学上午课结束后，中午需要午休，但是甲同学则刚起床，经常在大家午休时洗漱，并动作比较大，发出的声音也比较大。宿舍其他同学让她稍微注意一些，但是甲同学表示，你们早上也这么大声音，故沟通失败。矛盾的集中爆发是在一个周末的中午，宿舍的丙同学要去食堂打包馒头和涮菜回宿舍吃，宿舍的其他同学也请丙帮忙打包，丙同学表示没有问题。此时甲同学提出，请丙同学回来的时候，顺便去食堂另一层楼帮自己买一份煲仔饭，因为甲同学是南方人，吃不惯馒头，丙同学表示因为带的饭太多没有时间跑两个地方买饭，而且怕耽误了时间，饭会凉，乙同学和丁同学也都赞同丙同学的说法，而甲同学则认为丙同学是故意不愿意帮自己，其他同学也是在借机针对自己，于是开始破口大骂，并把跟乙同学多日来的矛盾也发泄出来，与乙同学大打出手。直到班长来到该宿舍，两人才停止扭打。至此，甲同学与宿舍其他同学的关系完全破裂。

二、分析处理

（一）案例分析

1. 成长环境存在差异

在一个宿舍中，拥有相似经济水平、成长环境、饮食习惯的人更容易友好相处，他们的距离会被迅速拉近，尤其是在一个新的环境中体现得更为明显。反之，就会与宿舍其他同学容易有距离感，出现长时间难以融入，甚至敌对的情况。甲同学来自南方，宿舍其他同学来自北方，饮食差异让甲同学连最基本的吃饭都找不到合适的人一起，长此以往，让甲同学惧怕一个人去食堂，在得知宿舍同学可以带饭但是并不能帮自己也带一份的时候，长时间积压的负面情绪终于在此刻找到出口。

2. 生活习惯存在差异

当今开放的大学校园，学生来自五湖四海，地域不同，生活习惯存在差异是难免的。同时，专业不同、班级不同，作息时间不一致，加上现在大学生追求个性化发展，这些原因使得同宿舍的同学很难做到作息时间完全一致。由于甲同学和其他同学的专业课时间不一样，导致她们作息时间有冲突，由此带来的小摩擦每天都在发生，这对于同学之间的关系是很大的挑战，显然，她们也确实因此产生了困扰，虽然曾经尝试解决，但是以失败告终。

3. 彼此之间缺乏有效的沟通

在出现矛盾的时候，有效的沟通显得极为重要，沟通是人与人之间建立联系的桥梁。没有沟通就会把自己的想法放大，不能设身处地地替他人考虑，不信任感和孤立感会油然而生。虽然宿舍同学曾经尝试沟通来解决问题，但是显然，那次沟通没有起到正面作用，反而放大了宿舍矛盾，甲同学也在沟通的时候没有抓住机会心平气和地来解决问题，反而是将自己的怨气发泄出来。宿舍同学也没有充分理解甲同学，只是单纯地提出要求甲同学做出改变，双方都不够理智且没有掌握沟通技巧，这说明是沟通的方式出了问题。

（二）案例处理

首先，了解事情经过，客观分析问题。辅导员在这个过程中没有急于给学生一个处理结果，而是先找矛盾宿舍同学身边的同学和班干部以及任课老师来充分了解她们的情况。包括此次事情的全过程，之前矛盾的经过，她们平常生活中的表现以及在课堂上的表现等。结合宿舍几位同学的深度访谈记录和日常工作笔记，全方位掌握她们的情况。在对学生有了比较全面且客观的了解后，分别与甲同学和另外几位同学展开深度访谈，倾听双方的真实想法。此时辅导员起到了一个桥梁和纽带的作用，并不是一味讲道理的说教者。经过几次谈话，甲同学认识到自己在别人想要跟自己沟通的时候，应该心平气和地表达自己的想法，而不是只表达自己的不满。另外几位同学也意识到她们忽略了甲同学的情绪，只是单纯地觉得少数应该服从多数，她们表示以后会照顾到甲同学的情绪，大家都会换位思考，在作息时间不一致时尽可能地保持安静，不打扰对方。

其次，教育学生要有包容之心，并且持续关注该宿舍动向。世界上没有完全一样的两个人，关系再好也有想法矛盾的时候，每个人的成长背景都不一样，每个人身上也都有缺点和发光点，大家生活在同一个宿舍里，只有怀有包容之心才能促进宿舍关系的良性发展。辅导员给这个宿舍建议，可以先组织一个增进感情的小活动，比如每天留言一句暖心或者鼓励的话，每天分享一个小零食，每天帮同学做一件小事，也可以说出一件希望对方今后要注意的事，有了这些互动，才能更好地相互了解，能看到对方的好，也能及时了解到自己做得还欠缺的地方。此外，辅导员还持续观察了一段时间，有时也会参与到宿舍组织的小活动里来。辅导员是大家共同的朋友，这个身份此刻是以黏合剂的角色存在的，紧紧地把宿舍几位同学团结在了一起。

三、反思

大学相当于一个小社会，同样，宿舍也就是大学生在校期间的家。宿舍氛围直接影响到大学生在校期间的生活质量和心理状态。大学宿舍既是学生生活、学习、休息的地方，又是学生交流思想、培养综合素质的重要活动场所。研究发现，大学生几乎60%～70%的时间是在宿舍度过的，宿舍是学生状态最放松的场所，也是问题出现比较多的场所。所以在处理宿舍矛盾问题的时候要注意：一是要客观对待，多听各方原因，不偏袒任何一方，不做坏情绪的传达者，让矛盾双方充分表达内心想法，教给他们沟通技巧，鼓励他们心平气和地坐下来用沟通的方式解决问题；二是要建立上报机制，有效发挥班干部和楼层长的作用，在发现有宿舍矛盾的苗头时尽快向辅导员报告，提早介入，避免更大的冲突出现，将问题扼杀在萌芽状态；三是鼓励学生多以宿舍为单位参加活动或者参加宿舍主题活动，建立共同的目标，团结协作，增进感情。宿舍环境对大学生的影响是很重要的，良好的宿舍环境不仅能让学生感到安全、舒适，而且可以营造良好的学习氛围，让大学生养成良好的生活习惯，对大学生的学习和生理健康都具有重要的作用。

案例二：恶意竞争生嫌隙，是非对错要分清

孙 青

一、案例呈现

小王同学自入学后就热心帮助同学，积极为老师分担一些工作，帮助老师发布通知，帮助生病的同学打饭，替脚踝扭伤的同学取快递，等等。老师和同学都非常喜欢他。经过一段时间军训的历练，同学们认为小王踏实肯干，乐于助人，工作积极认真，能力和性格在同学和老师之间得到很大的认可，也具有比较高的威望。于是班主任和辅导员商议之后，指定小王为班级的临时召集人。正式上课后，为了能使班级尽快走上正轨，辅导员宣布将在近期开展班委的竞选活动。通知提到，班级将通过此次竞选产生班长1名、副班长1名、文体委员1名、心理委员1名、学习委员1名；采用演讲的方式进行竞选，待竞选人发言完毕后，每名同学投票选出5名班委候选人，最后由班主任和辅导员根据候选人的特长和意愿，来最终决定班委职务具体分配任职情况。通知发布之后，小王一如既往地学习和生活，继续做着临时召集人的工作，依然积极认真、热心助人。此时小张同学开始活跃起来，他突然热情地跟班里每一名同学打招呼，与同学们吃饭时抢着买单，还给同学们送小礼物，刻意地跟每一名同学都走得很近，并且有意无意透露出小王竞选班长是想最先入党，这段时间的表现也是有意为之。这样的言论很快传到了小王耳朵里，小王非常气愤，认为自己是真心地为老师和同学们服务，从来没有如此功利的想法，对于小张对自己的诋毁，小王很是苦恼，萌生了放弃竞选的念头。在准备竞选期间，辅导员与多名同学进行了深度访谈，也去宿舍进行实地走访，发现小张存在拉票和诋毁参选对象的行为，也发现了小王打退堂鼓的情况。

二、分析处理

（一）案例分析

中共中央、国务院发出《关于进一步加强和改进大学生思想政治教育的意见》，指出"学生干部既是老师和同学联系的纽带，更是各项活动的组织者和倡导者，在

开展思想教育活动中更贴近同学，更了解同学之所想，也能及时掌握学生思想动态，便于有的放矢地开展工作"。学生干部是班主任和辅导员的得力助手，是同学的榜样，也是管理服务班级的能者，学生干部既是学生，也是干部，两者合一。组建一支素质较强、品格高尚、思维活跃、具有高度责任心和较强能力的学生干部组织，既对老师工作的开展有很大帮助，也对学生干部和身边同学本身具有积极意义。但是不少学生在竞选班干部时动机不纯，功利心强。目前各大高校在评奖评优、入党等方面是对班干部有倾斜的，而且就连招聘单位都愿意找有学生干部工作经历的学生，所以部分学生出于功利目的去参加竞选，为自己赢得更多的评奖评优和入党的机会，而不是想为班级贡献自己的一份力量。通过案例中小张对小王的诋毁可以看出，小张本身是在意班干部可以提前入党这件事的，虽然这是对小王的诋毁，但恰恰反映出小张的内心想法。得知小张存在拉票行为之后，辅导员与小张进行了一次沟通，得知小张确实存在想凭借学生干部身份提前入党的想法。这种不良的动机促使小张产生了拉票的行为。

有的人读大学是为了学习专业知识、获得自我提升，有的则是来锻炼个人能力，班干部提供了这样一个舞台。而大学里的评优、评奖和入党在毕业找工作的时候也可以为自己加分，所以小张追求这些本无不对。但是小张错在用拉票和诋毁竞争对手的手段企图获得班长的职位。搞拉票的行为是当今社会共同抵制的一种不良习气，这样的社交观念，容易助长虚荣心，不利于大学生正确是非观的建立。

（二）案例处理

辅导员在得知小张的拉票行为之后，立刻找到他谈话，小张表示自己的父母都是公务员，自己对干部这个身份特别认同也特别敏感，而且经过一些调研之后，他发现入党之后就业的概率更大，也更容易进入事业单位，对自己考公务员也有帮助，为了尽快达到入党的目的，才决定竞选班长的职位。但是由于自己之前没有很好的群众基础，要想得到同学们的票，只能通过请客吃饭送礼物这些行为来快速拉近彼此的距离，以此来获得更多同学的支持。看着小王在同学中威信很高，他把小王当成最大的竞争对手，又想通过恶意诋毁的方式来除掉这个竞争对手。辅导员老师对他说明了这样做的危害，让其认识到自己的错误。通过拉票获得较高的票数，这种行为违背了竞选的公平性，也会极大地挫伤其他同学的积极性。况且通过请客吃饭送礼物拉票这行为并不光明磊落，也会影响到自己在同学中的威信，是一种损人不利己的行为。

然后辅导员召开班会，在班会上再次强调班委的工作是为同学服务，参选的同学不应带有其他的目的性。竞选班委应公平、公正、公开，各位竞选人员应该凭借自己的能力和表现赢得同学手中庄严的选票，而不是通过其他途径拉票，各位选举人也应该明确手中选票的重要性，要对自己和信任你的同学负责。同时宣布，一旦发现拉票和其他影响竞选公平的行为，则取消该生的参选资格。让同学们对竞选班委有一个正确的认识和理解，营造一个公平、公正、公开的竞选环境。

对于遭受诋毁的小王，辅导员老师充分肯定了他的工作能力和综合素质，竞选中发生的事情，从另一个角度看也是对小王的一种磨炼，希望他能化阻力为动力，继续参加班干部竞选，不辜负老师和同学们对他的期望，充分发挥自己的榜样作用，真正达到锻炼自己、服务他人的目的。

三、反思

一个班级的班干部选得好，对于一个班级的班风学风建设也是有益的。因此，在选拔班委时，要重点考察学生的工作能力和综合素质，只有这样选出来的班委才能带动同学们思想、行为上的改变，从而带动整个班级的进步。

（一）确保班干部竞选公平、公正、公开

班干部竞选的公平、公正、公开，关系到学生对于辅导员和学生干部的信任和日后工作的顺利开展，也关系到班级优良班风学风的创建。因此，必须营造公平、公正、公开的竞选环境，制定科学合理的竞选制度，广泛采纳同学们的意见，确保选出合适的学生干部，使学生干部的能力得到最大程序发挥。

（二）多维度了解参选对象

新时代个别大学生存在自我意识强、责任意识弱，学习能力强、心理承受能力弱的情况。班干部应该比一般同学有更高的思想觉悟，有更强的责任感，敢于同各种错误思想和不良现象做斗争。还应该具备一定的精神境界，具有奉献精神。因为他们所做的工作都是服务性和义务性的，有时工作和学习或工作和生活相冲突，常常需要牺牲个人利益，没有奉献精神是做不到的。班干部要具备的条件中，"品德"是排在第一位的。

（三）注重班干部的培养

班干部选出之后并不意味着大功告成，后面更重要的是班干部的培养工作。要

加强政治修养和责任感培养，加强业务能力的培养，尤其是关于如何做好教师与同学之间的桥梁作用的培养。此外还需要定期对班干部进行心理减压，关心他们的心理健康。

　　班干部的培养是一项有计划性和持久性的系统工程，应该把对班干部的教育和培养贯穿在整个大学期间，并且适当给予学生激励，让他们的工作热情、工作态势保持下去。

案例三：新生宿舍矛盾多，沟通协商相融合

杨　舒

一、案例呈现

新生军训刚刚结束，辅导员收到了一名女生发来的微信："老师，我想换宿舍，今天能办吗？"辅导员立刻跟这名G同学取得联系，邀请到办公室详谈。经过近两个小时的交流，得知让该生在进校不到半个月的时间里就产生这个问题的原因是，她认为同宿舍的M同学从入校就不喜欢自己，经常跟其他同学说自己的坏话。同时作息不同步，同宿舍的W同学打呼噜导致她睡不好，所以该生喜欢晚上跟家人朋友打电话来排解情绪，也影响了其他同学的后续休息，形成了恶性循环。

这三名同学是同一个班级的学生，所学专业具有较强的专业性和艺术性，G同学因家庭成员均在该领域中工作，从小受到的专业训练较多，所以对专业水平的自我评价也较高，有明确的学习目标，未来想要出国，认为同宿舍的M同学和W同学的专业名次比较靠后，可能会对自己有排斥心理。在种种矛盾的不断累积下，军训结束前的一天，该生发了一条朋友圈吐槽同宿舍的这两位同学，被其他同学看到转发给了两位当事人，导致矛盾彻底爆发，M同学对该生大发脾气后，该生也觉得十分愧疚，搬到了其他未返校同学的床位借住，同时向辅导员提出了调宿申请。

二、分析处理

（一）人物背景

通过不断地深入谈话，G同学自述本身入睡条件就比较高，在高中时期有过焦虑的情况，导致睡眠问题严重，看过医生也吃过药治疗，但没有抑郁问题，后期焦虑问题缓解后，睡眠也随之好转，就没有再吃过药了。以上仅为该生自述情况，学生为了完成自身的需求，同时也为了给刚接触的老师留下一个较好的印象，也许会选择对自身情况进行美化或者有选择地表述，辅导员要给予学生信任，但是并不能完全依赖于学生自述。

四、日常事务类

（二）事件处理

为建立全员育人思政工作格局，学院已建立"学生工作部＋各系＋各教学班"三级思想政治工作网络体系，由辅导员、班主任组成了各班级的思政育人共同体，在学生出现各种突发情况时，辅导员会第一时间与班主任进行联系，将双方掌握的情况互通有无，以便更全面地了解学生，帮助学生解决实际问题。

辅导员与班主任沟通后得知，G同学对于班群通知反应均比较慢，有时会跟不上节奏，开学不久就出现多次不参与早自习的情况。该生的父母确为业内人士，且小有名气，所以该生从小就有专业学习氛围，学习机会多。通过多方了解，辅导员可以判断该生语言表达能力无问题，思路也很清晰，对周遭事物都比较敏感，有明确的个人判断，导致有些许偏执。

在与班主任了解完该宿舍三个同学的基础情况后，为了避免将三人再次推向两个阵营，辅导员没有与宿舍剩余两位同学同时谈话，而是选择一对一沟通。首先找到了W同学，该同学表示她确实有打呼噜的问题，但G同学也确实通过一些更为极端的方式对此事进行无声反抗，甚至在朋友圈辱骂自己，W同学表示虽然她当时很生气，但是后来也没有那么在意了，也并不希望因此与G同学产生巨大的矛盾。辅导员也希望W同学不要因为生活小事产生的分歧就对同学做出判断和选择，只有通过长时间的相处和磨合，才能真正了解别人的内心世界。宿舍舍友之间要多包容理解，遇到问题共同解决。W同学表示认可，并承诺未来在学习生活中与G同学正常相处。

辅导员再次与G同学进行深入的谈心谈话，在双方都愿意的情况下，可以给该生进行宿舍调换，但是逃避不是解决问题的最好方式，同意调换宿舍也只是为大家提供一个物理空间进行冷静，减少了生活中的摩擦后，重新审视双方的关系。引导该生正确认识与宿舍同学、班级其他同学的关系，可以不相亲相爱，但要做到相敬如宾，对于导致自身情绪不佳的问题，可以选择更加妥当的解决办法，切勿冲动行事。同时要降低自身的敏感度，保持钝感，不要将其他同学的某些细节、言语过于放在心上，学会自我疏解、自我调节。该生表示能够认识到自身的问题，也愿意为此努力。

三、反思启示

第一，大学宿舍是学生进入大学后，除课堂外最重要的生活学习区域，良好的宿舍环境和关系可以促进学生的学习热情，良性的竞争也可以让学生开拓视野、互相启迪，促进彼此对专业知识的理解，巩固理论、实践经验。宿舍成员都处于"三观"形成的关键阶段，彼此的道德认知和价值评价无形中会相互影响，对学生的成长起着潜移默化的作用。同时，青年学生进入学校后，面临周边环境和人际关系的变化，宿舍关系建立会更为迅速和稳定，对大学生的情绪起到缓解和补偿的作用。正因如此，宿舍矛盾问题也是辅导员们会面临的主要问题之一，不单要解决调换宿舍这个显性问题，更要让学生明白其中蕴含的内在问题，吸取教训和经验，学会适应大学生活，有效化解矛盾，营造和谐的宿舍氛围。

第二，现在大学生主体都是00后，在这个信息化、全球化、网络化的知识经济时代，他们拥有活跃的思维、强烈的求知欲和宽广的信息平台，对未来充满了自信与激情，他们坚信自己的处事能力，也对自己的能力和未来有极高的期望，但是他们的抗压能力和抗挫折能力不足，面对困难时就会产生心理问题。同时他们自身生活阅历不深，缺乏社会锻炼和协同意识，对很多问题的看法往往简单化、片面化。G同学就是一名典型的00后大学生，敏感、固执，比较注重自我感受和自我价值，性格内向的部分居多，不善于沟通，也缺乏对宿舍同学的基本尊重，甚至产生冲动行为。M同学虽然愿意表达，但是确实根据自己的喜好对别人进行标签化的评价，与人沟通的方式也有些偏激，缺乏包容、欣赏之心。以此事件为例，学生宿舍矛盾的产生原因可能有些差别，但本质上都是人际关系的矛盾，作为辅导员需要持续加强学生思想政治教育工作，帮助大学生树立良好的人际交往理念，避免出现校园霸凌或单方面认为自身被霸凌的现象。加强对学生的教育引导，增强学生集体意识，通过主题班会、团日活动、志愿活动、社会实践等形式帮助大学生掌握良好人际关系的正确原则。

第三，关心关爱学生的日常需求，为学生解决实际困难。针对学生提出的问题，辅导员一定要第一时间处理，防止事态扩大。了解原委是第一步，与学生沟通要保持耐心，根据学生的不同情况，选择不同的沟通方式和技巧，避免激化更大的问题，及时回应、尽量解决，这样才能与学生建立信任关系，为之后的思想政治教育工作开展打下良好基础。

案例四：班委工作引误会，理性管理巧破冰

张瑞萌

一、案例呈现

案例学员为班级干部，在班级工作中，常因作业的收发遭到同学们的质疑，又因专业属性，班级中男女比例略有失衡，作为一名男性班长，女性同学间人际关系的问题也常常将其牵涉其中。

在大家看来，他是一个性格开朗、极易相处的同学，但其实自己遇事爱钻牛角尖，在处理这类人际关系的问题时，常常陷入矛盾的情绪当中，在班级中找不到归属感和安全感。

二、分析处理

（一）案例分析

客观分析这位学生，其因个人课业能力相对较强，在班委的选任中被选为班长，但其身处的班级环境和其个人人际关系的相处之道有所矛盾。

同时，大学期间，每个同学都有自己的想法，人生观、世界观、价值观也存在很大的差异，就对待某一件事情上也同样会有不同的态度和不同的处理方式。顾此失彼常有之，委曲亦难求全。

咨询辅导的过程中，先以表格问卷的形式对学生做了最基础的了解，通过其兴趣、爱好等方面了解到，他的爱好当中有足球和绘画两项，一动一静，自我平衡能力还是有所体现的。于是在深度辅导过程中，着重引导其进行自我人际关系的平衡处理，同时提升其打破自我固执的能力。

（二）案例处理

1. 建立有"度"的人际交往

班级里的人际关系，要有"温度"，更要有"量度"。不能一味迁就，更不能一味要求。这当中自然存在着一个"度"的问题。

"温度"是处理事情的方式方法问题，包括沟通的语言、语气等；"量度"则

是处理问题的原则问题,建立理性的班级管理,同时也建立理性的人际管理,不偏颇、不狭隘。以最简单的数字化管理,来明确这个界限。

2. 寻找破冰时刻,走出人际至暗

如果不能够很好地破冰,则很容易就会陷入处理不当的尴尬。每个人的脾气爱好都不一样,所以要多准备几个属于自己的破冰的方法,比如我们都知道的外国人喜欢谈天气。在破冰之后,更好地进行人际沟通,则容易事半功倍。

3. 提升自身的共情能力

人际交往中,即便自身的执行能力很强,仍要注意,不要表现出武断、急躁、霸道的一面,当同学没能按照自己的意愿完成任务时,更不能以一种"居高临下"的姿态指责对方。要适当地表示出自己能与对方共情的能力,在付出理解的同时得到理解和支持。完成身份上由"指挥者"向"协调者"的转变。

4. 合理资源运用

辅导员通过与该班级相关教师的沟通,先平衡了其学生工作的安排,后与学校的学业辅导中心沟通,开展一次小范围内的校园人际关系宣讲。

5. 处理实效

心理上,该生不再对与班级同学的人际交往关系产生抵触、厌烦、暴躁等情绪了。实际相处过程中,其身份上由"指挥者"向"协调者"的转变也相对成功,已经能够合理正常地进行班长的组织工作。偶尔遇到问题,也能在短时间内恰当处理。

三、反思

人对环境的适应主要是对人际关系的适应,有了良好的人际关系,才能有良好的归属感和安全感。面对学生多种多样的性格,能够在稳定情绪的基础上,客观分析问题的来龙去脉,将高校人际关系的处理有效转变成学生走向社会进行人际关系处理的先行,让其能以过硬的心理素质,找到更好的校园归属感和将来的社会归属感。

案例五：拒绝打架斗殴，理性解决矛盾

孙 青

一、案例呈现

夏天的一个晚上，辅导员接到保卫处电话，称警察来校园带走了A系和B系的几名男生，原因是打架斗殴。受伤的学生也已经被送往医院。此时已经是凌晨，辅导员第一时间通过学生和监控了解此事，并将事情报告给领导，随后出发前往派出所。经了解，A系的学生昨天结束期末考试，几名男生来到学校附近的烧烤摊想庆祝一下这个学期的结束。几人点了烧烤和啤酒，酒过三巡，都有一些晕头转向。凌晨1点的时候，几人决定返回学校，走到学校门口附近时，迎面遇到了B系的几名男生，他们同样也是酒后返回学校，由于走路不稳，有两个学生撞到了一起，两人都以为对方是故意的，于是爆发了激烈的争吵，学校保安看见后将二人分开，由同学分别搀扶着往宿舍的方向走去。在双方走至宿舍楼下时，二人继续爆发言语冲突，宿舍的其他同学闻声都下楼帮助自己系的同学，事件就变成了两个系的同学对峙，随后爆发了肢体冲突。后来有学生报警，警察赶到后，将现场的参与者带回了派出所，受伤的同学被送往医院救治。双方同学都觉得自己才是受害者，都要求起诉对方，后来在双方辅导员的调解下，才同意和解。

二、分析处理

（一）案例分析

所谓校园危机，是指在事先未预警的情况下围绕学校发生的，可能直接或间接威胁到学校正常的教育教学秩序，并会带来不良后果，造成负面影响，若不及时处理会对学校形象和声誉有恶劣影响的突发性事件。近年来，危机事件在校园屡屡发生。而在危机事件中，打架斗殴是很常见的一类。引起打架斗殴的原因有很多，主要有以下几种类型：（1）利益冲突。目前大学生竞争意识强烈，激烈的竞争让大学生对利益极为关注，比如评奖评优、保研等。有的同学会因利益冲突产生嫉妒心理，从而引发矛盾事件。（2）人际关系问题。因为交友或者恋爱问题导致打架的也比比皆是，大学生可能因为恋爱观和交友观不一致，引发恋人之间争风吃醋，友人之间拉帮结派搞小团体，最终也容易发展成打架斗殴。（3）性格差异。现在的大学生大多是独生子女，在步入大学前很少有集体生活的经验，一些学生容易以自我为中心，因为生活习惯、性格差异等原因引起矛盾，甚至大打出手。（4）酗酒。有部分学生在平时是没有以上三种冲突和矛盾的，但是在饮酒之后，理智失去控制，就会因为一些鸡毛蒜皮的小事引发冲突。喝酒往往是结伴而行，这种情况下更容易引发群体性的打架斗殴。本案例中的同学正是因为酒后无法控制自己的情绪，将小小的摩擦升级成两个系的群殴事件。

（二）案例处理

A系辅导员在接到通知后，第一时间找同学了解情况，并联系B系辅导员一同赶往现场，同时向领导汇报此事。到达派出所后民警将事情经过告知了辅导员，此次案件定为普通民事事件，双方到场学生中，大多数学生是凑热闹围观的，并未动手，还有一些是拉架的。前往医院医治的学生也无大碍。因涉事双方均为在校学生，民警建议将学生带回学校由学校方面处理。请示上级领导后，与派出所民警协商将学生带回学校。此时已是凌晨5点，双方辅导员将学生带回后，先对受伤的同学进行安抚，然后让大家回宿舍休息，待第二天上班后，再到办公室进行下一步的处理。第二天，A系的同学表示自己在打架过程中手机被B系的同学踩坏，提出赔偿，否则就诉诸法律，B系的同学则认为是手机掉到地上，可能自己无意中踩到，并不能判断到底是摔坏的还是踩坏的，而且有没有踩到也是未知，当时场面很混乱，都无法说清楚。此时两系的辅导员分别与自己的学生谈话，劝说他们理性看待问题。已经造成了不良的影响，目前最重要的是尽快处理，然后回归课堂。两系同学听取了辅导员的意见，双方达成谅解，并对此次的事件做了深刻的书面检讨。随后启动违纪处分程序，给予当事人从通报批评至严重警告不同的处分等级，并将此事及处理结果告知学生家长。

三、反思

作为思政教育一线的工作者——辅导员，应该做好学生思政教育的第一道屏障，尽最大努力遏制不良事件的发生，为此，我们应从以下四个方面努力：

第一，学校要成立危机事件管理小组，由学校各级领导和相关部门负责人担任成员，成员还应包括班主任、辅导员、心理咨询人员以及法律顾问。一旦遇到危机突发事件，在学校危机事件管理小组的指挥协调下，学校各部门积极响应，各司其职，迅速落实领导小组的决策。

第二，利用新生入学教育，向大学生宣讲《大学生日常行为规范》和《违纪处分条例》，在日常的教育中融入道德层面的教育，并在班级管理中注重班级文化氛围的培养，增强班级凝聚力和集体荣誉感。

第三，加强法治教育。学生在冲动时往往将法律法规抛之脑后，辅导员首先要在日常学习中融入法治观念教育和警示教育，要充分利用校园广播、网络、宣传栏、座谈会、班会等形式广泛宣传，让学生树立底线意识，学会理性地看待问题、解决问题。其次要告诉学生违纪后的严重后果，只有这样，才能从根本上杜绝打架斗殴事件的再次发生。

第四，注重学生品德教育。倘若学生养成了良好的思想道德修养，那么学生间发生冲突的概率也会下降。因此，高校要加强大学生的道德修养建设，注重引导学生养成良好的思想道德观念，树立正确的世界观、价值观。

做好学生工作需要付出大量的心血，尤其是面对学生中的冲突事件，辅导员更要做到沉着冷静、临危不乱。危机发生后，要及时到达第一现场，为当事人提供物质、精神协助，认真倾听当事人的主张、意见和要求，对于犯错误的学生，要鼓励其主动承担责任。此外，作为一名辅导员还要不断地学习理论知识，以此来不断提高自身处理突发事件的能力。

案例六：显个性标语惹众怒，巧化解学生心诚服

田瑞禾

一、案例呈现

2021年秋季学期初，大一新生尚在适应大学生活的阶段，恰逢北京疫情形势严峻，学校采取闭环管理政策，非必要不出校。某日晚8点左右，辅导员接到大一某女生电话，该生在电话中十分慌乱，称舍友小徐同高年级师姐产生矛盾，此时正有不少人聚集在寝室门口讨说法。矛盾当事人小徐紧闭宿舍房门拒绝出门解决，眼看外面众人情绪逐渐激动，该女生十分害怕，电联辅导员求助。

二、分析处理

辅导员立刻赶到宿舍楼下，一边委托宿管阿姨上楼遣散围观人群，一边联系两个主要涉事班级的班委协助控制好双方同学情绪。其间，辅导员注意到路过的许多同学都在以看热闹的神态和语气讨论此事，看来已经在较大范围产生不良影响。很快，在宿管阿姨和班委的共同努力下，聚集的人群暂时被遣散，当事双方都得到了冷静解决此事的空间。介于当事同学小徐情绪较为激动，暂时不具备谈话条件，辅导员委托同宿舍同学和班委先行安抚观察，情绪缓和后再行处理。随后，辅导员将两个涉事班级的班长请来了解情况，得知了事情原委。事件起因是当事同学小徐在宿舍门口张贴写有"××学院（某兄弟院校）落榜自习室"字样的标语，引起了来往同学尤其是高年级同学的不满。同系师姐找到该同学协商，指出其行为的不妥之处，希望她尽快将该标语撤掉。小徐虽口头答应但并未及时处理此事。随后，有好事同学拍下了该标语的照片，并将照片和宿舍号一并曝光到了寝室楼的微信群里。此举立刻在更大的范围内引发了激烈的讨论，不少同学认为这不仅是不爱校的表现，更是对其他同学的示威挑衅。很快便有同学上门理论，要求小徐扯掉标语并道歉。随着围观同学越聚越多，小徐受到惊吓选择闭门不出回避冲突，而闻声而来的同班同学不明前因后果，双方爆发口角。

在了解情况后，辅导员明白这是一起因过激表述引发的舆情，当事双方都被

卷入舆情的旋涡之中，难以做出冷静客观的判断。一方面当事人小徐可能因为一时好玩或为彰显自己特立独行张贴了标语，没有考虑到后续的舆情影响；另一方面其他同学虽然出于爱护母校的朴素情感，但在舆情的裹挟下采用了过激的方式方法，最终造成了本次矛盾。辅导员首先对两班班委在冲突中起到的缓和调停作用做出了表扬，肯定了他们对此事的冷静处置。随后辅导员要求班委要注意安抚本班同学情绪，避免产生二次伤害或矛盾扩大，尤其是网络上的言论、图片要加以删除或解释。辅导员许诺会同小徐同学沟通，妥善处理此次"标语事件"，给被激怒的同学们一个说法。当晚，小徐同学在班委的陪伴下将标语扯掉，没有产生后续不良影响。

第二天，小徐同学应约来到辅导员办公室，辅导员了解到此次矛盾冲突的深层次原因和背后隐藏的更大范围矛盾。我校近年应上级要求，进行招生改革。本次冲突的当事人——小徐同学就是由高考文化分考入我校的。这些入校的高考生因没有经历过艺考，很多同学对艺术行业和艺术专业本身缺乏了解，与一些高年级或同年级的艺考生同学在生活和学习习惯上有着较大的差距。很快，这些本来微不足道的小摩擦逐渐变成拉帮结派的矛盾对立，双方披着"高考生"和"艺考生"的旗帜在微信、小红书、微博等平台互相口诛笔伐已有一段时间。此次标语事件只是一个缩影，或者说一个冲突爆发点。回到"标语"事件本身，小徐同学承认是自己行事鲁莽、欠考虑，仅凭一时兴起就任性为之，丝毫没有考虑到此举会冒犯到其他同学。小徐同学本身也是艺考考生，理想院校原为两所兄弟院校，但是参加两校艺考都不幸折戟，幸而高考分数还算理想，抱着试一试的心态以高考生身份考入我校。进校后，小徐同学发现本专业所学内容与她想象中差距较大，不符合她对未来的预期，加之开学后的疫情形势导致的闭环管理政策让她对学校相关管理政策产生不满情绪，便在了解到同寝室舍友也是××学院落榜考生的时候，半开玩笑半认真地写下该标语并张贴了出去。小徐同学表示，最早找到她希望她扯掉标语的师姐也是出于保护她的目的，希望避免此事扩大对她造成不良影响。

想要妥善处理此事，在小徐这里需要从两个方面入手：一是要让她明白自己行为的冒犯性，在日后表达情绪和想法的时候需要注意对他人的影响；二是消除小徐同学对专业和学校的负面情绪，让她更好更快地融入校园环境。辅导员首先向小徐指出，不论小徐的行为如何不妥，昨晚发生的针对她个人的聚集事件都是不被允许的。有理不在声高，这种众人胁迫个人的不理智行为在我校不被鼓励更不被允许。在得到辅导员支持后，小徐的神色明显舒缓了很多。但是辅导员接着指出，小徐张贴标语的行为同样是欠妥的，学校保护和允许同学们有个人的想法，保持特立独行的性格，但是寝室是公共空间，彰显个性的行为不能以给他人带来不适为前提。小徐同学反驳，冒犯他人并非自己的本意，而是自己的行为遭到了别人的恶意解读。辅导员从专业知识的角度入手，以专业中"作者完成作品后便失去了对作品的掌控，解读的权利被赋予了读者"这一理论为出发点，让小徐明白自己行为的本意固然重要，但是不能罔顾他人可能的解读与想法。小徐承认，最初写标语的时候确实有吸引注意、彰显个性的想法在，但是没想到引来的却是"如此"注意。辅导员随后将话题引向更轻松的日常生活方面，得知小徐同学爱玩游戏，性格比较男孩子气。自己的理想职业是制作游戏或动画，在兄弟院校落榜的两个专业也都是和游戏与动画相关的专业。辅导员抓住机会，将话题引向学习方面。辅导员首先顺着小徐同学的爱好入手，以近期几部知名的游戏为切入点，同小徐同学讨论其中的剧情安排和游戏设计。小徐同学对此如数家珍，讨论的气氛逐渐热烈了起来。辅导员适时抛出关于游戏中剧作方面的问题，小徐同学却一时无法回答。辅导员此时指出小徐同学当前所学习的专业并非与她的理想背道而驰，在文字创作方面打好功底，才能在游戏或动画这种综合艺术的创作当中更加游刃有余。小徐同学深以为然，纠正了自己对于本专业的态度，决定以更认真的态度投入学习当中。

三、反思

（一）提高网络关注，警惕舆情发酵

现代大学生活当中，除了班级群、学习群外，同学们往往还会有意无意加入很多的网络群聊，例如宿舍楼群、"吃瓜"群、跳蚤市场群、外卖群等。这些群里没有统一管理，参与成员较多、来源较为复杂，除了各年级、各专业的同学之外还可能有已经毕业的老生乃至校外无关人士。这些群聊很容易成为滋生舆情的温床，往往是一石激起千层浪，一个话题一旦开始讨论就很难中止，并且往往会向着极端化、情绪化的方向发展。此次事件原本仅局限在同系师姐师妹之间，在好事学生将有关图片等信息发到群聊当中后迅速发酵，引发了广泛的关注和讨论，其中不乏不少不理智的声音。辅导员老师在工作当中应该关注一些学生普遍加入的大型群聊，及时发现问题、发现舆情，避免在工作中陷入被动的局面。

（二）拒绝故步自封，应对新型挑战

辅导员工作中的困难和挑战除了学习问题、寝室矛盾等"老大难"问题外，往往还会因为各项政策调整、管理转型等原因而面对此前从未设想过的问题。在我校

艺考招生时期，学生往往目标明确、理想坚定，入学后对学校和专业都会保持较长时间的兴奋感与认同感。但在部分专业转为纯高考录取后，出现了不少学生对学校和专业都不了解，仅仅因为分数合适而报名的情况。如此入校的学生对学校没有向往，对专业缺乏热爱，在学习遇到阻力后自然会有一些落差乃至产生转专业、退学等想法。这种在综合类大学司空见惯的问题在专业类院校当中却成了新问题。而案例中还出现了所谓"艺考生"与"高考生"拉帮结派、互相攻讦的情况，这也是此前工作中没有遇到过的情况。辅导员应当在工作中保持高度的警觉，对新问题的产生有一定的敏感性，适应新形势下的新问题并尽快摸索出解决问题的办法。

案例七：辅导员会一直在

刘 派

一、案例呈现

M同学与男朋友在学校附近的小区内租了一间房，方便日常走读学习。在疫情期间，M同学所居住的小区因有确诊病例，小区要求封闭管理14天。M同学与男朋友共同养了一只金毛犬，由于社区禁止出入单元门，所以无法正常遛狗，M同学同小区居民一样，每次将自己的狗放出单元门后，在单元门内看守，最后带回家中。

在一次遛狗途中，M同学家的金毛犬与邻居家的一条牧羊犬撕咬了起来，回家后，邻居发现自家的狗有受伤，于是在小区业主群内与M同学发生了争执，M同学在群内与业主多番争吵，在双方见面商讨后争吵更加激烈，险些爆发冲突。随后，双方报警解决，在派出所和解后，邻居恐吓M同学认识学校的某位老师，并扬言不让M同学取得毕业证。正值毕业年级的M同学听到恐吓后，随即发布了一条朋友圈表示有轻生的想法。

二、分析处理

（一）确定学生安全

辅导员看到M同学的朋友圈后，第一时间前往M同学的住处，确定其人身安全。进入房间后，发现M同学的男朋友和许多朋友也在劝慰她。辅导员迅速开展相关工作，首先确定了M同学的身体健康，同时查看房屋内是否有威胁其生命安全的隐患。随后辅导员与M同学的男朋友单独交谈，询问有何轻生做法，确认M同学只是发了一条朋友圈，并无其他实际行动，且M同学的男朋友会一直陪伴在M同学身边。辅导员嘱咐M同学的男朋友，收好家中的各种尖锐利器，同时关好门窗，注意M同学的情绪波动，互相留好联系方式，若有突发情况随时沟通联系。

（二）调查相关事件

辅导员与M同学进行了深度谈话，谈话过程中，辅导员了解了事情的来龙去脉，确定了引发M同学和邻居争吵的具体原因以及双方在争吵后的各项行为。M同学表述在派出所进行和解时，邻居态度友好，双方也承诺针对此次事件翻篇，双方的过激行为既往不咎。但在和解后，邻居又开始针对M同学，联系了学校的老师，夸张了事实；学校的某位老师在接到邻居电话后，随即给M同学拨打电话进行了批评教育。M同学认为学校并没有出面保护她的人身安全，反而在她受到欺负时，给予了她不能毕业的恐吓，让她感到委屈无助，同时又害怕不能按期毕业，于是情绪激动发布了轻生的朋友圈文字。

辅导员在了解事实后第一时间进行了核实，首先致电了学工部门的领导，学工部长也第一时间与和M同学通话的教师取得了联系。该教师表示M同学的邻居是与他关系较好的朋友，听到朋友的表述后，认为M同学的一系列行为存在不妥之处，同时认为M同学的所作所为影响了学校的声誉，但自己并未说过不让其毕业的话语，只是劝诫M同学希望其不要再与邻居纠缠，以后也不要再发生类似的事情。

（三）了解学生诉求

在调查核实事情经过后，辅导员与M同学的交流也逐渐开始由谈事改为谈心。M同学在谈话中也明确表示了在与邻居交流沟通的过程中，存在过一些言语过激行为，导致冲突的发生。M同学针对自己的错误也能够认识到并及时改正，但目前最害怕的是未来的生活。她首先考虑的是关于自己是否能够按时毕业的事情，其次是未来该如何居住在这栋楼和如果以后遇见该邻居该如何处理，最后希望学校能够保护自己。

（四）进行心理疏导

在辅导员与M同学进行了深入交谈后，辅导员根据其所关心的几项问题进行了回答，并给予了M同学未来发展方向的相关建议，让M同学放弃了轻生的念头，M同学也表示会继续认真学习，认真生活。

首先针对自己是否能够按时毕业的事情，辅导员承诺学生，在未违反法律和校规校纪的基础上，自己所有的成绩和毕业作品均符合要求后，一定能够按时毕业，并会积极协助学生完成就业、学社衔接等工作；至于邻居的恐吓，辅导员表示属于邻居的个人行为，邻居所谓的教师朋友也是其他系的其他专业课教师，并不会直面M同学，并且我校教师也承诺不会与M同学发生任何的不公平、不愉快事件。

其次关于未来居住的问题，辅导员建议学生，房租也将在一个月左右的时间到期，不妨选择其他小区或小区内的其他楼宇，一是尽量减少或杜绝双方见面的概率；二是也希望她可以寻找到一个更舒适的生活环境，换一个环境换一个心情，彻底摆脱由这件事带来的各种情绪影响，辅导员也会积极帮助学生寻找到新的安全住处。

最后，关于学校能够保护自己的请求，辅导员表示，我在第一时间来到你的身边就是学校在保护你，同时辅导员也积极联系了包括学校教师、你身边的朋友等，大家群策群力为你想解决办法，也是学院在对你进行保护。学校不会放弃任何一个学生，辅导员也不会放弃任何一个学生，如果你有任何需要，我的电话会为你7×24小时畅通，一旦发生危险，我们一定会随叫随到，辅导员会一直都在。

M同学在经过谈话后，明显缓和了自己的情绪，同时也展露出了笑容，对于未来的生活依然充满了希望，也表示一定会在毕业前拿出令自己满意的作品。

三、反思

针对类似M同学所发生的应急事件，辅导员首先要确认好学生的生命财产安全，针对不居住在校内宿舍的同学，辅导员应建立相关台账，并及时关注学生的生活思想动态，做到心中有数、未雨绸缪。面对学生的情绪宣泄，辅导员应该尽可能地还原事态真相，寻找到让学生害怕或担心的关键点，并通过讲解相关规定让学生放下心中包袱，对辅导员产生信任。在学生认为学校的一些老师存在不合理做法时，辅导员需要与学生仔细确认事情经过，耐心给学生分析事情发生的原因和结果，及时做好心理疏导，了解学生的诉求，满足学生的需要，站在学生的角度思考，站在学校的角度发声，维护良好的师生关系，树立学校的声望和威信。

案例八：收起锋利，尽现光芒

刘派

一、案例呈现

K同学刚上大学一年级，被导演组选为国家某大型文艺活动演出的演员，在演员选拔过程中表现十分认真，也得到了导演组的录用。可是在开始训练的第一天，K同学就与导演组发生了不愉快的冲突，一度导致排练暂停。辅导员第一时间协调各方，与学生和导演组积极沟通后重新开始排练，顺利完成了当日的排练任务。K同学也在后面的排练和演出中表现更加出色，在全世界人民面前展现了中国当代大学生的精神风貌。

二、分析处理

（一）一切以导演组指令为准则

冲突发生后，辅导员第一时间将K同学叫到身边，进行谈话。K同学表示，今日凌晨集结到达排练场后，在排练期间认为场馆工作人员的交流态度十分不友好，午饭也没能吃饱，同时他认为排练进程较为缓慢，几次确定的调度安排又重新进行了调整。该节目中还有小学生、老人等演员参与，在导演进行调度安排时，未能完全解释清楚，导致小学生和老人的错误一直在重复，排练进度停滞。他本想与导演私下沟通，但因为距离较远，只能通过呐喊表达自己的想法，于是和导演组产生了矛盾。

辅导员一直在排练现场，认为K同学的表述属实，但是交流方式存在不妥之处，首先对K同学给予了严厉批评。K同学承认自己的态度和交流方式存在问题，却一直认为排练进度不应该如此缓慢。辅导员耐心劝解K同学，首先和K同学明确，演员最重要的职责就是听从导演的指挥。导演组作为整个节目的设计者和操控者，会从各个角度考虑节目呈现的内容和效果，若未达到预期目标，就会需要不断修改，一部好的作品如果没有成百上千次的磨合和排练，是无法登上舞台的。

作为大一年级的新生，K同学还没有特别多的登台经验，他同意辅导员老师的观点，并将在接下来的排练中严格听从导演指挥。但是他又认为导演组在老人和小朋友并未听懂指令的情况下便开始了排练，这样会一直重复错误调度，直接影响排练进度。辅导员首先肯定了K同学尊老爱幼的良好品德以及他能够关心别人的优点。但是作为演员首先需要做的就是管理好自己，每个演员组都会有相应的执行导演，执行导演们也会将导演组的安排第一时间通知给演员们。至于为什么会一直错，或许是因为对于场馆的方位不够熟悉等其他原因。如果你认为他们是没能完全听懂导演的指挥，也应该通过现场执行导演或者通过辅导员和导演组进行沟通，而不是在现场高声呼喊，导致排练气氛紧张。

K同学充分认识到了自己的错误，并同意辅导员的要求，当面给导演组进行情况说明和礼貌道歉，并在第一时间返回了排练场中。在进行排练前，辅导员和K同学强调，这是国家最高规格的演出，不容出现任何失误。作为演员，你需要就是在舞台上尽最大努力绽放自己的光彩；作为学生，你更要抓住这次机会进行专业能力的提升，耐下心来，慢慢推进，一切以导演组指令为准则！

（二）一切以保障节目顺利彩排为前提

在导演组与学生产生矛盾后，辅导员第一时间站出来与导演组沟通，首先代表学生对导演组进行道歉，随后与导演组协商能否先继续进行排练，一切以保障节目顺利彩排为前提，在辅导员与涉事学生单独沟通后，给予导演组相关回复。在辅导员与学生谈话交流后，K同学来到导演组面前当面说明情况并进行了道歉，导演组也给予了原谅并针对K同学提出的问题给予了回应，随后辅导员与导演组沟通让K同学继续参与排练。导演组充分肯定了学校的处理办法，同时也欢迎同学们能够提出相应问题，但是首先要与辅导员或者执行导演沟通，注重交流沟通的方式方法。辅导员与导演组的沟通起到了一个桥梁和纽带的作用，顺利解决了突发的矛盾冲突，并与导演组实时跟进相关情况，保障了后续彩排和演出的顺利进行。在节目需要修改时，演员同学们也会和导演组共同商讨，最终在演出中绽放了最绚丽的光彩。

三、反思

K同学刚刚步入大学校园便参加了如此重要的演出，内心中是有一定骄傲的。在这种骄傲的情绪下，结合排练当日遇见的各种情况，会让学生产生激动的情绪和冲动的行为。当遇见突发事件时，辅导员首先要确保演出排练的顺利进行，不能耽误节目彩排的进度。同时要第一时间安抚好涉事学生的情绪，调查分析出矛盾冲突产生的原因和经过，给予学生相应的心理疏导，从国家到个人的不同层面与学生进行交流，在专业角度上给予学生相应的指导和经验的分享，解决出现的问题。

辅导员在遇见突发状况时，首先要保持冷静，以最快的速度将情绪激动的同学带出队伍，以免影响整体其他演员和现场的排练气氛。辅导员作为校方的代表，是学生和导演组交流过程中的重要一环，不能站在任何一方，导致产生对峙的情况，而是应该尽快想办法解决出现的问题，保障各项活动的顺利进行。

每一项大型活动都是大学生难得的一堂大思政课，讲好这门思政课就要点对面提出要求，点对点解决问题，以全力以赴的姿态准备，用背水一战的态度面对。大学生的锋芒是一把双刃剑，辅导员更要帮助学生沉下心来，在最后的呈现中一鸣惊人，绽放出最绚丽的光芒。

案例九：一个误会，引发的突发事件

牟 佳

一、案例呈现

L同学是一个性格内向、为人正直的大一新生。在某天的军训中，L同学认为同连队的H同学没有认真参加训练，导致训练进度缓慢，整个连队在烈日下不断重复训练。因此，L同学向H同学示意："希望你认真参训，否则全连的同学都要无限次地重复训练！"H同学听到后很生气，认为L同学的语气不好，让自己很没面子。于是两人发生口角，但被教官及时劝阻。

L同学本以为事情已经过去了，但没想到当天训练结束后，H同学找来了同系的十多个同学到L同学的宿舍，让他到楼下的小花园谈一谈。L同学的舍友感到情况不妙，立刻给辅导员打电话求助，非常焦虑地说："辅导员老师，请帮帮L同学，他现在被H同学拉到宿舍楼前的小花园里，好多同学围着他，我们很担心L同学的情况，不知道该怎么帮助他。"辅导员听到后，首先安抚了他们，让他们不要担心害怕，告诉他们老师马上到场处理。随后，辅导员与H同学的辅导员一同赶到现场进行应急处置。最终在辅导员们的耐心引导和调解下，两位同学没有大打出手，冲突也得以妥善解决。

二、分析处理

收到学生的电话后，辅导员迅速赶到现场，劝导无关人员立即离开。同时，为了避免突发事件的现场照片在朋友圈、微博等网络平台上发布，对学校和涉及该事件的同学造成负面影响，辅导员禁止现场学生拍照和录像。发现有同学拍照和录像后，辅导员引导他们尽可能删除图片和影像，以维护同学的声誉。此外，辅导员告知现场同学，在没有全面了解事件情况之前不要随意发表个人观点或外传消息，并控制舆论。

为了精准了解事情真相并公正处理，两位涉事同学的辅导员采用了"分离式"调查方法，分别向L、H同学以及他们的舍友和周围宿舍同学了解情况，详细掌握冲突的起因和经过。在了解事态的过程中,辅导员对两位学生进行了思想政治教育,强调新生军训期间应遵守训练安排,互相尊重和礼貌待人,这些都是极为关键的品质。虽然L同学不应在公开场合发表让H同学难堪的言论,但H同学也不应该叫上其他同学去宿舍群围L同学。双方若多一些解释和体谅,可能就不会出现这样的冲突。幸好辅导员及时赶到并化解了这场危机,避免了L同学遭受人身伤害,涉事同学也没有对其他人造成伤害,局面得以控制。但若辅导员未能及时赶到,H同学和其他同学可能会采取更进一步的行动。如果造成了不良后果,他们必将为自己的行为承担法律责任。因此,今后在遇到类似情况时,必须深思熟虑,先考虑到冲突可能带来的严重后果,特别是自己可能要承担的法律责任。

在了解了现场信息后,辅导员向相关领导报告了此次突发事件的全过程,学院和学工部进行了事件的轻重评估。

虽然H同学没有对L同学造成人身伤害,但是该事件对L同学的心理状态造成了一定的负面影响。辅导员对H同学进行了批评教育,并且H同学态度良好,第一时间向L同学表达了歉意。L同学向学院提出希望给予H同学改过自新的机会,并减轻处罚。H同学也在事后主动提交了检讨书,表达了对自己不当行为的认识,并表示将认真反思,积极改正。学院本着批评与教育相结合的原则,尊重L同学的提议,决定对他进行批评教育,不给予H同学处分。

三、反思启示

(一)教育深入学生群体,帮助新生快速适应大学校园生活

大一新生面临角色的转换,很多同学容易出现诸多不适应,因此可能出现各种各样的问题。辅导员若在此时给予恰当的干预,有利于学生今后四年的学习生活和健康成长。

辅导员应在新生入学后,开展内容丰富的校园生活适应性教育,努力成为学生的知心朋友和成长路上的人生导师。深入学生群体,及时掌握学生思想动态和学习生活情况,为学生答疑解惑,在适当的时候进行必要的思想引导和教育。关心学生、围绕学生、服务学生,是每一个辅导员老师都需要认真履行的职责。

(二)通过案例教育,强化高校学生的法律意识

本次案例引发的思考是:应在教育过程中强化大学生的法律意识。当代大学生应了解法律、懂得法律、遵守法律。特别是在遇到紧急突发事件时,如果具备法律

知识储备，就能抑制当下的冲动，避免冲突。

案例教育是很好的教育方法，辅导员应在平时组织的班会中进行相应的案例教育，让教育成为一种预防手段。借发生在学生身边的案例对学生进行教育，不仅更具说服力，而且更能触及学生的内心深处，以儆效尤。通过身边案例进行分析教育，引导学生了解法律、遵守法律、敬畏法律，在遇到突发事件时，既可以拿起法律武器保护自己，也可以约束自己的言行，不触碰法律底线，成为法律的践行者和守护者。

（三）教会学生换位思考，宽以待人

在艺术院校、高校大学生群体中，每个人都是独立的个体，拥有独特的个性。因此，学生应该学会换位思考，去理解和尊重他人的差异，而非轻易产生误解和分歧。作为高校大学生，学会宽容待人、与人为善是必要的，这样才能与同学建立良好关系，更好地相处。

（四）引导学生学会控制负面情绪

在日常生活中，人们常常被情绪所左右，刚入校的新生也不例外。他们处于朝气蓬勃、茁壮成长的阶段，但由于社会阅历和生活经验较少，面对困难或不如意的情况，常常难以有效排解负面情绪，或者采用不妥当或偏激的方式宣泄情绪，甚至可能对他人造成伤害。因此，辅导员在新生入学教育中，应该引导学生学会如何有效排解负面情绪，掌握情绪调控的方法，理解情绪的本质和正面的情绪管理策略。这样，学生在面对争执或冲突时，可以有意识地控制和化解负面情绪，避免产生不良后果。

案例十：对诱惑说"不"

张瑞萌

一、案例呈现

案例学员在校期间因课业需求升级电脑配置，权衡价格之后决定在某二手交易平台，以2000元的价格下单一台笔记本电脑。在平台经过简单的沟通后，商家以私下交易可再优惠为名，提议私下交易。该学员为享受优惠价格接受了提议。

添加对方私人联系方式并转账过后，对方便将该学员拉黑，该学员没有收到交易物品也无法继续取得后续联系。平台交易因未完成，无法投诉维权。该同学意识到上当受骗，经济上和精神上都承受了一定的压力，与辅导员取得了联系。

二、分析处理

（一）案例分析

近年来，大学生遭遇网络诈骗的案件时有发生，不法分子以谋取利益、获得优惠等手段，利用学生进入大学后拥有了部分经济自主权的心理，以及大学生防范意识差、警惕性不高、考虑不周全的特点对大学生进行诈骗，涉世未深的大学生极易掉入骗子精心准备的话术陷阱当中，深受其害。除经济损失之外，大学生的精神上也受到了"认为自己愚蠢""不自信""丢人"等心理的影响。

（二）案例处理

1. 了解情况细节并报警

辅导员在接到该同学的咨询后，立即约见该生了解情况和被骗细节，希望找到避免损失的突破口，并第一时间报警处理。

该同学也尽可能多地提供了和对方的聊天记录信息及对方账号信息，希望能协助调查。

2. 安抚并进行反思教育

辅导员首先对受到经济损失的同学提出，如果生活上需要经济支持可以随时和校方联系。并通过梳理整个受骗过程，根据该同学的经历和以往的一些案例分析，在校园范围内进行了一次关于预防网络电信诈骗的主题宣传，提醒同学们提高防范意识。

3. 辅导实效

辅导员作为大学生受骗事件的发现者、指引者和处理者，得知事件发生的第一时间要首先了解清楚情况，帮助学生解决眼下实际困难，之后做好情绪安抚的工作，并尽快报案处理，尽可能将学生的损失降到最低。

三、反思

辅导员平时要多关注网络动态，了解最新的诈骗形式，提前做好宣讲预防，不断总结新型诈骗手段和套路，通过微信群和校内平台等渠道分享给学生，让大家提高防范意识。

总结诈骗陷阱包括但不限于：

（1）"电话转接公检法机关"或"公检法机关要求转账解除"类；

（2）模仿运营商、银行等客服号码，发送短信内容要求点开链接，内容涉及"银行卡密码升级""积分兑换""中奖"等；

（3）盗用头像，冒充亲友、同学、校方等身份，以"发生意外""急用钱周转""学杂费"等话术要求转账；

（4）新型兼职诈骗，包括但不限于"网络刷单""视频点赞""游戏代练""扫码红包""投票回报"等利益诱惑；

（5）校园贷当中"免抵押、低利息"等诱惑类；

（6）以兼职收入高回报为诱饵，要求付费参加培训类等。

要识破各类诈骗手段，首先要做到能抵抗诱惑、辨析身份，做到"不听、不信、不转款"，不点击各类短信当中的不明链接，和熟人之间采取视频电话确认身份。对诱惑说"不"！

案例十一：仗义，引起的风波

牟 佳

一、案例呈现

S同学，男，大一新生，东北人，新生入学报到时，给老师的第一印象是痞痞拽拽的。军训期间，H同学因为还没有适应军训生活，每天高密度的训练让自己感到身心疲惫，向教官请假，教官没批，所以闹小脾气故意和教官作对，不好好训练。L同学平时老老实实，军训期间因为实在看不过去H同学不认真训练，导致连队所有同学一起陪练，所以一怒之下向H同学牢骚了几句："你能不能认真点啊，大家伙都陪你一遍一遍的呢，你自己心里没数吗？……"H同学听后，与之产生口角。H同学的好朋友，同班的S同学冲过去帮助H同学，后被教官当场劝阻，平息了争端。

H同学当时完全不理解为什么L同学要站出来说自己，在众目睽睽之下被埋怨，又被教官训了一通后加训，觉得在其他同学面前丢尽了颜面。回到宿舍后，就想着跟S同学抱怨几句，还没说完事情经过，S同学就冲出去找L同学。他叫上其他同学一起，把贴在L同学宿舍门上的参训人员卡片拿打火机烧掉后，又拿棍子敲打宿舍门吓唬、推搡L同学，并多次向L同学宿舍口出狂言，警告L同学："以后注意点言行，别什么人都得罪，否则有你好果子吃。"

这件事发生后，L同学并没有立即告诉辅导员相关情况，想着私下解决。可没想到第二天晚上，S同学找了其他同学一起围攻L同学，与其产生了肢体冲突，但L同学并未反击。L同学舍友慌慌张张地找到辅导员表示L同学现在很危险，很希望可以获得辅导员的帮助，辅导员马上介入处理，并化解了这场突发事件。

二、分析处理

这是一起典型的大学新生处理人际关系问题的案例。问题的主要原因有以下三点：

首先，S同学因为家庭教育和社会环境的影响，没有形成正确的人际交往价值观念。在处理问题时，他采用了过激、恐吓的方式，认为这样做可以为朋友两肋插刀。这种行为不仅违背了社会公德，也有可能导致他和他人的安全受到威胁。

其次，H同学作为S同学的好友和涉事人，在明知这样做不对的情况下，并未及时对S同学进行劝阻，反而让此事发展愈演愈烈。这种默许和纵容行为，对自己和他人的利益都是有害的。

最后，S同学对宿舍安全知识缺乏了解，公然在宿舍公共区域用打火机烧掉L同学宿舍门上的卡片。这种危险的行为不仅违反了校园管理规定，也可能引发火灾等安全问题，给自己和他人的生命财产安全造成不可预测的危险。

辅导员应从以下三点进行解决：

第一，迅速介入处理此事，以避免S同学对L同学进行人身伤害，避免事态进一步恶化。辅导员立即单独约谈S同学、L同学、H同学以及其他相关涉事人员，耐心倾听并了解事情的前后经过。

第二，在掌握情况的基础上，从三方面入手，明确矛盾的症结所在，并对症下药。我们发现，主要症结在于以自我为中心，缺乏换位思考。00后学生普遍具有个性张扬、容易冲动、随心所欲的特点，习惯以自我为中心，只考虑自己的立场，惯用自己的思维模式来思考他人想法。一旦发生摩擦，各方坚持己见，互不退让。

第三，厘清责任担当，消除矛盾。当学生认识到自身问题后，教导他为自己的冲动行为承担责任，避免再次发生此类问题。在此案例中，S同学的问题是最为突出的，问题责任是主要的。在遇到问题时，没有理智的思考，处理方式过激，对L同学造成了一定心理和肢体上的伤害。为维护学校正常的教育教学秩序和生活秩序，保障学生的合法权益，培养德智体美劳全面发展的社会主义建设者和接班人，根据学生手册违纪处分管理规定相关条例，给予其相应处分并通报批评。H同学虽未对L同学有肢体的碰撞，但是由于在事态发生前期并没有及时劝阻S同学，反而还参与到围攻L同学中，须进行严肃教育批评。L同学因为此事身心遭受一定的负面影响，辅导员应对其进行深度辅导，持续观察后期情况，落实每周一次的深度辅导，直至帮助L同学彻底排除负面影响。

经过辅导员的引导和解决，S同学深刻认识到自己的错误，并在写下自我反思书后，主动向L同学道歉。同样，H同学也向L同学表达了歉意。L同学接受了两位同学的道歉，三人握手言和。令人欣喜的是，三位同学的友谊得以延续，成为互相尊重、支持和信任的好朋友，经常能看到他们一起出去游玩的照片。

三、反思启示

（一）重视新生教育引导的重要性

大学校园是一个相对自由宽松的学习生活环境。对于刚进入大学的新生来说，他们离开了父母的管教，也没有了高考前的紧张氛围，很容易陷入懒散和懈怠的情绪。因此，辅导员在新生入学教育引导的关键时期，需要强化学生行为规范教育、理想信念教育、安全教育等方面的指导，有效地培养学生良好的学习和生活习惯。同时，我们应正确引导学生在遇到问题时理性思考，切忌盲目行动。作为成年人，我们要对自己的行为负责，这是非常重要的。

（二）谈话时运用"共情"打开学生心扉

思想政治教育的难点在于如何将自己的思想与学生的思想相融合。为了对学生进行思想政治教育，教师需要掌握一定的谈话技巧。在处理本案例时，借助心理咨询中常用的技能之一——共情，可以打开学生的心扉，理解他们的想法，并掌握他们的内心世界。例如，可以试着使用以下话语："我曾经也是大学生，也经历过类似的情况，所以我非常能理解你的想法。""我能够感受到你的情感。""如果当时是我，我可能也会像你一样……"，等等。这些话语可以打破学生心理上的防御，让他们感到自己被理解、包容、接纳，从而建立良好的沟通关系，使学生愿意打开心扉，诉说内心想法，同时也愿意听取老师的建议。

（三）运用"共情"引导学生学会"换位思考"

辅导员在与学生交流时采用共情的方式，以朋友的身份与学生平等交流，使学生感受到尊重，并且进一步了解他们的内心。通过分享自己曾经经历过的矛盾事件，辅导员引导学生认识到"以自我为中心"的弊端，理解换位思考的重要性，并且学会尊重和理解他人。当学生遇到矛盾时，需要了解对方产生不满情绪的原因，并反思自己在人际交往中存在的问题。

案例十二：都是晾衣架惹的祸

牟 佳

一、案例呈现

J同学是一名性格比较内向的女生，平时较为沉默，但对于集体活动和学习都很认真。在与她的谈心谈话和微信沟通中，辅导员发现J同学与人交流时语言比较生硬，情感表达力较弱。W同学住在J同学的隔壁，她的性格外向活泼，在班级里较为活跃，但自我中心意识比较强。在平时的学习生活中，J同学和W同学曾因为在同一个组设计作业时对作业方案意见不同而发生冲突，之后两人见面也不再打招呼，形同陌路。

在新生入住时，学校会为每个宿舍提供一个晾衣架供四位同学使用。直到学生退宿或搬离校区，每个宿舍都需要归还晾衣架，遗失需要赔偿。本案例发生在两位大三学生即将搬离宿舍的时候。J同学发现宿舍的晾衣架不见了，询问周围宿舍的同学，但没有找到。W同学因着急收拾行李，在公共空间随手拿走了一个衣架归还至后勤处，认为都是公共财产，还哪一个都一样，因此无意中拿走了J同学的晾衣架。

当J同学前来询问W同学时，语气稍有强硬："同学，你是否拿走了我们宿舍的晾衣架？如果拿了，请还给我们。我们需要退宿了！"W同学看到J同学态度那么差，心想应该不会那么巧，拿走的是她们宿舍的晾衣架，因此想也没想就直接顶撞回去："没有，我没有拿！你有什么证据说我们拿了你们宿舍的晾衣架？没有证据，你问什么问呢？大家都在收拾行李，你烦不烦？"双方各执一词，气氛十分紧张。J同学在舍友劝阻后找到辅导员，表示宿舍晾衣架丢失，需要调取监控录像。

在辅导员的陪同下，J同学去中控室调取了监控录像，发现是W同学将晾衣架拿走了，情绪异常激动。她趁辅导员正在做记录时，直接拿起手机打电话给W同学，质问她偷拿晾衣架的原因，语气也很强硬。辅导员见状立即停止手中的记录工作，安抚J同学的情绪，让她挂断电话。同时，辅导员也即刻给W同学发微信，安抚她的情绪，让她知道学校会处理这个问题，希望她冷静面对。

二、分析处理

了解事情经过后,辅导员召集J同学和W同学面对面地梳理冲突。辅导员首先向W同学解释道:"首先,无论有意还是无意,你都不应该因为着急而随意拿走其他宿舍的晾衣架,这是一个错误的做法,需要严厉批评教育。"其次,辅导员向W同学指出:"J同学当时询问的态度可能会有些失控,但如果你是J同学,找不到遗失的物品时,是否也会很着急呢?"辅导员希望通过这种方式让W同学认识到她的错误,同时也理解J同学的情绪。

接着,辅导员向J同学解释:"W同学当时随意拿走你宿舍的晾衣架确实不应该,辅导员会对她进行严厉批评教育。但是,我们现在通过倾听和了解事情的经过,知道W同学并不是故意的,所以你不应该因为没了解情况就对她出言不逊,这一点你做得也不是很好。应该深刻反思一下这种行为是否正确。即使你非常气愤,也应该冷静下来,了解对方的动机并听取其解释。毕竟当时辅导员就在你的身边,你应该相信辅导员会以合适的方式解决这件事。"

通过这种方式,辅导员针对L同学和W同学的错误行为分别进行了批评教育,帮助她们明确了彼此的立场,理解了彼此的情绪,并提醒她们今后在处理问题时要保持冷静、客观的态度,积极地与对方进行交流,表达清楚自己的想法和感受,能够在相互理解和信任的基础上和平解决问题,及时化解误会和矛盾,避免出现不必要的冲突。双方都认识到自己的过错,承认在处理问题时态度过于激烈,缺乏对对方的尊重,并互相道歉。W同学找到宿舍晾衣架并归还给后勤处,解释了情况并让后勤处老师做好登记。最后,在辅导员的见证下,双方握手言和,彼此消除了误解,恢复了良好的关系。

事后,辅导员单独找来两位同学的宿舍长,嘱咐他们关注两位同学的情况,如果再出现其他纠纷,要及时反映。一周后,辅导员再次与两位宿舍长交流了解情况,她们表示这两位同学在搬到老校区后相处得很融洽,之前的误会也已经彻底解决,再也没有发生冲突,彼此见面时都会主动打招呼。

三、反思启示

(一)辅导员应引导学生在遇到问题时要积极沟通

针对每位同学的不同个性和处事方式,解决纠纷时需要相互真诚地交流和沟通。如何有效地沟通和交流会直接影响到双方对待解决纠纷的态度。此案例发生冲突的一个重要原因就是矛盾双方缺乏有效的沟通。因此，辅导员应该引导学生在处理纠纷时，要以理性的态度看待问题本身，并以平和的心态表达自己的看法，同时尝试听取别人的意见。宿舍长也应该充分发挥自己的作用，当室友遇到问题时，积极协助处理以解决问题，避免事态进一步恶化。

（二）辅导员应加强危机的预判能力

在这个案例中，辅导员没有及时察觉J同学看到监控后的表情，也未能预测到J同学会拿起手机直接与W同学发生口角，导致事态恶化。因此，辅导员能够正确预判学生关系危机的原因非常重要。作为高校学生思想政治工作的引导者和守护者，辅导员是学生教育管理的前线，是在学生之间发生关系危机时处理问题的第一人。辅导员的危机预判能力直接影响到危机的发展走向，是辅导员职业能力的重要组成部分。这要求高校辅导员具备敏锐的发现和识别能力，在关键时刻甄别即将发生危机的信号，确定处理危机的方式，争取主动，才能为控制危机奠定良好基础。

（三）辅导员在解决学生之间的纠纷时，要秉公处理

当同学之间出现矛盾和冲突时，辅导员必须保持公正客观的态度，对于有问题的地方及时进行思想政治引领教育，适度介入并引导学生自觉、积极、有效地沟通问题。辅导员应该从事实的角度出发，分析冲突的原因，并讲清道理，以互相理解和包容的方式打开学生的心结。这有助于引导学生以理性的方式解决冲突，并培养他们的团队合作精神和解决问题的能力。

案例十三：网上借款碰不得，欠款多多自堕落

孙 青

一、案例呈现

一天，辅导员接到一个电话，对方声称小明向他公司借钱，现已经逾期，而且小明本人不接电话也不回微信，对方希望学校可以劝一下小明，尽快还款。辅导员想跟对方确认更多的细节，对方显得很不耐烦，表示自己手里有视频证据，然后就挂断了电话。随后辅导员立刻找到了小明，询问是否进行过贷款。小明极力否认，声称自己平时勤俭节约，没有大的开销，绝对不会贷款。直到辅导员说出借款公司打过催债电话，并且手里掌握了视频证据，小明才承认自己确实在某平台进行了贷款。但是小明表示自己已经准备好钱，明天就可以还款，明天之后所有款项都会还清，并且保证以后再也不会从网上平台贷款，只求辅导员不要告诉父母。谈话结束后，辅导员与小明的父亲进行了沟通，将小明从网上贷款平台借钱的事情告知。小明的父亲表示自己会找孩子了解情况。两天后，辅导员接到短信，内容为小明贷款已逾期，若无法偿还剩余贷款，将诉诸法律，并将视频证据转发给小明的亲朋好友。辅导员再次找到小明，询问是否已经还清贷款，小明说这就还，并且当着辅导员的面进行了转账操作。第二天，辅导员查课时发现小明没有来上课，于是给小明打电话，小明并没有接听，据宿舍同学说，小明早上5点多就出门了，同学问他去哪儿，他说自己已经请好假，要去一个剧组实习，一周后回来。但是辅导员和系里并没有收到小明的请假条，更没有准他一周外出实习的假。他具体的去向，所有人都不知道，辅导员多次打小明电话都处于关机状态，在向上级请示之后，决定报警。并且致电小明的父亲，小明的父亲也没有接电话，辅导员又联系小明的母亲，小明母亲说最近一次和小明联系是在周末，只说最近学校开展活动，自己想参加，需要钱，于是她通过微信给小明转账了2000元，但是自己并不知道小明有贷款的事情。原来小明的父母并不住在一起，小明的父亲在得知小明有贷款的事情后也没有告知小明的母亲。辅导员告诉小明的母亲，学校已经报警，正在查找小明的去向，小明的母亲表示即刻前往学校。根据警方的线索，小明最后一次读取身份证信息是在某

个网吧，辅导员立刻前往，找到了正在打游戏的小明，并将其带回了学校。经过辅导员和家长的劝解，小明终于坦白，自己从半年前开始贷款，几个借款平台共贷款12万元，都用在了日常花销，包括请客吃饭，购买新款手机、奢侈品、游戏装备等。由于利滚利导致后面无力偿还，开始逾期，所以各借款平台开始疯狂催债。

二、分析处理

（一）案例分析

促使大学生使用"校园贷"的主要原因是大学生缺乏理性的消费观念。很多同学在进入大学后，消费观念就慢慢地发生了改变，慢慢地被环境所影响，比如女生喜欢买化妆品、好看的衣服等，男生喜欢买名牌球鞋、游戏装备，和同学聚餐，等等。部分大学生为了证明自己追求时尚，就会购买"大牌""奢侈品""明星同款"来证明自己的时尚品位。而大部分大学生生活都依靠父母所给予的每个月固定的生活费，金额一般只会保障正常的日常开销。个人消费水平与经济实力不相当，父母给的生活费不能保障自己的高消费，就会产生错误的消费观念，在学生高消费的心理下，不敢跟父母要钱，这时校园贷就成了暂时借贷资金的一种选择，案例中的小明就是因为要满足自己的虚荣心，购买高档手机和奢侈品，选择了进行校园贷，而小明没有正确评估自己的偿还能力，随着贷款金额不断增多，也渐渐超出他的偿还能力，最后越欠越多，使自己陷于校园贷的陷阱中。此外，部分学生法律意识薄弱，缺乏风险防范意识，对于校园贷款的合法性没有良好认识，对贷款合同更是没有详细了解，对贷款程序是否科学合理没有进行评估。由于校园贷放贷不需要面签、不需要担保人、不查贷款用途，只需要留下几个紧急联系人的联系方式，导致大学生很容易掉进校园贷的陷阱里，忽视了校园贷中存在的不合法、不合理的方面，没有及时发现合同中的文字游戏，从而置自己于危险中，影响学习及生活。

（二）案例处理

若校园贷问题处理不好，可能会毁掉一个学生甚至他的家庭，在处理小明的问题时，辅导员主要协同了几方共同处理。首先，辅导员在得到消息时，先对小明表示关心，从对小明个人生命财产安全的担心层面切入，以此拉近师生距离，获得小明的信任。其次，将事件上报学校备案，从学校层面协调各方力量介入。再次，及时将事件信息同步家长，让学生感受到家庭的温暖，消除个人顾虑。最后，利用民警在学生心目中的权威地位，通过民警来对学生提出忠告，并告知正确处理还款事宜的方式。最后通过几方的共同努力，小明终于还清了贷款。

三、反思

（一）对大学生进行普法教育和金融教育

部分大学生法律意识比较淡薄，缺乏必备的金融知识，遇到问题不会使用法律思维来解决，容易掉入校园贷的陷阱。学校应该通过各种公开讲座、案例教学、主题班会、知识竞赛等一系列的活动，让学生真正了解网络借贷的危害，不断提升大学生的金融风险防范意识。借助新媒体平台和新生入学教育，加强校园贷风险防范的宣传教育工作，提升大学生的防范意识。教育学生积累良好的信用，养成良好的契约精神。自觉抵制校园贷，如遇到不合理的条款或其他隐患，要善于利用法律保护自己的合法权益。

（二）引导学生树立正确的消费观

大学生攀比心理重，消费容易盲目冲动，缺乏理性，也容易铺张浪费、花起钱来大手大脚。不良的消费习惯促进了校园贷市场的发展。这需要大学生能够正视这些问题，摆正消费心态，更加理性地消费，避免过度消费、超前消费，对校园贷釜底抽薪。因此高校应该加强对大学生消费观的引导，合理支配、量入为出，避免出现过度消费的问题。利用社会实践活动，让他们通过自身的社会实践，认识到挣钱的艰辛，从而减少不必要的浪费。培养大学生养成健康的生活方式，劳逸结合、科学用脑，将精力投入到学习中，而不是把时间花在逛街、打游戏中。也可以通过培养兴趣爱好充分利用空闲时间，转移自己的注意力，避免盲目消费。

案例十四：倾注爱心，守护自尊

张音茵

一、案例呈现

大三女生小E，父母离异，由爸爸抚养，父母长期在外地打工，只有过年回家。小E从小在不同的亲戚家长大，和父母关系都不亲密。家庭条件较贫困，小E的爸爸是临时工，沉迷赌博，房子因为赌博输掉了，现在时而租房生活，时而住在亲戚家，父母即因此离婚。小E的爸爸平时在工地工作，遇到雨季不能上班，工资起伏不定，有时连自己都不能养活，更顾不上小E，所以小E学费和生活费的担子都压在了妈妈一个人肩上。小E的妈妈在小工厂打工，工资不高，小E在学校申请了困难生补助，为家里缓解经济压力。

小E每年的学费由某艺考机构资助，妈妈每月给她1000元生活费，家里经济情况不好时生活费只有500元，对于小E而言，承担日常生活开销和购买排练作业道具的费用有些吃力。小E本想做兼职来挣生活费，但疫情导致很多兼职工作无法进行。小E在学校里通过帮助其他同学拿快递、取外卖、打印作业等，每次"劳动"挣5块钱，通过长期努力，积累了一点自己的小金库。小E的性格较为内向，从初中开始住校，很适应现在大学的集体生活，但在学校里和同班同学、寝室同学关系一般，虽然没有矛盾，但也没有特别要好的朋友，对于同学关系问题，小E表示自己不太在意，对学习和挣钱投入的精力比较多。

某天下午，校园内出现"高价倒卖校服卫衣"的情况，通过调查发现倒卖卫衣的学生是小E。在和小E了解情况后，厘清了事情的缘由。由于校服卫衣的数量有限，为了满足更多同学的需求，在校服卫衣售卖前期供不应求的情况下，采取每个学生一个名额的购买办法，也就是一个学生只能购买一件卫衣。小E舍不得自己购买卫衣，看到群里有同学高价收购卫衣购买名额，就去买了一件卫衣，高价卖给这位同学，从而挣一些差价。对于高价出售名额的行为，小E知道学校是不允许的，开始也有些犹豫，但想到群里收购的价格较高，最终还是做出了错误的选择。

二、分析处理

（一）案例分析

小E是从小在不同亲戚家长大的留守儿童，家庭情况贫困。从经济不发达的城市来到北京上大学，又加上父母离异，在学校没有朋友，让她在经济上和心理上都承受着较大的压力。经济问题、家庭氛围、家庭关系、家庭教育等多种因素让小E内心自卑，害怕受到关注，对老师和同学较为冷淡，渴望通过自己的努力挣生活费来减缓家庭的压力，而选择了不正确的方式。小E的自尊心很强，对学校的资助较为敏感，在沟通上尤其要注意方式方法，以心换心，守护学生的自尊。

（二）案例处理

第一，和小E沟通将卫衣多余的差价退还给购买的学生。在和小E沟通后，小E明白了问题所在，主动把多余的差价退还给购买的学生，并保证以后会选择正确的方式勤工俭学。

第二，给小E介绍学校勤工助学工作。让小E在学校的固定时间通过自己的专业能力和劳动来勤工助学，每个月获得学校的补助，小E对在校勤工助学的积极性较高。

第三，帮助小E申请国家助学金。了解小E的具体家庭情况和在校的成绩与表现，符合申请国家助学金的条件，为小E介绍国家助学金的申请流程，并对小E进行思想上的引导，鼓励小E在校好好学习，未来回馈学校和社会。

第四，定期与小E谈心谈话。了解当前她面对的困难与疑惑，及时对小E进行心理疏导和帮扶，站在小E的角度替她考虑问题，保护学生的自尊，让她知道家庭的贫困不丢人，每个人都会面对不同的困难与挫折，坚定信心，慢慢努力，一定会有光明的前途和未来。

第五，就业指导与帮助。随着小E不断接近毕业，时常会感到对未来的迷茫和就业择业的无助，小E主动来到办公室和辅导员谈心谈话，寻求帮助和建议。通过多次进行一对一的深度辅导，对于选择就业还是继续升学的问题进行详细探讨，小E最终决定积极就业，辅导员持续关注小E的就业择业情况。

三、反思

小E的性格开始逐渐开朗自信，愿意把自己的情况及时与辅导员进行交流讨论，和老师同学建立了信任，关系也变得亲密，愿意和老师同学倾诉自己的心声。小E在专业课的学习和生活上也有了积极的变化，成绩名列前茅，热心参加学校的公益活动，丢掉了很多思想上和心理上的包袱，整个人的精神状态有了明显的变化。辅导员作为学生在成长道路上的人生导师和知心朋友，要积累困难生的案例经验，用润物细无声的方式陪伴学生成长。

第一，建立困难生信息档案。和学生在谈心谈话中了解学生的家庭情况和成长经历，关注学生思想动态的变化，保护学生的自尊心，避免采用直接捐款捐物的方式让学生自尊心受到伤害，从而产生心理压力。

第二，帮助家庭困难的学生推荐学校勤工助学的工作，树立正确的价值观。避免学生在受到多方资助后产生依赖心理，鼓励学生自立自强，关注学生的思想引导，讲清楚勤工助学和国家助学金的目的和用途，鼓励学生好好学习，未来通过自己的能力回馈社会。

第三，鼓励家庭困难的学生多参加校园活动，更好地融入学校的大家庭。学会放下心里的负担，慢慢建立和老师同学间的信任，让学生感受到集体的温暖和凝聚力，减少自卑、焦虑的心理。

第四，发挥班干部的重要作用。动员班长平时多关心家庭困难学生的学习生活情况，培养敏锐感，及时发现问题，与辅导员沟通，将问题解决。辅导员要倾注爱心与细心，守护学生的自尊心，促进每一个学生的心理健康发展。

五、学业就业辅导类

案例一：对专业迷茫，对学业倦怠

杨 舒

一、案例呈现

X同学，男，系某艺术院校某专业大一学生，入学后因耳部患病，进行了一次手术，手术前后多次请病假，随后不久向辅导员提出由于身体原因想要休学，但该生父母却表示学生虽然进行了手术，但术后恢复状况很好，并不需要休学。经过几次谈心谈话，该生暂时放弃了休学的念头。然而到学期末，辅导员接到系里通知，该生本学期旷课问题严重，即将达到处分标准，遂与班主任一起对其进行学业预警谈话，但该生却未在原定时间出现，辅导员多次打去电话后才接听，表示自己因身体原因去了医院看病，然而通过室友方面了解到该生当时就在宿舍，为了不进行谈话临时离开了学校，并试图用谎言搪塞。

二、分析处理

（一）人物背景

X同学第一次提出休学意愿时，辅导员就第一时间与该生进行了谈心谈话，通过耐心细致的谈话，辅导员知道了促使该生产生休学念头，除了身体原因外的另一个理由。该生高中时期与一女生相识相恋，该生高考报名时本以为分数不够，但没想到意外被外地的学校录取了，女友却留在了本地读书。二人开始异地恋，但女友因为家庭原因情绪很不稳定，有抑郁症自残倾向，导致该生即便人在学校，心里却始终牵挂老家的女友，同时因为疫情防控要求不便常常两地往返，于是想彻底休学回老家陪伴女友。

经过第一次深度辅导，该生不再有休学意愿，但仍然有旷课情况，甚至濒临处分标准，并通过撒谎来逃避与班主任的见面。辅导员找到该生，进行了第二次谈心谈话，了解到该生非独生子女，还有一个弟弟，但是父母对他期望更高，希望他在学业上有所建树，但该生始终无法提起对本专业的兴趣，反而更加憧憬像父亲一样经商组建家庭，对个人的未来也没有长远的打算，初步计划是尽快熬到假期，返回老家打工体验生活。

(二) 事件处理

1. 平等沟通，建立信任

在该生以身体健康原因提出休学意愿时，主动询问其手术相关情况，根据其病情实际情况协助办理合理合规的请假手续，而不是一味地限制，这让学生明白辅导员和他在学业问题上不是敌对状态。随后与该生见面后，认真倾听了该生想要休学的具体原因，其间通过表情和肢体语言消除其紧张感，建立信任关系，该生才讲述了除身体原因外，担心老家的女友才是促使他产生休学念头的更主要原因。辅导员首先表示该生对爱情具有负责的态度是正确的，从学生的恋爱情况切入，由此拉近距离，让学生相信老师能够理解他的担忧，实现平等的近距离沟通，避免说教氛围让学生产生排斥逆反心理。

2. 分析利弊，正确引导

在认真倾听了该生陈诉想法之后，与学生讨论其女友出现心理问题的原因以及解决办法，通过讨论学生意识到即便他返回老家也不能解决女友的根本问题，而且休学期结束依然要复学，异地的问题会仍然存在。同时，引导该生树立正确的爱情观，只有不断提升自身能力，才能具备照顾他人和组建家庭的能力，而盲目地付出和牺牲，不仅会给他人造成不必要的压力，同时也是对自己人生不负责任的表现。正确对待自己和恋人的关系，在因恋爱而产生情绪困扰时，应及时进行情绪疏通，使消极情绪得以合理宣泄，以保证正常的学习和生活，休学或退学这种想法只是一种逃避方式，并不能解决二人恋情的本质问题。在辅导员的开导和劝说下，该生也逐渐明白只有强大了自己，才能保护珍视的人，愿意努力完成学业，再利用假期时间陪伴女友走出阴霾。

3. 家校协同，多方引导

经过与学生的初步沟通，基本了解了该生的心理动态，对其学业问题的成因进行了梳理判断。完成以上基础工作后，辅导员再次联系家长，将目前掌握的情况进行沟通，了解到其家长并不反对二人恋爱，但希望该生能完成学业。辅导员与家长达成共识，对其恋爱给予支持和认可，但是要共同引导学生分清身为学生阶段的主要任务，端正学习态度，明确人生发展的意义。

4. 纠正问题，加强管理

该生在放弃了休学的想法后，仍因对专业没有兴趣而多次旷课，试图用谎言躲避班主任召开的学业预警会议。辅导员与该生进行了第二次深度辅导，面对只有辅导员在的情况，该生说明了真实情况，对自己的撒谎表示歉意，深刻明白自己的错误所在，同时也出于逃避心理，做出了错误的判断，辅导员引导该生正视错误并改正，鼓励他向班主任说明情况并道歉。同时提醒该生作为一名学生，学校的课程制度和考勤制度是红线，是一定要遵守的，如果由于个人原因旷课达到一定程度，还将直接影响到学位证的发放，未来无论从事何种行业，完成学生时代的学业都是追梦的基础。通过与学生共同分析大学教学的目的和意义，希望引导该生树立正确的人生观，提高对学业的重视，顺利完成学业。

三、反思启示

第一，对于有休学或退学意愿的学生，辅导员要了解其休学或退学的原因和未来打算，认真地问学生几个问题后请他再做决定。一是为什么会产生休学或退学的想法，是因为专业不理想、学习不适应，还是有其他选择；二是如果是因为专业不理想，是否可以通过转专业、未来考研重选专业来解决；三是如果是学习不适应，是否可以与辅导员、班主任、学业辅导中心老师、师哥师姐或身边同学交流探讨，找到适合自己的学习状态；四是如果还有其他选择，是否已经做好全部的准备，并且不会后悔此刻做出的决定；五是如果选择休学，那复学后是否就能解决现在存在的问题，如果选择退学重考，是否有把握能考入理想的院校或专业，是否能够承担潜在的风险。人生是属于自己的，大学生需要尽早意识到为自己的一切行动负责，因为选择带来的后果他人无法代替承担，面对专业困惑、学业迷茫时，需要认真思考以上问题，得到理性的答案后，树立正确的人生目标，并为此努力奋斗，才能逐步走向成功。

第二，如果学生做出了理性的决定依旧选择休学或退学，辅导员要第一时间与学生家长联系，引导学生与家长积极正面沟通，确保家长知晓学生的思想动态，并能及时地为学生提供支持和关怀，并向学生和家长详细解释说明国家和学院关于学生休学或退学的相关规定和具体流程，认真详细做好每一次家校协同沟通的记录，及时向上级领导和相关职能部门汇报情况，避免出现信息不同步问题。如果学生和家长达成一致意见选择休学或退学，协助学生尽快办理好各项手续，尽早开启下一步人生计划。如果学生和家长放弃休学或退学想法，需持续关注学生后续学习生活情况，及时提供必要的帮助和支持，坚持"以生为本"实施帮扶计划，实现育人目标。

第三，加强大学生思想政治教育工作，需要把握学生的成长规律，了解学生在这一阶段的心理特点，站在学生的角度和立场考虑和解决问题。如以学业辅导中心工作为抓手，发挥师生志愿者的帮扶引领作用，通过朋辈互助、专家讲座、校友分享等合理科学的方式，加强学业引导，帮助新生了解自己的专业，激发学习兴趣，加强学业指导，帮助学业困难学生树立良好的学习观念，找到适合自己的学习目标，从而提高学习成效，多措并举促成大学生全面发展。

案例二：绵绵用功，蓄力成就

张瑞萌

一、案例呈现

案例学员在刚入校时成绩尚好，大一学习一段时间后，自觉专业素质也还不错，一次偶然的机会经介绍到一家工作室做兼职助理，第一次有了收入后获得了一定的成就感，之后便逐渐被这种满足所引导，开始频繁外出兼职。

在老师发现该学生的课业进度和成绩都明显下滑的同时，该生也因专业不过硬，收到了兼职方公司的投诉和斥责。

这导致该生一方面明显落下了学习；另一方面，建立在原本就不牢靠基础之上的信心也受到了打击。及时悬崖勒马，避免了退学复读。

二、分析处理

（一）案例分析

这是一个关乎个性化发展的较典型案例。大学教育中应推崇大学生的个性化教育和培养，尤其在艺术类院校，这一问题会更为明显。但前提必须是大学生完成基本学业。

不是绝对不允许校外兼职，对于该专业学生兼职服装助理这一行为，鼓励接触一两次，作为课外实践，了解行业动态。但坚决不鼓励以赚钱为目的，以耽误学业为代价的实践兼职。

大一学生，对自己的专业了解还不够充分，对行业更是连门槛都还没有碰到。在本该学习、积累的阶段，牺牲大量时间去兼职赚钱，是一种明显的主次颠倒。

（二）案例处理

1. 深入了解学生情况

辅导员首先了解到，该学员并非因经济困难、生活需要进而选择兼职，而是在一次偶然的兼职当中，受到了一些吹捧鼓励，获得了虚荣的成就感，加上由兼职收入所带来的生活改善，令他沉迷于此。应根据该生的入校成绩和现阶段的专业课业研判分析，引导学生回归课堂，潜心专业学习。

同时，正向回应兼职方工作室对该学生的批评投诉，协调道歉，把校外行业对学生的影响降到最低。

2. 分析学业与行业的良性关系

设计行业是一个对专业素养要求比较特殊的行业。虽没有统一标准，但不是一个大一学生目前的专业水平能够应对和适应的。

学校提供的教育资源，是现阶段舍一不二的最佳选择，学校举办和组织的一系列大学生创意活动、设计比赛等，是学生实现自我价值的良性渠道。校外资源的提供，可作为社会实践活动参与，要本着以参与、实践为目的的前提，作为对专业和劳动的尊重，取得劳动报酬，但不可以此为重心，影响当下更为关键的提升和学习。

3. 解决实效

该生目前已协调解决与校外兼职方的不愉快合作，回归课堂。在老师和同学的帮助下，补习课业，本末归位。

三、反思

当下的大学生在接受了高中密集、苦行式的教育之后，在大学阶段开始自由释放自我，一些才华才刚刚开始展露，一些虚荣心理也开始慢慢发芽。作为辅导员，一方面要了解学生的课业心理动态，另一方面要时常与学生沟通其对自己未来人生的构想和规划。

特别是对于一些具备艺术思维和才能潜力的同学，要引导对方将自己的优势变成学习的动力，不断提高，也要从社会对人才的需求和人才综合发展的角度去教育引导。

自身价值的更好体现，是建立在更完善的专业系统学习和自身素养的提高之上的。在从大一到大四的渐进过程中，始终以这一前提，引导学生绵绵用功，切忌急于求成，最终潜心成就。

案例三：专注艺术专业学习和积极生活态度的相互促进

白小帆

一、案例呈现

目前海外留学、出国"×+×"等学业项目在各大高校比较普遍，学生在国外学习和生活的适应性问题一直以来都是关系学生发展的重要问题，而此类问题反映在艺术类学生群体中又有其特殊性。出国留学的学生能否很好地适应国外环境，无论是学习环境还是生活环境，都直接关系着学生学业的完成和人格价值观的完善。2015年至2017年，我以带队老师的身份带领艺术类专业的25名学生前往国外学习，关于国外生活和学习的适应性问题，比较突出地集中在对小Z同学的工作案例中。

刚到国外，小Z同学在学习和生活中都表现出极不适应的状况，在学习、人际和生活三个方面都不同程度地表现出消极、懈怠的情绪，甚至提出了退学的想法。后经过了近两个学期的不断引导，通过心与心的交流，一步一步地帮助他重新树立专业学习的目标，走出家庭环境的阴影，专业学习取得了长足的进步，并在班内和班外都建立起良好的人际关系。

二、分析处理

（一）案例分析

小Z同学刚到国外就表现出来的这种不适应性，与其成长经历有着密切的关系，经过多次与该同学的谈心谈话，以及从其关系较近的同学处了解到，小Z同学的父母在家乡经营一家中等规模的美容美发店，家庭收入尚可；妈妈有精神类疾病的家族遗传，偶尔会出现轻微的躁狂或抑郁的精神状态，对身在国外的儿子十分惦念，夫妻之间经常争吵；小Z的家里没有从事文艺工作的亲朋，参加艺考、报考艺术专业的选择都是小Z出于对艺术的热爱；小Z在国外的艺术专业教师根据开学之后近两个月的专业学习，对小Z的专业做出极低的评价；由于生活和专业学习的消极状态一直困扰着小Z，他在班集体中与同学的交流极少，偶尔会与同公寓的同学吐露心声。

结合小Z的现实情况，分析得出他所面临的主要问题有：

（1）父母关系和家庭状况，尤其是母亲的状态影响了他的心理状态，产生自卑和烦躁的情绪；

（2）对自身专业学习消极的预估，以及专业老师阶段性的不良评价，让他失去对专业学习的信心和动力；

（3）专业学习的自卑，发展为日常课堂上、同学之间的自负，从而严重影响了班级内部的人际关系，形成恶性循环；

（4）国外陌生的生活环境和单调的社交关系加剧了以上问题的严重程度，使他因恐惧而不敢面对。

结合以上分析，以问题为导向，在引导和解决小Z同学的不良状况的问题上，我制定和确立了两个工作方向：

（1）树立端正的专业学习态度，重拾信心；

（2）专业学习的阶段性进步"反哺"生活态度，理性看待家庭关系，建立良好人际关系。

（二）案例处理

针对学生的适应性问题，尤其是身处异国他乡的学生，是否适应国外的学习和生活环境对学生的身心成长和学业发展起着决定性作用。家庭关系和学业压力、社交压力给学生心理造成的困扰和伤害是他人无法感同身受的，在实际的教育引导工作中如果直接探讨学生的问题往往效果很差，甚至会对学生造成更大的伤害，所以针对小Z同学的情况，在把握好上文提到的两个工作方向外，我制定了"倾听—分享—认同—求变—尝试—改良"的六步工作方法，需要和学生彼此坦诚相待，真正成为朋友和知己，真诚地探讨彼此的人生过往、所见所思，帮助学生跨过困扰的鸿沟，重新点燃学习和生活的热情。在取得阶段性的改变之后，引导学生将专业学习的被认同带来的积极情绪映射在生活中，进而改善消极的生活态度，两者之间相互促进，形成良性循环。

1. 倾听困扰，分享经历，寻找身份认同感

小Z的困扰主要来自家庭关系和学业压力、社交压力三个方面。在前期多次和小Z的谈心谈话过程中我逐渐打开了他的心扉，更具体地了解了他的情况。母亲的

先天疾病导致父母之间的关系不融洽，父亲和母亲又因为儿子不在身边，每次电话里都会各自向儿子抱怨和倾诉自己的不满和烦恼，对于小Z来说，从小是个家教很好的孩子，对父母的关系既心疼又着急，但远在天边只是通过电话视频，很难对父母进行有效的劝解和安慰，进而逐步发展成自己难以排解的焦虑和烦恼。在专业学习方面，外国专业老师的责备、同学之间有意无意的嘲讽，加之艺术专业本身的特点需要学生拥有过硬的抗压能力和适应能力以及良好的沟通合作能力，而小Z在以上几个方面都多多少少有所欠缺，这就最终导致小Z自卑心理的出现。身处异国他乡的十八九岁的孩子，初来乍到、语言不通，再加上心理层面的种种自卑和焦虑，这让小Z更加孤僻，不愿意、不敢跟人交流。综合小Z以上情况，我首先跟他分享了自己大一刚刚入校时的情况，将自己当时表现在家庭关系和学业压力、社交压力三个方面的情况同他以聊家常的形式进行了交流，让他明白对于一个成年人，或者说一个即将从一个大男孩成长为成年人的他来说，压力是普遍存在的，并不是只有他有诸多的困扰，他并不是最"可怜"的那一个。专业方面的自卑主要来源于他对自身专业了解的不全面和不系统，我告诉他目前所不自信的点，例如自己的形象不出众、台词有口音、信念感较差、关注度较低等，这些都不是现在这个阶段决定他是否可以学好本专业，未来是否可以在专业领域有所成就的必要因素，他作为一个大一年级刚刚开始学习艺术的学生，自然会经常犯错，要接受自己的弱小和不成熟，要重新审视自己的专业内容，跟随老师的布置，思考老师的指点，不断尝试，不断试错，不断改错，才能有进步的可能。与其自怨自艾，将自己锁在妄自菲薄的牢笼里，倒不如鼓足勇气，打碎笼子，尝试改变，争取扭转专业学习无论是课堂中还是自我心理上的颓势。几次谈话后，小Z逐渐接受了我的观点，并在课堂上有所改变。

2. 激发渴望尝试的勇气，保持积极乐观的心态

往往一个好的结果需要一个良好的开端，对于小Z来说是否能够鼓起勇气尝试改变，是他必须也是最难迈过的一道坎。我同外国专业老师充分沟通了小Z的情况，和老师共同制订了帮助小Z改变现状的工作计划，在不影响表演课堂正常教学的前提下，多鼓励小Z完成课堂作业，在排练和提交作业的过程中，循序渐进地激发他求变的勇气。经过一个阶段的大胆尝试和努力，小Z在专业课堂上的表现逐渐有了起色，老师对他完成的课堂作业也有了较好的评价，这对小Z来说无疑是极大的鼓舞，令他打消了厌学、退学的念头。在谈心谈话中，能够看出小Z的兴奋，但我也清醒地认识到，需要在这个阶段对小Z的学习动力继续发力，更为重要的是间接地提醒他可能会出现的情绪反复。艺术专业的学习不是一蹴而就的，它往往是

曲折前进的，在取得了某个阶段的进展之后，一般都会碰到瓶颈，这也符合一般事物的发展规律。小Z的积极状态是否可以延续，是否能够在之后再次碰到难点和困扰时迅速做出自我调整、迎难而上，成为这个阶段我的工作重点。我又同小Z进行了多次的谈心谈话，和他一起回顾了之前的那些困扰和焦虑，引导他自发地对此进行重新思考和审视。在谈话中，我能够感受到小Z对家庭关系的认识更加成熟，对于父母的怨言不再被动接受，而是主动尝试劝慰父母，告诉他们要经常换位思考，帮助解决他们的困扰，每次通电话都能有一个比较理想的结果，家人之间也不再相互抱怨。看到小Z的改变，我进一步引导他能够保持住良好的状态，建议他在学习和生活中能够确定阶段性的目标，这对保持积极乐观的心态尤为重要。之后的很长一段时间，伴随着我们一次次交心的谈话，他不管是对专业信心的重拾，还是人生目标的明确，健康乐观、阳光向上的表现，都让我无比欣慰。只有持续性地关注学生，倾听他的心声，才能不断地给予他温暖和继续前行的勇气。

三、反思

于此案例我的启示主要有两个方面，一是心态，二是方法。

学生思政工作很多时候仅仅做到坦诚相待是远远不够的，对学生毫无保留付出真心、耐心、爱心、细心，这才能真正意义上和学生进行心与心的交流。这既是工作，更是两个成年人之间、两个朋友之间诚挚的感情交互。事到细微处，有时也会让我重新思索自己的工作和生活，与其说是单方面地帮助和引导学生进步，我认为更像是和学生一起成长。另外，在小Z的案例中，充分体现了学习态度和生活态度的相互促进，我认为这是学生思政工作非常有效的方法和抓手。帮助学生梳理学习和生活中的困扰和问题，尝试解决，阶段性的改变和进步就会激发和保持下一步努力的热情和动力，要帮助和引导学生捕捉和体会学习和生活带来的幸福感和满足感，相互促进，形成良性循环。

案例四：遇到难关倾全力解决，学习正道勿轻易放弃

万思言

一、案例呈现

财务处通知辅导员催缴学费，得知本学年Z同学还没交学费。辅导员询问原因，Z同学吞吞吐吐，刚开始说学费钱没凑够，后来又说丢了，前后矛盾的说法引起了辅导员的注意。辅导员多次约Z同学来办公室谈话，Z同学都推托不来。随后，Z同学向辅导员询问休学、退学的政策和手续，引起辅导员的警觉。同时，Z同学的外系男友X辗转联系到辅导员，告知辅导员Z最近有借高利贷的倾向，用X的手机搜索过很多网贷平台，X同学问她是不是要贷款，Z同学还不承认。结合多个线索，辅导员在课余时间立即到Z同学宿舍找Z同学谈话。下午3点多，Z同学还在呼呼大睡。

经过交谈，辅导员了解到Z同学的父亲是一名出租车司机，母亲身体不太好，在小区里的小超市打零工，家庭并不富裕。Z同学高考时文化课成绩较高，但专业课是最后一名录取的，入学以来专业成绩一直不太好。

大二开始，Z同学痴迷于网络游戏，把大量的时间精力都花在打游戏上。她在专业课学习方面落下得更多了。大二上半学年，因为没交作业，专业课出现了不及格。不懂的越来越多，有些课程完全听不懂，也越来越没有自信，Z同学开始逃课。

Z同学暑假在家附近的夜市烧烤店打工补贴家用，夜市烧烤店开到凌晨3点，一个暑假下来，Z同学改变了作息，晚上睡不着，早上起不来。

Z同学本学年一直没有交学费，因为交学费的钱用在了上网打游戏上。Z同学在游戏里卖装备做中间人，起初赚了一些钱，让她觉得打游戏不是一无是处还能赚钱。后来被人做局一次性骗走数万金币，合人民币7000多元。没钱交学费，不敢和家长说，问询了几个网贷机构，想要贷款补上学费，后来没敢尝试，想到干脆休学或者退学。

二、分析处理

（一）案例分析

Z同学的主要问题是学习动力不足。专业课入学时就不算好，入学之后有不懂

的问题没有及时向同学老师寻求帮助解决，导致学不懂的知识越堆积越多，最后破罐子破摔，不写作业甚至不去上课。

同时，Z同学网络成瘾，先因为假期打工作息时间昼夜颠倒，后沉迷游戏，夜里打游戏不睡，白天起不来，不去上课。

此次学费事件只是导火索，正好交不上学费，也学不明白专业，干脆想到了休学或者退学。查询过网贷，因为想要贷款补上学费缺口，不想让家长知道。家庭情况不好，被骗的7000元对家庭来说是笔不小的负担。

Z同学和辅导员老师说了很多，还是有想要学好的意识，只是因为学费缺口，不是真的想要休学或者退学。

（二）案例处理

辅导员鼓励Z同学首先调整作息时间。定好闹钟，每天晚上12点熄灯时就寝，早上8点前起床。睡不着也不要看手机、玩电脑，坚持几天看能否调整过来，如果还是不行，可以考虑就医，解决睡眠障碍问题，保持健康的作息。

联系Z同学的班主任，多管齐下，请班主任在专业层面对Z同学多关心关注。

和Z同学同宿舍同学谈话，室友与Z同学结成帮扶，督促Z同学按时睡觉、按时上课。

在学习方面希望Z同学不要放弃，多花些时间，多尝试着去努力。最起码保证所有的课都去上。另外，帮助Z同学解决学业困难问题，安排学业辅导，请同专业获得奖学金的师哥师姐帮助Z同学解决学业困难，引导Z同学独立完成作业，补上之前落下的进度。

针对游戏成瘾性问题，建议Z同学控制玩游戏的时间，通过定闹钟、每日打卡等方式一步一步缩短打游戏的时长。

同时，丰富课余生活，发展专业外的活动，通过参加社团、上选修课、参与其他系的课程与作业等，丰富自己其他方面的知识储备与实践经历，填满课余生活，客观上能减少玩游戏的时间。

帮助Z同学找到学习的动力，由于Z同学对现在的专业不是很感兴趣，帮助她寻找自己的兴趣点，通过自我评价和霍兰德职业兴趣测试把兴趣和职业、专业联系起来，在保证本专业课业完成的基础上，探索未来就业的更多可能。

针对学费被骗问题，辅导员建议Z同学报案。Z同学表示不想报案，担心身边的同学知道自己被骗的情况，觉得自己是个傻瓜。辅导员表示理解，安抚Z同学的情绪后，建议她先和家长联系，补齐学费。Z同学想用自己的生活费或者社会实践赚取学费，辅导员帮助她安排勤工助学岗位赚取学费。

（三）后续追踪

Z同学最终联系家长补齐了学费。在做完霍兰德职业兴趣测试和MBTI职业兴趣测试后，Z同学结合自己的学习情况，觉得自己真正感兴趣的是艺术策展而不是创作。明确了目标后，Z同学通过几次学业辅导补上了落下的专业课，交上了作业，补考及格。后来辅导员多次查课，Z同学都按时上课完成作业。再后来，她加入了师哥的工作室做策展方面的实习，如鱼得水。毕业后，留在师哥的公司继续从事艺术策展方面的工作。

三、反思

辅导员要及时关注学生的学习、生活和情感等方面的问题，通过多种方式了解学生的情况，给予学生指导和帮助。同时，辅导员也需要与学生建立良好的沟通和信任关系，以便更好地开展工作。大学生经过了严酷的高考，大学期间放松学业的情况非常常见。辅导员要深入挖掘学生学习困难的内在原因，有针对性地帮助学生，做学生的知心人。

案例五：厘清职业规划，战胜年龄障碍

万思言

一、案例呈现

T同学是一位五年制专业的四年级在读学生，他的家庭条件一般，父母年纪较大。为了改善自己的经济状况，T同学曾选择在大三年级办理休学进行社会实践，并在一年后复学。在高中毕业后的几年里，T同学在社会上摸爬滚打，但一直没有割舍对艺术的热爱。几年后，他重新拿起书本，接受了专业训练，并成功考入了理想的专业。

T同学主动要求和辅导员深度谈话，说自己的压力过大，想要再次休学。辅导员认真询问了T同学想要再次休学的原因。T同学说，由于与大多数同年级的学生相比，他的年龄比他们大四岁，在休学复学后，T同学的年龄更是比同班同学大了五岁，和同学们的关系一般，觉得他们很幼稚，聊不来。由于年岁较大，T同学并不想向家里伸手要钱，因此他的学费和生活费都是通过日常实习、接单以及在考前辅导班代课等方式赚取的。

尽管T同学热爱艺术，但他开始感到疲于奔命，慢慢失去了对工作的热情。他发现，将兴趣爱好当成谋生手段后，他需要承担的压力越来越大。他开始意识到，追求自己的梦想并不是一条轻松的路，自己需要不断地付出和努力。为了谋生不断地实习工作，课程上用心不足，成绩自然也不太理想，工作能力也长期停滞不前，这与他学习艺术的初衷相违背，他找不到坚持下去的意义，因此想要再次休学一年，赚够了学费和生活费后，再没有压力地复学好好学习。

二、分析处理

（一）案例分析

T同学的年龄较大，这给他的职业生涯带来了一些挑战，因为他的人生经历和成长经历都与其他同龄人不同。他热爱艺术，但将其作为谋生手段后，他开始感到压力大和疲劳，这在职业生涯中是一种常见的情况。T同学由于家庭条件一般，年纪大不好意思向家里伸手要钱，为了赚学费、生活费，单纯地为了生活而赚钱，职业生涯规划没有太多的明确目标，这些因素导致了T同学在追求职业发展时感到迷茫和不确定。

（二）案例处理

辅导员的第一个建议是帮助T同学办理助学贷款或者安排勤工助学的岗位。辅导员还提出，适当的时候可以向家长求助。

辅导员帮助T同学重新审视自己的职业规划。辅导员鼓励他进行自我探索，了解自己的兴趣和价值观，并帮助他制订切实可行的职业发展计划，明确自己的目标和方向，制订长期和短期的计划，并根据实际情况不断调整和优化。这样，T同学可以更加清晰地了解自己的职业方向，并且知道自己要在未来的职业生涯中努力追求什么目标。

其次，辅导员还建议T同学参加更多的专业培训和实践，提升自己的专业技能。鼓励他积极参加各种与自己专业相关的活动和比赛，增加自己的实践经验。这样，T同学可以不断提升自己的专业水平，为未来的职业发展打下坚实的基础。

除此之外，辅导员还帮助T同学调整心态，认识到职业发展是一个长期的过程，需要坚持和努力，同时也要有适度的期望和压力。辅导员建议他坚持自己的兴趣，但也要考虑实际情况，适度调整自己的期望和目标，避免过高或过低的期望和压力。这样，T同学可以更好地应对职业生涯中的挑战，保持积极向上的心态。

另外，辅导员还建议T同学加强人际交往能力的培养。在职场上，人际交往能力是非常重要的一项能力，能否与同事、领导、客户等建立良好的人际关系，直接影响到职业发展的顺利与否。因此，辅导员建议T同学参加一些社交活动，扩大自己的社交圈，积累人脉资源，提高自己的人际交往能力。这样，T同学可以更加容易地在职场中与他人建立良好的关系，并且更容易获得职业上的机会。

最后，辅导员鼓励T同学积极寻求适当的支持和帮助，包括向老师、同学、亲友或专业机构寻求指导和帮助，建立自己的学习和职业发展体系。

（三）后续追踪

在辅导员的帮助下，T同学开始了职业规划和自我探索的过程。他参加了职业测评和辅导，通过分析自己的兴趣、能力和价值观，明确了自己未来的职业目标和规划。同时，学院也为他提供了一些实习机会，让他更好地了解职场，并提高自己的职业能力和胜任力。

经过一段时间的努力后，T同学终于找到了一份自己喜欢的工作，成为一名优秀的舞台美术设计师。只要大学生有正确的职业规划和发展方向，并付出努力，就能够实现自己的职业目标。

三、反思

职业规划和发展是大学生在大学期间必须面对和解决的问题。作为一名辅导员，帮助学生进行职业规划和发展是非常重要的工作之一。我们的目标是让学生在校期间就能够有一个清晰的职业目标和规划，为未来的职业生涯打下坚实的基础。辅导员需要为学生提供更多的职业指导和咨询服务，帮助他们制定正确的职业规划和发展方向，实现自己的职业目标。同时，辅导员还需要对学生进行后续追踪和指导，帮助学生不断更新和调整职业规划，提升职业能力和素质，适应职场环境，实现职业生涯的顺利发展。只有这样，才能更好地为学生的未来职业生涯打下坚实的基础。

案例六：南北差异学习生活难融入，寻找优势主动出击巧疏解

万思言

一、案例呈现

D同学是一名大一年级学生，南方人，从小生长在南方某慢节奏的城市，对于北方的生活节奏和文化背景感到很陌生，对北京的天气、食物、生活习惯更是感到十分不适应。入学一个多月以来，他觉得自己没有朋友，难以融入集体的环境，没有人和他一起分享快乐和烦恼，想家，想念亲人和高中的朋友。D同学没有什么兴趣爱好，每天除了学习外没有什么事情做。他觉得学习没有意思，没有动力。想想三年后的生活，有些迷茫和焦虑。只想尽快毕业，离开北京。

D同学进入大学后，发现自己不能很好地适应大学的环境。经过一段时间的了解，D同学发现L同学与他生长环境类似，生活习惯相近，觉得L同学和自己应该是同类人。D同学很想跟他交朋友，但是不知道该怎么跟他接近。通过几次有意无意的接触，发觉L同学的人际关系很好，不缺朋友，并不是很想和自己成为要好的朋友。于是，D同学很沮丧，在上课的时候总是想着这件事，注意力无法集中，甚至觉得L同学是对自己有意见，看不起自己。他意识到自己的心态出了点问题，需要改变，但是不知道该怎么做。

二、分析处理

（一）案例分析

D同学的案例是一个典型的大学生适应问题。在大学里，很多学生都会遇到和他一样的问题，包括适应环境、融入集体、打破舒适圈等。这些问题对于大学生来说都很常见，但是对于他们来说，却往往是一个很大的挑战。D同学之所以感到焦虑和迷茫，主要是因为他没有找到自己的兴趣点和生活目标。他没有什么爱好，没有任何特别想追求的事情，这导致他的大学生活缺乏意义和动力，让他感到不满足和失落。

此外，D同学还遇到了人际关系的问题。他没能和L同学成为要好的朋友，导致他在上课时无法集中精力，经常发呆。这也是一个常见的问题，许多大学生在适应大学生活时都会遇到人际关系的问题。他们可能会遇到难以相处的同学或者与室友产生矛盾等，这些问题会给他们的学业和生活带来很大的负面影响。

（二）案例处理

辅导员首先带D同学做了霍兰德职业兴趣测试和MBTI职业兴趣测试，帮助学生看到自己的优劣势所在。同时，为学生做职业生涯规划，引导D同学思考毕业后离开北京想要去哪里，去做什么。D同学表示想去上海，考上海某大学的研究生。辅导员接下来帮助D同学规划想要考研，一年级和未来三年能做的一些努力。

辅导员还引导D同学尝试着去寻找自己的兴趣爱好。在大学里，有很多机会可以帮助学生找到自己的兴趣爱好，比如参加社团、活动和课外讲座等。通过这些机会，他可以接触到不同的领域和人群，从而发现自己真正感兴趣的事情，并且能够在这些领域中深入学习和探索。

辅导员帮助D同学学会适应环境和融入集体。在大学里，学生来自不同的地方，有着不同的文化背景和生活习惯。适应环境需要时间和耐心，学生需要努力去了解新的环境和人群，尝试融入集体，建立新的人际关系。通过和同学一起探访名胜古迹、品尝老北京小吃等活动，可以更好地了解北京的文化和生活方式，从而适应这里的生活。

辅导员还和D同学的家长取得了联系，建议家长借短期假日来京探望学生，帮助学生排解思乡之情。

辅导员帮助D同学设定自己的学习目标，并且制订可行的计划，积极投入学习和生活中，通过自己的努力和付出来获得知识和技能，并为自己的未来打下坚实的基础。

对于人际关系问题，辅导员引导D同学学会沟通和处理冲突。D同学需要学会放松心态，不要强求与人做朋友，也不要太在意别人的眼光。他可以尝试和周围的人多聊天、多交流，通过这些方式来加深彼此的了解。此外，还可以尝试与L同学开诚布公地对话，了解对方的想法和意见，从而解决彼此之间的矛盾。此外，他也可以寻求辅导员或心理咨询师的帮助，寻求专业的建议和指导，帮助他更好地处理人际关系问题。

（三）后续追踪

后来，D同学与L同学开诚布公地谈了一次话，解释清楚了误会，两人重归于好。周末D同学和同学们一起在学校周边旅游，增加对北京的了解，还找到了几家做家乡菜比较地道的餐厅。十一小长假，D同学的父母来北京看他，D同学非常惊喜，开朗了不少。同时，D同学参加了一些学校的课外集体活动，还争取到了一些上台演出的机会。认识到自己能力上的不足，D同学的学习动力也有了一定的提升。

三、反思

大学生适应新环境是一个普遍存在的问题，如果适应不良，很多学生会在后续出现更大的问题。辅导员要深入学生一线，尽早发现问题，辅导员和学生都要积极面对和解决。辅导员要有同理心，帮助学生培养出快速适应新环境的能力，认真地给出适合不同学生的建议，耐心帮助学生建立起良好的生活、学习、交际圈。同时，建立家校合作，和学生家长加强沟通，帮助学生尽快适应大学生活。学生通过自我探索、适应环境和处理人际关系问题，可以更好地适应大学生活，拓展自己的视野，提升自身能力，为未来的发展打下坚实的基础。

案例七：学习有困难，学业辅导来帮忙*

万思言

一、案例呈现

F同学是大学一年级学生，高考成绩优秀，艺考成绩也名列前茅。他来自普通工薪家庭，是家里的独生子，性格比较内向。大一下学期时，他出现在专业课成绩不及格名单中。他的学习成绩下降了很多，经常缺课、迟到、早退，缺乏学习动力和自信心。同学反映，最近他闷闷不乐，也不和同学玩笑，不外出，不与女朋友打电话。

辅导员接到学生反映，马上找F同学深度谈心谈话。F同学说他从入学就开始觉得有些力不从心，老师上课的内容能听懂，但是课下布置的作业，关于设计方案，F同学总是抓不到老师表达的重点意图，感到非常无助，也影响了他对学习的热情。他觉得自己可能不适合这所学校，不适合这个专业，非常困惑和失落，不知道该如何才能摆脱这种困境。与此同时，他的女朋友喜欢上了他的朋友，给他造成了一定的心理创伤，因此他闷在宿舍不外出，不与人交流，整个人都不自信了。

二、分析处理

（一）案例分析

F同学的学业问题主要是由于缺乏自主学习的能力，他在高中时过于依赖老师和家长的帮助，习惯了灌输性的学习而不是自主探索理解，执行力有余但创新性不足。因此，不能很好地适应大学的学习方式。此外，他也缺乏规划学习时间的能力，经常将各科作业拖延到最后一刻，一旦出现时间上的意外，就无法及时完成作业。同时他也没有很好地掌握学习方法。另外，他最近一段时间也遇到了一些情感上的问题，交往两年的女友喜欢上了他的朋友，给他造成了一定的心理创伤，导致他缺乏自信，不愿与人交流。

---

* 北京市学校思想政治工作研究课一般课题"精准思政视角下高校学生辅导育人路径研究"（项目编号：XXSZ2022YB36）阶段性成果。

（二）案例处理

分析学习困难的原因，制订学习计划。辅导员帮助他规划学习时间，做了一份详细的学习计划表，并且教他学会听课，学会抓重点，建立自主学习的意识，鼓励他自主学习。

调节生活状态，缓解生活压力。辅导员安慰他从失恋的阴影中走出来，调整状态，鼓励他多与同学们交流，恢复社交，课余时间多参加社团活动和志愿活动，找回自信。

安排学业辅导，尽快补上落下的课程。辅导员安排他报名学业辅导中心的一对一学业辅导，向优秀的同专业师哥师姐学习，通过朋辈辅导，获得有价值的支持和指导。

（三）后续追踪

经过一段时间的努力，F同学逐渐掌握了大学学习的特点，对自己的学习也有了更深层次的认识和理解。他知道了自己的薄弱环节在哪里，自主学习能力有所提升，最终克服了他的学习困难，期末时成绩有了显著提高，表现出了很强的学习动力。他也走出了失恋的阴影，开始变得更加自信和乐观。

大三时，F学生获得了学院三等奖学金，申请加入学业辅导中心，成为一名朋辈学业辅导员。他把所学的知识和经验与其他学生分享，通过为其他学生提供帮助，巩固自己的学习成果，同时也可以提高自己的教学和沟通能力。

辅导员后来与F同学沟通，他很感激辅导员，辅导员始终陪伴在他的身边，关心鼓励他，帮助他一步步成长。他觉得自己成绩的提高离不开辅导员的帮助和学业辅导，他想要回馈学校，成为一名朋辈辅导员。由于自己有过亲身经历，F同学更能理解学习困难学生的需求和问题，可以帮助他们更好地解决学习上的困难，为师弟师妹们提供一些实用的学习技巧和策略，得到老师和同学们的认可，这也进一步增强了他的自信心和学习动力。

三、反思

作为学院学业辅导中心的负责人，笔者一直希望通过自己的努力，能够帮助更多的学生克服学习上的困难，找到适合自己的学习方法和策略。在每次的朋辈学业辅导员招新时，笔者也会一直提醒朋辈学业辅导员：学习不仅仅是为了应付考试，更是为了让同学们更好地成长和发展。学习困难不是失败，而是机会。通过努力和坚持，每个人都可以克服学习上的困难，实现自己的理想和目标。朋辈学业辅导工作非常有意义，不但能够帮助他人，也能实现教学相长，提高自己。

每个学生都有自己的特点和优点，只要找到正确的方法和策略，就能够充分发挥自己的潜力。辅导员要有耐心，认真倾听学生的心声，了解学生的学习情况，帮助学生调整学习计划，陪伴和支持学生逐步成长，做学生成长过程中的指导者和引路人。

回顾整个过程，F同学通过学业辅导和自我努力，不仅解决了自己的学习问题，还将自己的成功经验分享给了更多的同学。这一案例充分说明了学业辅导的重要性，同时也展示了学生在经历学业辅导之后，成长和变化的美好前景。

从F同学的经历中可以看出，辅导员在学生学习过程中扮演着至关重要的角色。辅导员不仅能够为学生提供学习上的支持和指导，还可以帮助学生发现并克服学习上的问题。同时，学生的进步也可以为辅导员带来成就感和满足感。也有一些辅导员并没有意识到自己的重要性。他们可能没有给予学生足够的关注和帮助，或者只是简单笼统地提供了一些缺乏针对性的建议。辅导员应该意识到自己角色的重要性，尽可能为学生提供更好的支持和帮助。

案例八：多措并举，保障突陷贫困学生顺利完成学业

万思言

一、案例呈现

G同学是大三学生，学业表现一直比较出色。作为班长，他平时工作认真负责，班级同学对他评价不错，和上下年级的同学关系也不错。同学反映，G同学最近遇到了一些困难，人际关系、实习和就业方面都不顺利，情绪有些低落。

辅导员接到学生反映，第一时间联系了G同学。G同学原本家庭条件还不错。父亲是公务员，母亲是个体户，经营一家小店。大二时，母亲由于身体不好，店铺经营不善而转让。同年，父亲为他的老战友做担保人，由于甲方未能及时付款，导致父亲的老战友破产。作为担保人，G同学父亲的资金资产全部被冻结，工资卡上的工资到账直接划走用于偿还老战友拖欠别人的资金。母亲身体不好，医疗花销也不少，家庭突然陷入贫困。为了缓解家庭困境，G同学急需实习，用于承担自己的学费和生活费。

在家庭陷入困境后，G同学的情况在同学之间引起了不小的反响。一些同学在得知他的遭遇后表示同情和帮助，一开始还有一些同学愿意借钱给他。但是，由于他总还不上，拆东墙补西墙，有的同学对他的行为提出了质疑，慢慢就没人肯借给他了。G同学平时和大家关系都挺好，但在需要实习的时候却没人推荐给他，G同学感到非常沮丧和无助。

二、分析处理

（一）案例分析

G同学的情况，与其他学生有所不同。他的家庭经济情况造成了他在实习和就业方面的不利影响。但是，在这种情况下，G同学自身也有一些值得反思的地方。

首先，G同学在借钱的问题上存在还款不及时的问题。这种情况往往会给借款人留下不靠谱的印象，进而影响同学间互推的实习就业。其次，G同学缺乏寻找实习和就业机会的渠道和方法。这导致他无法获取实习和就业的机会，从而陷入困境。

（二）案例处理

为了帮助G同学缓解困境，辅导员为他提供了一系列帮助。

首先，辅导员与G同学进行了深入的交流，倾听G同学的心声和想法，了解了他的家庭情况和经济状况。辅导员发现，G同学在生活上面临着很大的压力和困难，他需要一份稳定的收入来缓解家庭的负担。辅导员帮助G同学学习、了解、获取就业信息和机会的渠道，学院就业创业中心公众号就是最直观的获取就业信息和机会的途径。

其次，辅导员帮助G同学申请学院的勤工助学岗位和学生志愿者岗位。

辅导员还帮助G同学做了学习和生活的规划，鼓励他勇敢面对困难和挑战，积极面对生活。在这样的情况下，G同学深刻认识到自己的问题所在，并开始思考如何解决。

G同学首先反思了自己过去的行为，深感愧疚。他觉得自己没有好好管理自己的财务，也没有及时还清欠款，给周围的人带来了麻烦和困扰。于是，他下定决心要认真学习理财知识，管理好自己的财务，并且主动向那些曾经帮助过他的人道歉，表示感激之情。同时，他也想方设法积极面对自己的困境。

（三）后续追踪

G同学开始主动到学校的就业创业指导中心寻求帮助，参加各种实习和就业相关的活动，扩大自己的社交圈子，提高自己的竞争力。在辅导员的帮助和鼓励下，他还加入了学生志愿者团队，参与各种志愿活动，积极帮助别人，为社会做出贡献。

经过一段时间的努力，G同学终于找到了一份满意的实习工作，同时他的人际关系也有了很大的改善。他的室友和同学也逐渐重新信任他，并感受到了他的真诚和努力。他的家庭也渐渐走出了困境，家庭的压力逐渐减轻。

通过辅导员的帮助，G同学找到了一份适合自己的勤工助学工作，他每周工作日课余时间在学校某行政部门勤工助学，获得了一定的收入。

通过学院就业创业指导中心微信公众号，G同学还得到了一份周末到校友画室教授艺考生绘画的工作，他通过这份工作，结交了新朋友，扩展了人脉。随着G同学实习经验的增加和技能的提高，他的表现逐渐得到了老师和同学的认可，他开始得到更多的推荐和邀请。他也逐渐学会了如何与人相处，处理人际关系，避免给人留下不靠谱的印象。在实践中，他积累了丰富的人生经验和知识，更加成熟和自信。

最终，G同学成功地度过了他的大学时光，获得了学业上的成就和实践经验，并且也积极地帮助其他需要帮助的同学，成为班级中的佼佼者。

三、反思

在这个案例中，我们可以看到，学生在面临困难和挑战时，可能会感到迷茫和无助，需要辅导员提供帮助和支持。而作为辅导员，我们需要关注学生的整体发展和成长，帮助他们克服困难，掌握实用的技能，以及更好地应对未来的挑战。同时，我们也需要学习不断创新和改进辅导方法，让学生获得更加高效和个性化的支持。

教育不仅仅是传授知识，更重要的是塑造学生的品格和价值观。只有给予学生全方位的辅导和引导，才能让他们真正成为有用的人才和对社会有贡献的人。

案例九：新生入学不适应，关心爱护多沟通

孙 青

一、案例呈现

学生张某在新生入学后某一天通过微信联系辅导员，声称外祖父病危，由于暑假期间都是张某陪外祖父住院，所以病历在自己手上，现在必须亲自回趟老家，把病历送回去。辅导员得知这一情况后首先安抚张某的焦急情绪，并询问是否有别的途径解决病历的事情，如果必须本人返回老家的话，那势必耽误课程，请张某权衡一下，看能否请父母或者朋友来取一下。张某说情况紧急，必须本人立刻前往。此时辅导员凭借多年的工作经验意识到事情没有那么简单，表示需要与他的家长取得联系，张某很配合，将父亲电话发给辅导员。辅导员联系上家长后，家长口径与张某一致，并表示可以手写情况说明，病历送到后立刻返回学校参加军训。挂断电话两分钟后，辅导员就收到了家长手写的情况说明。辅导员仍然觉得事有蹊跷，于是立刻前往办公室，找到登记的学生父母联系方式，与张某父亲取得联系后得知，张某父母在北京并未离开，也没有外祖父病危的事情发生。张某给的父亲的联系方式是张某高中同学的，情况说明也是张某模仿父亲的笔迹伪造的。于是辅导员马上联系张某，张某见事情败露，坦白道：自己不想离家这么远上大学，想回到自己家乡，且表示想第二天与辅导员面对面交流一下。第二天凌晨4点，辅导员接到保卫处电话，说张某想要翻墙离开校园，被巡逻的保安制止，保安见其情绪激动，遂联系了辅导员，并将其带回了保卫处。经过谈话得知，张某屡次想要离开校园是因为高中交往的女朋友不同意张某来北京求学，不想异地恋爱，女朋友最近情绪也很低落，他怕女朋友出事，想去找女朋友当面聊一聊。张某本人也并不喜欢自己报考的专业，现在的专业是迫于父母的压力才选的，尽管高中很累，但是相比现在，还是想回到高中时代，不想上大学，学业和感情的问题让自己非常疲惫。

二、分析处理

（一）案例分析

大学新生初入校园，脱离了高中时期固定的管理模式，来到相对自由自主的大

学，心理和生理层面都发生了不小的变化，很多学生会产生不适应的消极心理。张某的情况是大学新生中经常遇到的心理困惑，迷恋过去，认为过去比现在要美好，喜欢沉浸于过去的回忆之中，不肯回到或面对现实，心理学家将这种心理现象称为"回归心理"。"回归心理"是一种不良的心理机制。它会引发人的不良心绪，造成忧郁悲观、烦躁易怒，情绪异常、性格孤僻的不良表现。这种心理状态表现在张某身上，就是排斥大学生活，开学第一天就想逃避，连适应的机会都不愿意留给自己，一心只想回到过去。辅导员约见了张某的父母，发现在张某成长过程中，一直都是父母帮他做决定，大到填报志愿，小到穿衣吃饭都是父母决定，张某只需要执行就可以。考上大学之后，突然一切都需要自己去完成，张某变得不知道该怎么生活、怎么学习，考上大学之后没有建立新的目标，因而表现出大学生活的不适应。在这种情况下，他选择逃避，不愿突破自己去尝试适应新的环境，所以导致他做出多次想要突破现有束缚，想回到老家的行为。

另一个雪上加霜的原因是张某女朋友的状况。

（二）案例处理

对于张某的情况，辅导员选择先解决张某与女朋友异地恋爱带来的负面情绪，然后再解决张某大学生活适应困难的问题。首先，辅导员在得到张某的同意之后，想办法联系到了她女朋友学校的辅导员，向她的辅导员说明了两人目前面临的困难，同时希望她的辅导员能多多关注张某的女朋友，对方辅导员表示会尽快介入此事，并且根据实际情况和事情发展态势再决定是否联系家长。得知女朋友的安危暂时没有问题，张某心情平复了很多，主动跟辅导员表明想要寻求帮助，解决本人大学生活适应困难的问题。问题解决到这里可以发现，当学生被多个问题困扰的时候，是可以选择分步骤解决的，每解决一个问题，对学生来讲都是一种鼓励和希望。

对于张某自身的问题，抽丝剥茧，可以发现存在以下两个方面的适应困难。第一，生活与环境适应问题。对于张某来说，上大学是第一次远离父母来到一个陌生的环境。以前衣来伸手饭来张口的生活突然变成需要自己合理、有效地安排日常生活是张某适应的一大难题。对于这个问题，辅导员向张某介绍了学校的特点以及可以充分利用的大学资源，除了图书馆丰富的学习资源之外，还有良好的体育设施，满足兴趣爱好的各种社团组织资源，校外的城市风光和人情风俗。希望张某能先试着接触自己感兴趣的内容，然后走出宿舍，融入一个集体，感受新环境带来的乐趣，发现大学生活有趣的方面，帮助张某克服"回归心理"。第二，学习适应问题。造成张某学习适应问题主要表现在对专业的排斥上。在专业选择上如果不能做到"选你所爱"，那么不妨试试"爱你所选"。由于父母的压力，张某选择了自己不喜欢的专业，对所学的专业缺乏兴趣，没有学习动力，而转专业、退学都不是容易的事，于是辅导员劝说张某试着先去了解自己的专业，看看师哥师姐的就业去向，以及实践内容，从中是否能找到自己感兴趣的方面。除此之外，辅导员还向张某介绍了该专业的前景以及面临的问题，一个专业里还可能有很多不同的领域，也许张某对专业里的某一个领域会有兴趣。还有本专业的交叉学科，两个专业的结合往往是新的启发点。因此，只要多接触、多尝试，就会碰到自己真正感兴趣的方向。所以，辅导员希望张某先尝试学习一段时间，并在学习过程中逐渐发掘、培养自己对本专业的兴趣。

三、反思

每一个学生进入大学后，面对生活和环境的新变化都可能会出现适应不良的现象，这是成长过程中不可缺少的经历。大多数人会在面对困难、克服困扰、调整心态中逐渐成长和成熟，但也有少数人会陷入痛苦和挣扎中难以自拔。辅导员作为思想政治教育工作者要在新生入学时，利用新生入学教育引导学生做有目标、有作为的大学生。帮助学生扣好大学第一粒扣子，陪伴学生度过最美好的青春时光。教会学生自助，通过转变心境、勇于面对等方法来逐渐适应大学生活。也要告诉学生在无法自己解决问题的时候，可以求助。学校拥有正式的社会支持系统：心理健康教育与咨询中心专业咨询老师、学院领导和辅导员、班主任、专业老师等。或者也可以求助非正式的社会支持系统：家庭、朋友、同学、长辈等。对于适应困难的学生，辅导员只有帮助他们坦然面对新的环境，才能全方位提升自己，对未来充满信心，进而顺利完成大学学业。

案例十：贫困生害怕交际，自信魅力放光芒

孙 青

一、案例呈现

刚入学的小李同学向辅导员咨询助学贷款的事宜，询问是否有那种不需要填写监护人信息的助学贷款。辅导员向她解释，助学贷款有校园地助学贷款和生源地助学贷款两种，生源地助学贷款需要监护人签字，但是校园地助学贷款由学校作为丙方担保，不需要监护人签字。辅导员询问小李为什么监护人不能签字。小李向辅导员说明了自己的家庭情况：在自己上小学的时候，父母离异，又先后去世，自己只能跟年迈的外公外婆生活，外公外婆没有收入，平时靠舅舅和舅妈接济。接到录取通知书后，小李咨询了当地资助部门，想要办理助学贷款，但是听说需要监护人签字，小李觉得自己没有父母，没人帮她签字，就没有再去办理。此后，整个暑假期间，小李都在打工挣取自己的学费和生活费，眼看着入学报到的日子越来越近，自己的学费和生活费依然没有着落，小李只能通过绿色通道先入学，随后向辅导员求助。在小李入学之后的一段时间里，她把所有时间都用在了学习上，除了上课、吃饭、睡觉，其他时间都在图书馆，这使她忽略了与宿舍同学的关系。有个周末，宿舍同学过生日，其他同学在宿舍庆祝，但是没有邀请她，她从图书馆回来的时候，看到其他舍友其乐融融的一幕，感觉自己被孤立了，联想到自己家庭情况很困难，甚至都没有钱给过生日的同学买一份哪怕很便宜的礼物，这让她觉得自卑。于是，从此以后，她更加不愿意回到宿舍，不愿与舍友说话，总觉得别人在轻视她。但是她深知只有学好专业，才有可能找到好的工作，才能真正意义上摆脱贫困的生活。没过多久，她又遇到了困难。专业课老师布置了小组作业，需要与小组成员合作完成，由于她之前一直泡在图书馆学习，不善于社交，跟同学关系也很冷淡，所以这次小组作业让她感觉无所适从，不知道该怎样合作完成作业。在小组同学针对作业展开讨论的时候，她有想法也不敢表达，怕说得不好被同学笑话，同学又认为她在浑水摸鱼，也对她产生了看法。辅导员在跟其他学生深度访谈的时候，从侧面听说了她的情况，于是找到小李，跟她进行了一次谈话，从中得知，小李入学之初也是

很想跟同学打成一片的，但是因为家庭经济情况不好，从来没有出去旅游过，也从来没有买过任何当下流行的东西，更不用说奢侈品或者纪念品。当其他同学讨论放假去哪里玩，周末去哪里吃饭逛街，哪个牌子的化妆品好用的时候，她发现自己完全插不上嘴，感觉自己是另一个世界的人。她尝试发起她擅长的话题，比如学习，但是宿舍同学回应比较少，渐渐地她说话少了，开始封闭自己。有了这些经历，在做小组作业的时候，她又开始恐惧起来，抵触跟同学交流，不愿发表自己的看法，但是持续这样的话，势必影响小组作业的质量，她感觉很矛盾，认为自己没有能力处理这些问题。

二、分析处理

（一）案例分析

家庭经济比较困难的学生，受到经济条件的限制，他们背负着经济与心理的双重压力，他们的心理承受了更大的负担，学习、生活、就业等方面的压力要高于一般的学生，他们不愿意主动与他人交流，对未来感到迷茫，过度敏感，防范意识强，极易受到伤害。自卑、封闭、抑郁，导致容易出现心理问题。另外，他们一般社会评价和生活质量也较差，这都会降低学生的社交能力和自信心，也容易使他们产生自卑心理、社交恐惧等负面心理问题，从而影响学习和身心的健康成长。案例中小李同学勤俭节约，学习刻苦，但另一方面家庭贫困，社会阅历不多，性格内向，不善交际，缺乏自信，由于父母均已离世，对于小李来说，无法得到家庭关怀和社会支持，加重了她的负面心理问题，影响其学习和身心健康成长。

（二）案例处理

高校贫困生作为一个特殊的弱势群体，不仅承受着经济压力，同时也更容易出现"心理贫困"的现象。高校不仅要在经济上给予其帮助，更要对他们进行"心理扶贫"。如果这些心理问题不及时解决，长此以往，他们就很容易产生焦虑症、抑郁症等心理疾病，彻底丧失对生活的信心，情况严重的甚至会产生自杀行为。所以小李迫切需要的是资金资助和心理方面的援助。通过精准帮扶，激励引导，调整其心理状态，扶贫、扶志、扶智相结合，助其成长成才。

首先，为其提供经济资助，实现精准扶贫。对于小李特殊的家庭情况，辅导员根据学校资助体系的有关规定，帮助其通过履行相关手续，对其贫困生的等级进行了认定，并帮助其申请了校园地助学贷款、助学金和勤工俭学岗位。这些帮助很大程度上解决了小李同学在校期间的学费、住宿费和生活费，从而安心求学，让其感受到被关怀的温暖，为后续工作开展奠定了良好的基础。

其次，帮助其建立良好的人际关系。辅导员通过面谈、微信等方式与小李进行定期的谈心谈话，了解她的思想、学习和人际关系等状况，并在心理上给予其关怀、陪伴和激励。鉴于小李自信和自尊心缺失，辅导员在人际交往的方法和技巧方面对她进行了指导。鼓励其积极参加课外实践活动，充分结合自身优势，利用学校的优质资源提高自身综合素质。经过参加一系列活动，小李开阔了视野，增长了见识，受益良多。同时，在班内营造相互信任和相互支持的交往环境，让小李感受到了班集体的温暖。教师、同学给予了小李良好的支持与鼓励，让她在生活与学习中体验到积极的情绪，获得积极的力量，有效发挥了社会支持的作用。

最后，帮助其促进全面发展。小李同学虽然不善言辞，但是想到小组作业会由于自己的原因导致质量不够高，她心存愧疚。小李本身学习刻苦，她对自己学业上是有要求的。这说明小李同学需要进行更加完善、更加全面的辅导。辅导员遵循学生成长成才规律，结合她所学专业人才培养方案，对小李进行了职业生涯规划和指导，引导其树立正确的职业观、就业观，明确奋斗目标，制订学习计划，合理规划大学生活。希望她有更好的发展空间，能够改变自己的命运，改变家庭的现状。

三、反思

针对经济困难生往往同时兼具物质和精神双重压力的问题，辅导员在工作时既要满足学生现实的生活需求，又要注重满足学生长远的发展需求。为此，一方面要进行经济支持，解决在校学习期间的经济困难问题，帮助学生顺利完成学业；另一方面也要注重进行思想引导，充分了解每一位学生的实际情况，在学习、生活上给予指导，帮助经济困难生缓解心理压力，更好地适应大学生活。心理压力的疏导与缓解工作促进学生与集体更好地融合，自立自强，用诚信铺就未来之路。助困与育人不能相脱节，如何优化育人环境，形成和谐成长氛围，注重贫困生人格培养，还需要社会和高校不断地努力和完善。

案例十一：探索厌学背后的隐情，揪出"症状"掩盖的"症结"

田瑞禾

一、案例呈现

小刘同学是我校大二某班学生，近期接到班长和寝室舍友反映，该生上课状态较差，常有旷课缺课的情况；在寝室生活习惯与同学有较大矛盾冲突，对其他同学的正常生活造成了一定影响。系秘书老师查询该生成绩与考勤后证实该生成绩不理想，大一部分课程存在挂科重修的情况。辅导员通过同班同学了解到，该生在班级内较为孤僻，缺少知心好友，偶尔几次与同学的沟通也表现出较为严重的消极情绪。为避免事态进一步发展，对该生的学习生活与身心健康造成不可挽回的影响，辅导员主动采取行动，以日常例行谈心谈话为由将学生请至办公室了解情况。

二、分析处理

在沟通中，小刘同学开门见山，直言自己在大学内过得并不幸福，有休学甚至退学的想法。辅导员深知冰冻三尺非一日之寒，小刘同学如此坚决的想法绝不是冲动为之，在学习不理想的背后一定有深层次的原因。为发现并解决问题的根本，辅导员采用逐步引导的方式，由结果引出原因，由浅层带出深层，逐渐发现学生从家庭到成长、从学习到生活所存在的种种问题。小刘同学首先表示，目前所学的专业并非自己的兴趣爱好所在，高考报名时本来报考的是本校其他专业，因成绩不理想而被调剂至本专业。该生大一期间就萌生过转专业的想法，但学校教务处有相关明文规定，转专业需至少完成本专业一年学业且成绩合格方可提出申请。经过大一一年的学习，小刘同学发现自己非但没有喜欢上本专业，还因为成绩不理想而错失转专业资格，情绪逐渐低落，从而萌生了休学甚至退学的想法。辅导员进一步追问小刘同学的理想专业是什么，为什么会对此抱有如此热情。一提到自己感兴趣的事情，小刘同学一时来了兴致。她表示自己对演员行业有着极大的崇敬，并将其作为自己的毕生理想追求。高考报考专业时自己力排众议，放弃了家人推荐的金融、法律等预期回报较高的专业，选择我校相关专业希望能够完成梦想，没想到却与梦想失之交臂。在被问及如果成功休学要如何度过这一年的时间时，该生表示想要去横店做群演，以这种方式追求梦想。若追梦失败则放弃学业，服从家中安排重新报考"高回报"专业。在与学生的沟通中，辅导员发现该生较为天真，对社会和行业缺乏足够的认识，总是以自己想象中的世界为基础对未来进行规划，且功利性较强，总是将"挣钱"等字样挂在嘴边。经过更深入的交流，辅导员了解到该生家庭有特殊情况，在成长过程中逐步导致了孩子的世界观产生歪曲。据小刘同学自述，父母生育较早，没有承担起足够的养育责任，她自幼由爷爷奶奶教育抚养。老人教育观念比较保守，对孩子关爱有加但不讲究方式方法，过度的保护导致孩子没有经历太多社会历练，没有培养好自主意识。究其根本，小刘同学缺乏主见，缺乏对社会和职业的清晰认识，以自己想象中的世界为基础做判断，易受他人影响，不能坚定长期目标。辅导员从小刘同学当下面临的现实问题入手，逐渐深入，意图通过环环相扣、由浅及深的方式解决她的困难。首先，当务之急是解决小刘同学的厌学问题，使其重新回归正常的学习生活。辅导员指出，艺术类乃至所有文科类专业的学习需要在有足够积累的基础之上方能融会贯通，进步的过程很难有一个清晰的量化标准，这是每位同学都会遇到的正常现象，不必对此过于担忧或自卑。而且艺术理论学习当中涉及的剧本分析、人物分析等学习内容也对表演水平的提高有着极大的帮助。辅导员指出，前往横店体验生活固然直接有效，但是商业剧组中鱼龙混杂，作为一个在校学生难以保证安全。而后，辅导员建议小刘同学可以从校内的学生剧组或本市的小剧场、小剧团入手，有效利用本校资源，由浅及深地接触演员工作与行业。一方面较为短小精悍的剧目和业余剧组更容易吸纳学生进组参与工作，另一方面在本校本市内参与实践也能相对保证安全。

在第一轮谈话结束一个月后，小刘同学再次找到辅导员反馈近况。在这段时间里她听从辅导员的建议，利用课余时间参加小剧场面试，并且获得了和专业演员试戏的机会。在谈话中，小刘同学兴奋地表示，课堂上学习的人物分析、剧本分析等理论功底确实对她帮助很大。虽然由于客观原因没有顺利得到继续合作的机会，但是也收获了导演的认可。小刘同学对辅导员的建议和指导表示了感谢，并暂时打消了退学、休学的念头，决定一边认真完成学业，一边利用休息时间报名各种课程提高自己。

三、反思

（一）加强沟通交流，建立预警机制

本案例中小刘同学的异常情况最早是由同班同学反馈至辅导员处，经辅导员同任课老师、系秘书老师沟通后确定了小刘同学状态不佳。学生的学习状态、心理状态、生活状态出现问题，最早发现的一定是身边日夜相处的同学。案例中的小刘同学在班级中不算是特别引人注目或善于交际的学生，即便如此，其他同学还是能及时察觉到小刘同学的情绪起伏并及时报告辅导员。辅导员工作中应利用好广大同学尤其是班委同学的预警作用，将日常关爱同学、发现异常及时上报的理念在学生中间推广开来，协助老师及时发现问题、解决问题，避免情况进一步恶化。

（二）查清问题缘由，精确对症下药

医学上会将生理疾病分为"症状"和"症结"，"症状"是表现出来的问题，而"症结"则是引起问题的根源。如果一味针对"症状"做工作而忽视查找"症结"，轻则暂时压制问题，治标不治本，重则引起反弹，使情况加剧。学生工作同样要找清楚学生们的"症状"和"症结"。在本案例中，小刘同学的"症状"是缺课和挂科，乃至有了休学甚至退学的想法。如果只从学习方面入手，只强调考勤和成绩的重要性，并不能引起小刘同学的重视，甚至会让她对谈话产生抵触情绪。而她的"症结"则在于理想与现实的错位，更深层次的原因在于不幸的原生家庭导致了她对生活的理解产生了误区。辅导员在工作当中需要顺藤摸瓜，体察"症状"，抓准"症结"，透过现象看本质，和同学把话聊开、聊透。如此才能真正解决问题，从根本上杜绝"症状"反复。

案例十二：前途迷茫，就业指导

孙 青

一、案例呈现

在毕业前的一年，辅导员与某专业的王同学深度访谈时得知，由于家庭的原因和父母的压力，王同学就业期望值比较高，就业目标仅锁定在国家公务员、剧院团等能解决北京户口的单位，对于其他单位均不在考虑范围之内，王同学刚进入毕业年级便开始着手找工作，先后参加了国家公务员考试和研究生考试，均不理想。本人感到非常迷茫，原计划寒假开学后正式继续投简历，但是受疫情影响她未能返校，个人简历也没有针对不同的岗位进行设计，随着一系列的招聘由线下改为线上，面试了几个岗位均没有被录取，她感到无所适从，不知道就业的方向在哪里，就业期望一降再降，眼看着毕业即将来临，王同学慌了神，怕自己毕业后没有去处，于是王同学与目前实习的培训机构口头约定毕业后在该机构工作，该机构相应地为其缴纳社保。后来，王同学以应届生的身份参加了文工团的线上招聘。暑假的时候，辅导员接到王同学电话，说自己已经考上文工团，可以解决编制和北京户口问题，但是因为社保问题现在无法落户了。辅导员一头雾水，王同学是应届毕业生，在校期间并没有缴纳社保，6月份刚毕业，在此期间学生也并未表示有就业去向，8月怎么会因为社保问题无法落户。经过询问得知，王同学在文工团考试结束后，感觉考得并不理想，认为自己肯定不可能被录取，于是草率地跟之前实习的培训机构签订了劳务合同，培训机构在学生毕业后，也就是7月，开始为其缴纳社保，学生本人因为还没有到岗所以并不知情。直到8月文工团通知王同学考试通过，在办理入职落户等手续时，才查询到自己已经开始缴纳社保，因为有这一个月的记录，王同学失去了落户资格。

二、分析处理

（一）案例分析

1. 没有正确的就业观，就业期望值过大

受家庭影响，部分学生只接受有编制、有户口的"铁饭碗"工作，过分追求一线城市的好职位，没有考虑社会实际需要，没有将自己的专业与社会需求较好地进行匹配。还有一部分学生缺乏创新、竞争意识，追求清闲、安逸的工作，不愿尝试有风险、有挑战性的工作。案例中的王同学正是这样，虽然积极地找工作，但是在父母的压力下，只愿意选择稳定的"铁饭碗"和考研，而导致错过了其他的就业机会。

2. 缺乏清晰的就业目标

一些大学生对自身没有清晰的认识，在找工作时没有结合自己的特长，更没有对自己进行职业规划，没有考虑个人发展，也没有在就业前充分考察行业的前景和发展方向。在千千万万毕业生中随波逐流，只为了找工作而找工作。王同学在就业过程中并没有根据自己的专业去寻找合适的岗位，只是一味听从家长的建议，非"铁饭碗"不可，但是自身能力有限，考研和国考均以失败告终。

3. 对就业政策不熟悉

学生在就业过程中容易走进误区，很重要的原因就是对就业政策不熟悉、不了解。不同地区的就业政策也不相同，在就业指导课中，政策性的内容显得有些枯燥，学生接受度并不是很高，但这部分内容恰好是就业的基础，不了解政策盲目就业就会出现难以控制的问题。案例中的王同学，正是因为不了解落户的政策和要求，在不经意间缴纳了社保，失去了未就业应届毕业生的资格，也因此失去了落户北京的机会。

（二）案例处理

首先，学生在第一次深度访谈时就表现出自己狭隘的就业观，辅导员耐心跟她分析当前就业形势，目前经济发展进入新常态，我国的GDP增速逐渐放缓，产业结构调整，部分失业者要在劳动市场中重新就业，已经成为大学生的竞争对手。加之在疫情冲击下，很多企业和公司面临资金断流、业务锐减等诸多生存问题，为了顺利渡过难关，他们用缩减用人成本、减少岗位等方式缓解经营压力，工作面临更加严峻的考验。可供选择的岗位不能满足所有毕业生，所以此刻应该采取先就业再择业的方式。辅导员引导学生树立自己的职业生涯规划、革新就业观，改变"一步到位""铁饭碗"的就业理念。

其次，对于王同学在进行线上招聘时表现得手足无措，辅导员有针对性地对其进行一对一指导，先将就业信息进行收集、整理和筛选，帮助学生克服"投喂"思想，学会自己寻找与自己匹配的岗位信息。根据不同的岗位设计侧重点不同的简历，切不可一份万能简历走天下。然后提醒学生及时转变传统线下应聘思维，鼓励学生通过就业服务平台等网站投递简历，进行网上应聘、签约。

最后，对于仍然没有顺利就业的毕业生，鼓励其先就业再择业，重新整合手中的资源和招聘信息，筛选出与自己期望值最接近的岗位先进行首次就业，在工作中积累经验，完善自我，不断提升，再根据自身的情况来规划职业发展的方向，无论是在原岗位继续深耕还是寻求新的更高层次的岗位，在有了之前的工作经验和明确的发展目标之后，都会更容易实现。

三、反思

2023年国家公务员考试报名人数共471204人，考研人数474万人，通过以上数字，我们不难发现考公和考研依然是大学生就业的首选。但是报录比例极低，使得很多学生面临毕业即失业的情况，这对于学生自身的发展、就业市场结构等方面都有不良的影响。就业指导是一项专业性很强的工作，作为辅导员老师，需要掌握系统的理论知识、国家就业的方针政策。利用就业指导课、主题班会向学生及时传达有效信息。同时加强创业教育，鼓励毕业生自主创业，培养学生的创业精神和创业能力，为有创业想法的学生提供方便和全方位的指导。辅导员要加强创业学习，带领学生深入市场调研学生创业项目的可行性，指导学生进行风险分析。对有创业意向的学生还要进行心理教育，增强他们的心理承受能力；介绍创业成功者的创业经验，为学生创业提供帮助。

学生就业并不意味着毕业生就业工作的结束，毕业生离校后，还有许多后续工作要做，这也是需要辅导员重视的。为及时了解已就业学生在工作单位的就业状态、现实表现和发展前景等情况，辅导员要对毕业生就业发展状况开展跟踪调查，听取用人单位和毕业生的意见。它既是对前阶段就业工作成果的检验，又是学校人才培养目标以及人才培养方案调整和完善的依据。

案例十三：精准帮扶困难学生，用心用爱促就业

赵　杨

2021年11月，教育部发布的《关于做好2022届全国普通高校毕业生就业创业工作的通知》提到开展重点群体就业帮扶工作。建立就业困难毕业生群体帮扶工作台账，对低收入家庭、身体残疾等毕业生重点群体，按照"一人一档""一人一策"开展重点帮扶，体现了"精准帮扶"的政策理念。精准就业指导与帮扶就是要根据就业困难大学生的实际情况进行类型和层次的划分，从"精准帮扶"的思想出发，制订不同的帮扶方案，提高帮扶成效。就业困难群体主要包括家庭经济困难、学业困难、心理困难、能力困难和身体有残疾的学生。面对庞大的就业困难群体，高校一般只是通过开设就业指导课进行就业指导，学生参与度不高。在"精准帮扶"理念的导向下，高校就业指导必须改变这种传统的方式，进行多方位、多举措的精准指导与帮扶，帮助困难毕业生尽快找到合适的岗位，从而有利于高质量就业目标的实现。

一、案例呈现

我校毕业年级某班小D同学，来自河北农村家庭，经济状况一般，申请了助学贷款。毕业当年参加了研究生考试，初试未达分数线，于是打算找工作，但受疫情影响，毕业学年上学期未返京返校，实习机会较以往有所减少。所在家乡是河北农村，交通不便，戏剧相关产业资源匮乏，就地择业的机会很少，就业压力很大，也在犹豫是否要准备考研。由此产生了焦虑情绪，感觉十分迷茫，不知道该往哪个方向努力。

二、分析处理

（一）案例分析

1. 自身性格问题

性格问题往往是心理危机的萌芽。部分学生在面对突发性、复杂性的学习生活时，既不能逃避，又无法面对，感到难以依靠自身的力量独立解决问题，进而出现

心理失衡。小D性格偏内向，不擅长与老师和其他同学交流，在校园中喜欢独来独往，遇到学业、生活困难或麻烦时总是独自承担和解决，不会寻求帮助。

2. 抗压能力弱

入校时怀揣着对戏剧影视行业的憧憬和期待，临近毕业面对行业低迷现状，产生了烦躁焦虑、自我怀疑、悲观消极等情绪。年纪尚小，经历少，自然抗压能力较弱，无法正视心中的落差感。

3. 社会支持缺失

社会支持是指在遇到困难时能够获取资金、情感等方面的资源支持。社会支持资源的缺失容易导致心理障碍，主要表现为不自信、焦虑。小D同学家在农村，父母受教育水平偏低，家庭经济条件一般，没有广泛的社会关系。父亲长期在外打工，母亲也忙于工作，平时对她关心关爱不够。

（二）案例处理

1. 做好关心陪伴，积极引导

虽未返校，但保持与小D同学线上沟通，深入开展谈心谈话，引导她倾诉目前的困难，寻找解决办法，建立师生信任感。了解到她在准备教师资格证考试，给予支持鼓励，经常询问复习进度，帮助其解决实际困难。

2. 疏解情绪，引导做好规划

通过倾听谈话，了解详细情况。进行心理疏导，缓解求职焦虑情绪。从谈话中挖掘细节，全面了解该生的性格、行为、习惯。她独自来到北京求学，作为农村家庭的孩子，有些自卑，导致无法在就业中准确定位自己，又背负家庭、父母的希望，更容易产生焦虑、紧张、情绪不稳定等消极心理。首先，正向鼓励并引导她学会放松心态，告诉她已从农村考入北京，实属不易，说明自己还是很优秀的，要把目光放长远。其次，引导她结合当前形势需要调整职业规划和就业期望，准备好求职简历，积极求职就业。

3. 多方支持，建立帮扶台账

了解学生家庭情况后，建议申请困难生认定、助学金、励志奖学金、求职创业补贴，并通过多方渠道给予相应支持。了解学生就业意向，引导认识专业优势，规划毕业去向，帮助建立一生一策就业帮扶台账，精准推送就业岗位，解决学生实际困难需求。

三、反思

（一）精准帮扶促就业，就业与思政相融合

就业工作是一项学生事务性工作，也是一项思想政治教育工作，两项工作相结合、相促进，辅导员要对学生进行精准定位和职业规划，帮助学生更充分就业。对于辅导员来说，困难毕业生的精准帮扶工作是一项既系统又艰巨的任务，要加强对相关就业政策的了解，给予毕业生全方位的服务，实现多渠道就业。要通过耐心、细致的沟通交流，全面了解学生在就业中的所思、所想、所困，积极引导，帮助其树立科学的择业观和就业观。同时，要多鼓励、多打气，增强学生的自信心，不断提升学生的抗挫折能力。

（二）高度关注学生心理，适时引导、适度疏解

总体来说，00后成长环境相对优越，备受保护，心理承受能力普遍较弱，个体意识较为强烈，求职意愿较为淡薄。作为辅导员要组织富于个性的辅导与咨询，协助毕业生根据自身实际树立职业发展目标，第一时间为毕业生疏解求职中出现的负面情绪，解决心理问题，增强其参与人才竞争能力的同时提升心理素质，使其更好地抵抗压力和挫折。鼓励在求职过程中出现心理危机的学生积极向上，用乐观平和的心态去面对严峻的就业形势，缓解他们的焦虑，帮助他们形成"不畏难、不胆怯、不依赖"的性格，能够积极勇敢地面对求职过程中出现的各种挫折和挑战。

（三）健全就业工作机制，提升就业指导水平

学院坚决落实就业"一把手工程"，系、部负责人亲自部署，制订了工作要求，明确了就业工作的具体方向，为做好毕业生就业创业工作打下了坚实基础。班主任、辅导员、专业教师是就业工作机制中的实施者、推进者，要高度重视就业工作，开展就业指导和就业帮扶，努力学习相关知识，提升就业指导水平，充分调动学生就业积极性，做好毕业生就业创业工作。

（四）全过程各阶段精准帮扶，强化就业服务意识

辅导员要立足学生成长特点，强化服务意识，全过程跟踪、分阶段帮扶，将生涯发展和就业指导贯穿于学生成长的全时空、各阶段。在三全育人的要求下，联合团委成立就业生涯发展社团，辅导员为指导教师，深入开展各类相关活动。比如面向低年级，开展专业引领、参观用人单位、生涯规划大赛等活动；面向中高年级，开展简历大赛、面试大赛等活动；面向毕业年级，开展实习实践、职场真实体验等

活动。就业创业指导中心广泛开展校友座谈会、访企拓岗会，充分挖掘更多就业岗位，提供更优质的就业服务。

（五）加强云指导、云课堂、云招聘建设

在新冠疫情影响下，线上教育因势而动、因势而行，教育教学网络化蓬勃发展。就业指导可以通过微信群、公众号、微博号进行有效输出，充分利用新媒体传播优势，不仅能分享就业信息、就业资讯，还能通过云课堂的方式，进行网络直播在线指导。作为毕业班辅导员，还可以开设"就业直播间"，面向毕业生分享求职、考研、出国经验，基层一线就业的优秀校友分享经验。除此之外，可以考虑开设个人新媒体账号，录制就业指导小视频，分享毕业生工作视频记录等。持续推进云招聘，联合市就业指导中心平台做好专场网络招聘会，组织用人单位举办网络宣讲会，为毕业生提供更多求职机会。

案例十四：引导学生辩证看待考研，做好个人规划

赵杨

根据在职研究生招生信息网统计，2023年研究生报考人数为474万人，相较上年全国硕士研究生招生考试报名人数457万人，同比增长17万人，增长幅度为3.72%。这意味着考研竞争越来越大，录取率呈下降趋势。应届毕业生考研报名人数较多，升学成为许多毕业生的首选，甚至许多毕业生应届落榜后，还有不就业，准备考研二战的计划。对于某些心理承受能力弱的学生来说，考研竞争激烈，给学生带来了很大的压力，容易引发学生焦虑不安的负面情绪。而考研失败，也给学生带来了沉重的打击，导致其陷入自我怀疑和迷茫无助的精神内耗中。

一、案例呈现

我校毕业年级小C同学，备考研究生期间，作息不规律，精神压力大，加之与宿舍同学关系紧张，常常表现出情绪不稳定、睡眠不好等现象。考研初试成绩不理想，于是申请延期毕业，打算继续复习，来年再战。由于延期毕业需要再交一年学费，且耽误一年时间才能毕业，不可知与不可控因素太多，所以家长并不赞成，小C感觉很无助，认为家长无法理解自己的追求，因此情绪低落。

二、分析处理

（一）案例分析

小C出身于三线城市的普通家庭，家长对孩子期望非常高，认为孩子来到北京读书，将来就一定有好出路。小C对自我要求也较高，十分努力，但缺少结合专业发展、行业现状来进行职业生涯中长期规划的意识，仅仅把考研当作一项学习任务。显然，小C本人及其父母对此都缺乏理性认识。为此，辅导员应引导他们深入了解考研现状，明确考研目的，分析就业和考研的利弊关系，找到适合自己的发展路径。

（二）案例处理

1. 给予关心关爱，引导合理规划

针对该生因考研造成的心理焦虑，辅导员应给予更多关心关爱，先安抚情绪，

建立信任。择机开展谈心谈话，了解她报考专业及选择考研的动因。该生对读研及研究生毕业后均无明确规划，认为戏剧创作环境不太好，本科毕业不好就业，想考剧院团但基本不接收本科毕业生，倾向于盲目选择考研。该生低年级参与专业实践实习较少，对行业内情况了解甚少，职业规划意识淡薄。针对此情况，辅导员要单独给予指导，基于现状，引导她认识到为了考研二战选择延期毕业风险较大，如果再次失利，会出现心态失衡、社会脱节、时间成本增大、求职难上加难等问题。

2. 引导加深自我认识，找到适合的成长路径

如今大学生缺乏自我认知与规划，毕业阶段时常随波逐流，并未基于认识自我而确立清晰的发展路径。作为辅导员，通过谈心谈话的方式，了解学生的生源信息、家庭情况、职业规划等，结合日常掌握的情况、学生的发展愿景与成长诉求，帮助学生分析读研利弊，以及可能面临的各类问题等。借用平衡决策等方式，列出每一个选项的得失利弊，或者在列出得失利弊后，用分数的高低来进行量化比较，做到分析动脑、决策走心，并在建议不决议的原则下，帮助学生破解困扰。同时，针对任何一种选择可能带来的遗憾，帮助学生创设弥补的机会，尽可能减少失落与损失。同时，鼓励她毕业前积极参加求职应聘，参与在京公司的实习，立足岗位，深入了解影视行业打工人的实际状态。引导她重点不在于考虑如何选择，而是要试着去做，敢于尝试，积累经验，才能明确自己的兴趣点、闪光点，为职业规划打下基础。目前就业的结构性错位明显，毕业生找工作更求稳求优，需加强引导学生适当调整就业观念，结合自身条件，建立合理就业预期。引导学生进行自我决策，思考毕业2～3年后工作方面期许是什么。引导学生加强自我了解与沟通，读研和工作是两种不同的生活方式，基于对自己的了解，思考志趣所在。

三、反思

（一）深入学生中去，关心关爱学生成长

了解学生，真正走近学生。辅导员只有在学生工作中仔细分析每一位学生的个案，用心去体贴、感化自己的学生，用爱创造良好的环境，才能促进学生健康发展，用自己的爱心与耐心必能换来学生的认同，帮助他们树立正确的考研成败观和价值观，对考研分数不理想的同学的生存环境、内心思想变化、外在行为举动要及时关注和干预，寻找解决方案，鼓励信心。多倾听和引导，避免缺乏针对性的说教，辅导员是学生的人生导师和知心朋友，在日常工作中，要善于做一个优秀的"聆

听者"，通过听学生所讲、思学生所想，真正找到学生的症结。

解决学生在成长成才、择业交友和健康生活等方面的实际问题，辅导员一定要有具体有效的方法，切忌空谈鼓励、空讲道理、空树榜样，否则不仅不能帮扶解决问题，甚至有可能引发学生的反感甚至是逆反。因此，辅导员一定要遵循先解决现实困惑，再解决思想问题、进行深度教育引导的原则，举实例、出实招来解决问题。一方面要立足学生实际，发挥自身熟悉学生的优势，谨防信息不对称带来的误判，在全面、动态掌握信息咨询的基础上全方位沟通；另一方面要站在学生立场，找到学生困难的症结所在，分析成因，共同探讨解决方案。

（二）结合学生不同特点，进行生涯规划和指导

加强生涯规划的业务学习，提高自身指导水平，在对学生进行相关指导的时候，要注意为学生提供"满满的干货"，这就要求辅导员对学生特点充分了解，并掌握一些合适的工作方式方法。通过这样的具有针对性的指导，让学生正确认识自己，并结合自己的兴趣和能力找到适合自己的目标和定位。在日常工作中注重引导学生正确认识考研与就业，着力引导学生形成正确的就业观，并掌握相应的就业技巧。职业生涯规划和就业指导是辅导员工作的重要组成部分，此部分工作应当贯穿大学本科教育始终。作为毕业班辅导员，在工作中更要注意对学生的就业心理健康教育和择业观教育，为学生提供针对性满满的干货，从而帮助学生正确认识职业生涯规划和就业，扭转原本"考研是唯一出路"的就业观念，掌握相应的就业技能，做到个性化就业指导，让学生真正做到高质量就业。

（三）加强与家长沟通联络，共同关心学生发展

学生的生涯规划与职业发展离不开家人的支持与鼓励，学校作为培养单位，殷切希望学生成长成才，而父母作为学生的重要支持系统，也应当充分发挥对孩子的了解，帮助孩子找到适合自己的发展道路，但并非每位家长都对孩子所学专业与行业十分了解，这就需要辅导员老师从中做好沟通解答工作，让家长参与到学生生涯规划和职业发展的决策中来，共同谋划学生的发展。

案例十五：引导加深自我认知，做好职业生涯规划

赵 杨

受新冠疫情影响，戏剧影视行业受挫，人才需求也产生了变化，数量精简，而对人才培养质量要求更高。对于戏剧影视专业的毕业生来说，从事本专业的机会变少了，实现职业理想的难度加大了，甚至还有学生存在"慢就业""懒就业""不就业"心理。随着新冠感染调整为乙类乙管，基于严峻的就业形势，引导学生积极求职，合理规划职业发展显得尤为重要。

一、案例呈现

大四下学期初，针对毕业生开展了毕业去向摸底工作，23%的同学已有毕业去向，其中包括保研、拿到留学录取通知书或已签协议等，多数同学在实习或准备留学，然而仍有小部分同学并未找到努力的方向。

小L同学，因外校考研初试未通过很沮丧，本学年忙于备考，缺少社会实践。初试未过，想寻找就业机会，但认为戏剧影视行业发展前景不容乐观，想从事其他行业的工作，却又不太了解，于是向辅导员老师咨询，希望老师能帮助她找到适合自己的行业与工作。

小L今年22岁，爱看小说，虽然喜欢本专业，但是不喜欢团队协作的创作现状，无家庭资源的支持，并认为目前业界很难起用新人，机会特别少，宁愿一边做其他工作，一边自己写小说。但她认为与专业相关的文案策划、新媒体运营等工作薪资很低，不值得付出时间精力。

二、分析处理

（一）案例分析

首先，应当深入了解学生的基本情况，如专业、年龄、兴趣爱好、专业成绩、家庭背景、职业期待等。据之前的了解，该生专业成绩比较好，显然她对专业的认知度有所偏差，对行业发展也有一定的误解，那么应引导她正确地认识本专业，别轻易放弃本专业，在所学专业被耽误之后，会难以发挥自身优势。正是因为她在本

行业实践较少，所以缺乏对自己职业方向的探索，鼓励她先积极实践再做判断，不然不会知道自己适合什么工作，擅长什么工作。另外，从小L的认知情况来看，学生职业生涯规划的意识明显不足，作为校方积极搭建学生实践平台，增加职业生涯规划教育，有利于学生更清晰地认识自我，找到适合的职业发展路径。

（二）案例处理

1. 深入开展谈心谈话，纠正学生认知误区

作为辅导员老师，在与学生初次交谈时，不能直接指出她的认知误区，以免学生产生逆反心理，要善于用实例与数据给学生介绍目前所学专业的就业方向、发展晋升、薪酬待遇等。引导学生认识到第一份工作的重要性，它基本决定了未来职业生涯的方向，今后如果想要换行业，相当于从头再来，之前的工作经验不能成为职业发展的跳板，所以应当引导她首先考虑从事本专业工作，不能轻易放弃，还需要慎重考虑。关于戏剧影视发展前景，从宏观角度出发，基于党的二十大报告中的文化强国战略，习近平总书记提出的讲好中国故事等战略部署，即可看出国家对于文化产业的重视程度，这必然会对戏剧影视文化产业带来利好。作为戏剧影视专业最高学府的毕业生，已拥有最好的学习资源和起点，鼓励她在实践中积累经验，踏实耕耘，努力创作出好的作品。

2. 进行职业兴趣测评，引导探索自我世界

通过霍兰德职业兴趣理论测评，小L结果显示职业兴趣偏向属于艺术型、社会型，喜欢与人打交道，考虑问题偏感性，适合从事艺术创作工作。依据测评结果，引导小L重新审视自己的求职意向，鼓励她抓紧时间找一份与自己专业相关的工作，在实践中探索自身的优势与劣势，找到适合自己的发展路径。

3. 保持跟进与反馈，做好跟踪调查

关于学生职业生涯规划的指导离不开个体的反馈，基于学生的风格分析、价值观分析、个人特质分析、职业兴趣测评和人格测评等测量工作所产生的规划建议，还需要在实践中得以落地与检验。辅导学生的个案是否有良好效果，离不开后续的跟进与反馈，以及后期根据实际情况及时调整。

小L同学在实习中了解到行业实际薪资水平、发展路径，感觉与自我发展能够相匹配。除此之外，她了解到行业内设有剧本大赛，一边积累着工作经验和行业资源，一边继续坚守个人创作，等待机会。

三、反思

(一) 及时了解学生求职意向，培养学生职业规划意识

辅导员老师不仅要重视学生思想状况，针对毕业年级及时统计毕业去向情况，还要及时了解学生求职意向，引导学生树立积极的求职观念。在求职上有困难的学生，应进行一对一的辅导，通过相关理论，激发学生职业规划意识，鼓励学生积极参加社会实践，丰富自身的实习履历，深入了解行业发展，为求职打下坚实基础。

(二) 提高科学理论水平，提升职业生涯指导水平

生涯规划以自我了解、自我接受及自我发展为主，既强调职业在人生发展中的重要地位，又关注学生的全面发展和终身发展，能通过激发艺术类大学生职业生涯发展的自主意识，树立正确的就业观，促使大学生理性地规划自身未来的发展，并努力在学习过程中自觉地提高就业能力和生涯管理能力。

辅导员老师是学生的知心人、引路人，为引导学生高质量、更充分地就业，需要辅导员具备较高的思想理论水平、职业生涯指导水平。因此，辅导员老师主动学习关于职业生涯规划的理论知识，不断总结个案辅导的经验是非常必要的，有利于帮助学生树立职业发展的目标和方向，明确其职业发展的路径，制订详细具体的工作计划等。

(三) 举办职业生涯规划大赛，建立职业生涯规划指导体系

如果说高校大学生就业是经济的"晴雨表"、社会的"稳定器"、人才培养的"试金石"，那么，高校培养的人才如何更好地在岗位上发光发热，服务祖国建设，实现个人职业理想，才是高质量就业所追求的目标，而职业生涯规划意识与能力的培养是解决高质量就业的路径与方法。

为加强学生职业生涯规划意识，把职业生涯规划指导与大学生思想政治教育工作相结合，健全相关指导体系显得十分重要。指导体系不仅包含课程设置、个性化"一对一"咨询指导、活动组织等，还需要加强职业生涯指导师资队伍建设，组建生涯咨询工作室，为职业生涯困惑的学生提供咨询，帮助其进行职业生涯规划。通过能力测验、职业兴趣测验、人格测验等心理量表，指导艺术专业大学生全面、准确地了解自己，并建立个人职业生涯库。此外，积极开展职业生涯规划活动，例如规划大赛、参观用人单位、校友经验分享、企业座谈等，帮助学生提前了解行业环境，引导学生主动思考，提前规划。

案例十六：做好创新创业教育，提升思政工作实效

赵　杨

习近平总书记在全国高校思政工作会议讲话中，阐述了改革创新是加速和改进思想政治工作的根本动力。辅导员作为学生思想政治工作的重要队伍，应与时俱进将思政与创新创业教育相融合，培养学生创新创业能力，激发学生创新创业意识，积极推进以赛促创的学习平台，为学生提供更好的服务与指导。

一、案例呈现

我校毕业年级某班同学小Q专业成绩优异，动手能力强，对微缩模型制作十分感兴趣，并创作了相关作品参加展览，取得了较好口碑，在业界积累了客户资源后，有成立工作室的想法，打算和志同道合的同学一起创业。但是其父母提出反对意见，认为一是创业环境不好，不够稳定，二是因创业错失了应届就业机会，将来更难找工作。他为此十分困惑，向辅导员老师咨询该如何选择。

二、分析处理

（一）案例分析

近年来，国家及相关部门高度重视高校创新创业教育，推动了创新创业教育机制建设、政策扶持、赛事推广等，其目的是培养大学生创新创业意识，提升综合能力。在此基础上，使得具有较强商业竞争力的创业项目脱颖而出，通过孵化与扶持，实现项目的落地与发展，实现创业带动就业的目的。

而对于在校生来说，他们具备所学专业的突出能力，但从创业者的角度出发，所具备的其他能力尚不完备，从初创者到创业者还有很长的路要走。因此，高校创业教育将讲授创业基础知识课程与举办创业大赛实践活动相结合，通过相关讲座、培训、项目辅导等方式深入开展创新创业教育，取得了一定实效与成绩。

作为辅导员老师，应该把所了解的信息多与学生进行分享，鼓励感兴趣的同学参与到创新创业中。显然，小Q已经在初创道路上迈出了坚实的一步，而父母的反

对主要缘于担心创业失败而影响就业，这个观念存在一定偏差，作为辅导员老师，加强与父母的沟通，帮助学生和父母正向理解，阐释就业创业不是对立关系，反而相互促进，讲清利弊，只给建议，不做决策。

（二）解决方法

1. 深入沟通，了解意愿，做好政策的解读

通过谈心谈话的有效沟通，了解小Q的心理困惑，首先，肯定小Q想要创业的想法，进一步了解小Q的创业意愿是否强烈。针对小Q目前的创业想法，深入了解他的团队成员、主营业务、客户资源等。重点在于和他详解关于学院创业教育方面可提供的学习资源和扶持政策，鼓励他尝试参与创业大赛来不断完善项目计划，获得项目落地扶持的机会。

2. 引导学生和家长正确认识创业与就业的辩证关系

高校开展就业创业教育的目的绝非让每位同学学会创业，而是培养良好的创新意识，增强个人综合素质。从未来就业角度来说，就业与创业也绝非对立关系，在校期间的创业实践反而能帮助学生提升专业能力、自我认知、组织协调水平等，利于未来更好就业，实现个人价值。

作为辅导员老师，鼓励小Q在校期间尝试成立工作室，通过参加创业大赛来获得政策支持与项目推广，并且在大四期间重点关注剧院团和企业的招聘信息，做好多种准备，实现多元就业。另外，积极与学生家长沟通，打消家长顾虑，提出建议意见，争取家长的支持。

3. 做好跟踪指导，组织相关学习活动

在学生创业过程中，辅导员老师应保持长期关注，并及时分享相关政策信息和校友资源，对创业学生提供支持与帮助。

为进一步引导学生更充分就业，采取请进来、走出去的方式，通过组织优秀创业校友、优秀毕业生代表进行经验分享，组织在校生参观校友企业等方式，激发学生就业创业热情，提早规划职业发展方向，引导学生积极实践，在实践中获得宝贵工作经验。

三、反思

（一）加强业务学习，做好创新创业服务

辅导员是开展大学生创新创业教育的中坚力量，自身必须不断学习，提升相关

工作能力，努力提升工作成效。工作中要做到具体问题具体分析，有针对性地开展创新创业教育工作，时刻保持与时俱进。紧抓学院戏剧影视学学科优势，鼓励并指导学生积极参与校内外各类创新创业比赛，培养学生创新创业能力，提升创新创业教育成效。充分利用行业资源，通过校企合作建立的学生组织开展企业比赛宣讲、组织学生参与企业比赛，让学生接触最前沿产业现状，真正做到与时俱进，引导学生主动学习并掌握最新知识。

（二）创新创业教育与思政教育相结合，重视学生价值引领

在辅导员实际工作中，仍然存在许多"慢就业""懒就业"的学生。一方面是学生缺乏自我认知，就业驱动力不足；另一方面是学生成长环境优越，自我意识强烈，较难适应职场环境，未能做好清晰的自我定位和就业预期，导致很难找到理想的工作。

通过创新创业教育与思政教育相结合，在创新创业项目实践中，培养学生团队合作意识，锻炼人际交往能力，树立社会责任感等，塑造学生良好品质，助其树立远大的理想信念。相比专业学习来说，创新创业实践更加锻炼综合素质，学生在项目计划、组织实施、宣传推广等方面，可以让更多感兴趣的学生参与其中，实现以点带面、以赛促教的思政教育目的。

辅导员是高校教师队伍和学生管理队伍的组成部分，是开展大学生思想政治教育的主力军。因此，尝试建设具有创新创业教育与思政教育相结合的辅导员工作室有着现实意义，通过组建工作室，加强辅导员队伍的沟通学习，合力指导学生创业项目，发挥辅导员老师专业特长，分类个性化指导，摸索创新创业教育与思政教育相结合、思政教育与辅导员队伍建设相结合的工作机制。

（三）多渠道、全方位开展创新创业教育

创新创业教育贯穿大学生本科教育始终，通过融入通识教育、专业教育和实践训练中，做到共性教育和个性教育相结合，同时还要充分利用现有校园资源推进相关工作，如创新创业基地、校企合作学生组织等一系列平台，只有这样才能发挥高校的最大优势开展两创教育工作。专业课老师将创新创业教育融入专业课教育，引导学生学会将创新运用到专业学习中，帮助学生更好地掌握专业知识，锻炼专业技能，将所学知识融会贯通，并通过专业知识运用到创新创业中，学以致用。

案例十七：鼓励创业兴致，帮扶政策尽解

万思言

一、案例呈现

A同学是二年级的学生，暑假里联系辅导员，说自己想要休学。辅导员假期里立即给他打了电话沟通情况。得知A同学是想要休学和同年级不同专业的B同学一起开一间工作室。

A同学说自己与B同学是好友，二人志趣相投，入学不久就玩到了一起。两人都早有创业的打算，偶然聊起，一拍即合。准备创业是经过了深思熟虑的，二人也在大一、大二期间接到过一些不大不小的工作机会，反馈的结果也很好。这次又接到了一个比较不错的工作邀约，就想趁此机会，成立工作室，自主创业。辅导员在电话里详细介绍了学校关于创业的优惠政策，并对如何撰写创业路演策划案进行指导，还约定了开学报到当天见面详谈。

开学当天，A同学和B同学一起找到辅导员，提交了他们之前做过的项目的材料和创业计划书。辅导员看过他们的作品后很认可他们的专业水平，创业计划书也写得思路清晰。但当时正值疫情防控期间，辅导员也表达了自己对目前这个时机选择休学创业的担忧，担心他们在这个已有的订单结束后，短时间内接不到新的工作。二人表示，已经和家长沟通过了，家里人都很支持。且二人在开学前已经租下了办公场地并进行了简单装修，双方的家长出资为他们成立了工作室，并有了几件作品。二人除了在工作室接艺术创作类相关的工作，还在艺考考前机构兼职赚钱补贴工作室。

二、分析处理

（一）案例分析

这是一例比较典型的创业休学案例。A同学和B同学在短短两个月的暑假里，选址、注册、装修、开张接到订单，一气呵成，工作效率极高，具备创业者的拼搏精神。分析两人的性格，A同学性格外向，沟通交际能力强，B同学稳重内敛，专心

艺术创作。团队中A同学负责接订单与人沟通，B同学负责艺术创作的把控，两人只要分工得当，可以避免很多矛盾。对于好朋友一起创业的弊端，也要做好心理准备，避免创业不成，朋友反目。

（二）案例处理

辅导员为A同学和B同学详细介绍了学校的创新创业大赛，分为创业组和创意组，创业组是已经注册了公司并且有过一些业务的项目，创意组则是还没有注册公司的项目。参加创业路演获得名次，可以得到5000~20000元的奖励，优秀的项目还会推荐参加北京市甚至全国的创业大赛，有资金奖励，如果拿到市级、国家级的奖项，对北京户口有需求，也许对未来积分落户有帮助。

A同学和B同学了解了学校的相关政策，又已经注册了公司，参加创新创业大赛，属于创业组。辅导员对他们的路演策划进行了辅导，对一些需要修改的细节进行了指导。

同时作为他们的辅导员，本着关心关爱的原则，从疫情的角度出发，详细询问了A同学和B同学是否有持续稳定的订单，是否有持续稳定的现金流能够应对万一没有订单的情况。如果没有持续稳定的订单和现金流，在疫情防控期间不是很适合休学创业。辅导员还介绍了学院实习假的请假流程，创业也不一定只有休学一条路。A同学和B同学表示，家里支援了足够多的启动资金，工作室开业后还能保证支撑半年以上。手里的大订单半年左右交付，顺利的话又能带来半年左右的现金流。A同学和B同学也做了万一没有新的邀约的预期，他们还在艺考考前机构兼职，以补贴工作室的经营费用。

看到A、B两位同学坚持休学，态度坚决，做好准备想要大干一场，辅导员为他们详细介绍了创业休学的政策流程和材料准备。

（三）后续追踪

A、B两位同学在休学一年后复学返回校园，与此同时，他们的工作室还红红火火地运转着。辅导员询问工作室的情况，他们说，中间也有过短暂的低谷期，接不到合作订单，他们就到艺考考前机构代课补贴工作室，最终渡过了难关。毕业前夕，辅导员再次联系到两位同学，追踪情况。得益于最初的合同，两人三年来没有因为利益分配心生嫌隙，依旧是很好的朋友和合作伙伴，工作室也还在运营中。

三、反思

辅导员不仅需要关注学生的学业，还需要关注学生的个人发展和职业规划。辅导员应该尽可能多地了解学生的想法和计划，并根据学校的政策和规定，为学生提供最好的支持和帮助。这包括为学生提供创业指导、政策解读、资源支持和人脉介绍等。学校和学生一定要有良性的互动关系，学校需要提供最好的支持和帮助，以鼓励学生创业和发展。学生需要充分利用学校的资源和机会，同时制订切实可行的计划，并寻求专业人士的意见和建议。只有这样，才能让学生真正实现自己的梦想，获得创业活动的成功。

案例十八：未来选择家里不支持，正确分析引导渡难关

万思言

一、案例呈现

某学期开学伊始，辅导员发布了可以预约谈话的时间，H同学就第一个主动联系了辅导员，说有一些关于未来发展的问题想要咨询一下辅导员的意见。H同学当时已经大三了，确实存在就业和择业的实际问题，辅导员与其在微信上约好了谈话时间，在办公楼小花园相约谈话。

H同学是位南方姑娘，独生女，父亲做生意，母亲是公务员。H同学有一位相恋不到一年的男友，男友在浙江上大学，是上海本地人，毕业后打算回上海定居。大三面临实习，H同学成绩不错，性格温和，喜欢小孩子，平时会画一些儿童插画，自身的专业也很优秀，有很多好的实习机会。H同学的父亲不想让她离家太远，想让她毕业回家在当地找个稳定的工作，比如做中小学艺术老师。H同学自己对儿童服装设计感兴趣，想去上海某知名童装品牌实习，最好留在那里，这样就不用和男友异地恋。男友家长很喜欢H同学，想让他们毕业就结婚。H同学家里不太同意，不太同意这个男友，不太同意女儿异地就业，不太同意女儿做服装设计师，不太同意女儿太早结婚。父亲也不说不同意的理由，就是不同意。H同学很困扰，最近茶饭不思，夜不能寐，不知道该如何说服父母。H也理解不了，为什么一直很宠女儿的父亲在这件事情上很坚持，甚至有点固执。

二、分析处理

（一）案例分析

H同学家境优越，家庭和睦，一路考学也顺风顺水，说是从小泡在蜜罐里长大也不为过，当这样的成长经历遇到父亲不同意自己的就业选择、不认同自己的男友，就是天大的事，非常影响H同学正常的学习生活。

在H同学眼里，男友积极开朗，虽然家庭条件一般，但有上进心，又是上海本

地人，在上海有房子，将来的生活压力也不算大。

父亲虽然没说反对的理由，做父母的担忧也是可以预见的，能想到的大概有以下五个方面：

一是最基本的，H同学与男友相恋不足一年，时间太短，男友人品如何未知，两人是否能走到最后也不能确定；

二是假设两人能走到最后，男友在当地家境一般，自己家的人脉又不在上海，不能为女儿提供助力，未来的生活品质堪忧；

三是基于以上两点，希望女儿再考虑一下，不要太早做决定，毕业就结婚；

四是希望女儿也考虑一下自己，上学时期积攒的人脉都在北京，家里的人脉都在老家，去上海等于从头开始，为了男友值不值得；

五是希望女儿找一个稳定的工作而不是做设计师这类在老一辈人眼中不够安稳的工作。

（二）案例处理

一步一步分析，问题各个击破。

首先，抛开男友，辅导员请H同学单纯回答几个问题。是想做儿童服装设计师还是想做中小学艺术老师？是想去上海工作还是想去某知名儿童服装品牌公司？想在北京、上海这样的城市生活还是想回到家乡？

关于职业，H同学回答，更想做儿童服装设计师，这样可以把喜欢小孩子和自己的专业相结合。也不排斥做老师，但是觉得做中小学艺术老师就和自己四年所学的专业没什么关系了，还不太甘心。

关于去上海的原因，H同学回答想去的是这家公司。这家公司的设计理念和自己非常契合，设计的很多儿童服装、儿童用品都是自己喜欢的风格，觉得在这样的公司工作会很开心。去上海只是因为这家公司在上海。

关于想在哪里生活，H同学回答，虽然很恋家，会很想念爸妈，但是更想在北京、上海这样的城市工作生活，虽然会更辛苦、更累，但也更有挑战。觉得凭借自己的专业能力可以在这样的城市生活得不错，也有一些觉得只有在北京、上海混不下去的人才会回到老家，回去是失败者的表现的原因。

其次，关于H同学的男朋友，辅导员又问了几个问题。为什么认定这个男朋友是结婚对象？他可以去你的城市工作、生活吗？

关于感情，H同学回答，因为他们性格互补，互相欣赏，能够包容对方的缺点，还有一些虽然对方很直男但是很浪漫的细节。

关于是否能去H同学的城市，H同学回答，男友不能去她的城市，虽然H同学家里有能力帮男友在H同学的老家找到一份体面的工作，但男友想要做自己的专业，而他所学的专业只能在大城市就业，去小城市没有办法找到专业相关的工作。

再问最后几个问题，在感情里你是主动的还是被动的？你想过毕业就结婚吗？如果你们没有走到最后，你还在上海生活吗？男友的家庭实力比不上你，你会从心里轻视他吗？

关于感情里的主、被动关系，H同学回答，是主动的一方，虽然不是倒追的男友，但也不是被告白的，是互相有好感自然而然就在一起了。平时H同学的话更多一些，主动聊天更多一些。

关于什么时候结婚，H同学回答，其实没想过毕业就结婚，是男友妈妈提出的希望他们毕业早点结婚，趁着她还不太老，可以给他们带孩子，让他们没有后顾之忧。她虽然认定了男友是结婚对象，但是还没想好要不要毕业就结婚。

关于在上海的生活，H同学回答，如果没走到一起，也还是会在上海生活，因为某知名儿童服装品牌在上海，不会因为分手了就不要工作了。

关于家庭情况，H同学回答，不会因为男友的家境不如自己而轻视他，男友很优秀，很上进，H同学觉得凭借他们两人自己的努力，也可以把生活过得很好。

通过对这些问题的回答，答案很明显了，H同学想要做服装设计师，去某知名儿童服装公司工作，正好公司在上海，男友的家也在上海。

辅导员建议H同学可以和父亲推心置腹地谈一谈，把自己真实的想法告诉父亲。想要让父亲放心，首先要让他知道H同学不是恋爱脑，不是为了男朋友要去上海生活，而是为了追求事业要去上海工作。其次，尽快联系好实习，让父亲知道H同学是有能力自己在上海站稳脚跟，生活得很好的。再次，仔细听听父亲关于男友的分析，也告诉父亲你对他的评价。最后，多个选择多条路，万一实习没搞定，可以趁着大三还有时间把中学的教师资格证考了，也是对父母的建议的一些妥协和让步。

（三）后续追踪

H同学还是说服了父亲，如愿以偿地在上海实习、工作、安家，进入理想的某知名儿童服装品牌公司工作。毕业半年后，她结婚了，嫁给了她大学时和辅导员说的男朋友。

三、反思

工作的地点对一个人的事业发展至关重要，大学生如何选择就业地点，是大城市还是回老家，是每位即将毕业的学生都要面临的问题。当就业问题叠加恋爱问题，就更复杂了。辅导员深度辅导时要根据学生的不同特点，给予相应的引导，不能千篇一律，也要有分寸，客观分析，不要过多地带入个人的观点。

案例十九：考研还是就业？班长也迷茫

万思言

一、案例呈现

N同学是一名大三学生，担任班长职务，工作能力较强，综合素质较好。她的总体成绩在年级中处于中等水平，平时她积极参加学校活动和社会实践，多次参与志愿者服务，老师们对她评价普遍不错。由于她认为考研是实现人生理想的重要途径，因此她在决定考研后一直努力复习，不再参加双选会、投递简历等。

在一次深度辅导中，辅导员问到N同学有没有考虑如果没考上怎么办，她的态度比较坚决，表示如果没考上就再复习一年，直到考上。经过深入的交流，辅导员还了解到，N同学之所以选择考研而不去就业是因为实习中受到了挫折，让她对自己的专业水平不自信，进而怀疑自己的能力，不敢去寻找实习实践。辅导员指出她在处理考研和就业问题上存在一定的盲目性和策略失误。对于考研原因考虑不足，有一定的跟风心态。另外，在就业和考研之间摇摆不定，错过了复习时间，又孤注一掷地决定考研，在策略上存在失误。同时，为了逃避实习就业而选择考研是不明智的。目标要和自己目前的能力、条件相匹配。N学生成绩中等，在竞争激烈的考试中被淘汰的概率是比较大的。如果没有顺利考上，也没有工作，会面临什么样的压力？

二、分析处理

（一）案例分析

N同学的情况是许多学生在考研和就业之间所面临的普遍困境。在这种情况下，学生需要认真思考自己考研的原因，并进行充分的分析和评估。首先，学生需要问自己是否真正热爱所要攻读的专业，是否有充分的动力和热情来克服考研的困难和挑战。其次，学生需要考虑自己的实际情况，包括学习能力、时间安排和经济状况等方面。最后，学生需要明确自己的职业规划和目标，并考虑考研是否对实现这些目标具有必要性和帮助。

对于N同学这样的学生，辅导员建议他们学会放开眼界，不要局限于考研这一条路，而要积极探索其他可能的途径。这包括在职场上寻求经验，积累工作经验，丰富自己的知识储备。同时，他们也需要认识到，实现人生理想的途径是多样化的，不是只有唯一的通道。因此，他们应该不断开阔自己的视野，积极寻求新的机会和挑战，以达到自己的理想和目标。

在面对考研和就业之间的选择时，学生需要做出明智的决策，不能孤注一掷。他们需要认真考虑自己的实际情况和发展需要，以及考研和就业利弊，进而做出最适合自己的决定和规划。

（二）案例处理

1. 生涯规划咨询

辅导员约N同学进行生涯规划咨询。在生涯规划咨询中，辅导员与N同学一起探讨她的兴趣、技能、价值观、职业目标等方面，帮助她更好地理解自己和找到合适的方向。此外，辅导员还帮助N同学分析就业市场趋势，了解相关职业的需求和发展前景，以便她做出更加明智的职业决策。

2. 帮助N同学寻找实习和兼职机会

为了帮助N同学在职业领域中积累经验和获得一些经济来源，辅导员帮助她寻找实习和兼职机会。这不仅可以帮助N同学在实践中发现自己的优势和不足，同时还可以帮助她建立职业网络，了解职业圈子内的情况，从而更好地了解职业市场。

3. 提供就业培训

就业市场竞争激烈，N同学需要具备一定的职业技能和就业竞争力。辅导员为她找到了一些就业培训机会，例如职业技能培训、职业生涯规划讲座等。这些培训可以帮助她提高自己的职业技能，提升就业竞争力，同时也可以为她未来的职业发展奠定基础。

4. 提供就业信息

辅导员还为N同学提供一些就业信息，如招聘信息、就业政策等。这些信息可以让她更好地了解目前的就业市场和相关政策，从而更好地制定职业规划和就业决策。

除了职业技能培训，心理健康也是职业生涯规划中非常重要的一个方面。N同学在职业生涯中遇到了困难和挫折，导致她对求职不自信，对自己的能力不认可，这影响了她的情绪和心理健康。因此，辅导员鼓励她寻求心理辅导，以便更好地面对职业生涯中的挑战和困难。

（三）后续追踪

N同学经过生涯规划、心理咨询后，不再盲目地一门心思考研，而是选择在考研复习之余，认真打磨自己的简历，在考研后还没有出成绩时，找准自己的定位，投递简历。最终，N同学考上了心仪学校的研究生，同时，她投递简历的公司也向她伸出了橄榄枝，经过协调，该单位成为她读研期间的实习单位。

三、反思

作为辅导员，帮助学生规划职业生涯是一项重要的任务。为了更好地完成这项工作，我们需要深入了解学生的个性化需求和优势，以帮助他们找到适合自己的职业方向。在这个过程中，我们需要学会引导学生自我探索和发现，通过和他们的交流和互动，了解他们的兴趣、能力和价值观等方面的信息，从而更好地指导他们的职业规划。

同时，我们也需要对当前的就业市场进行深入的了解和分析，以便更好地帮助学生了解职业发展前景和就业形势，从而更有针对性地指导他们的职业规划。此外，在帮助学生解决职业规划问题的过程中，我们也需要注意保护学生的隐私和个人信息，确保不会造成不必要的麻烦和困扰。

辅导员要不断提升自己的专业水平，帮助学生制定符合其需求的个性化的职业规划，为他们的未来职业发展提供有力的支持和帮助。

案例二十:"四位一体"创新创业教育实践探索

陈红祥

中央戏剧学院作为中国戏剧艺术教育的最高学府,在长期的办学实践中,坚持"厚基础、重实践"的人才培养理念,秉承"求真、创造、至美"的校训,主动适应社会经济、文化发展新常态。学院以提高人才培养质量为核心,以创新人才培养机制为重点,坚持创新引领创业、创业带动就业,探索建立"教学+培训+孵化+资助"四位一体的创新创业教育模式。学院充分发挥专业特色,积极利用区位资源,联合知名文创机构,搭建学生创新平台,孵化创业项目,有效破解了困扰高校就业创业的瓶颈,激发了学生创新创业的热情,创客人数逐年递增,优秀创业成果不断涌现。

一、专业教学培育创新精神,创业课程普及创业常识

近年来,随着学院国际合作交流的增多,学院的国际影响力和国际声誉显著提升。在主动推动本国戏剧进入世界潮流和理念过程中,培养具有国际视野、国际竞争力的人才,同时使其对自身的文化具有认同感,能够有意识地传承中华民族传统文化,成为学院培养多样化、个性化、创新型戏剧影视艺术人才的新途径。

学院在2015—2016年全面修订本科及研究生各专业方向人才培养方案,以达到提高人才培养规格,进一步细化专业人才培养目标的目的,明确学生在知识、能力等方面要达到的基本要求,为培养创新型人才奠定扎实基础。

学院坚持与国内顶尖剧院团开展"联合招生、共同培养"项目,如北京人民艺术剧院、中国儿童艺术剧院、中国东方演艺集团等,结合业界前沿进行培养,使学生始终站在引领行业发展的前沿。学院探索与国际间知名院校的合作办学项目,尝试打开多种创新艺术人才培养的路径。自2015年起,学院先后与俄罗斯圣彼得堡国立戏剧学院、英国盖得霍尔皇家戏剧学院等国际一流艺术院校共同开设多个话剧影视表演本科"2+2"双学位项目。

学院将"教学实习一体化"作为培养学生创新实践的重要途径,引导学生分步骤、分阶段,有目的、有计划地进入艺术实践创作,并在创作过程中体验课堂教

学，检验学习成果。同时，这种教学模式有意突破传统专业实践的限制，培养学生在艺术创作实践的过程中的合作意识及对于不同专业的感知，这为学生在专业领域的创新提供了有益的引导。

学院贯彻落实《国家中长期教育改革和发展规划纲要（2010—2020年）》以及《教育部关于全面提高高等教育质量的若干意见》（教高〔2012〕4号）精神，将《创业基础》列入必修课程。结合学院专业特点，就业创业指导中心搜集和整理校友创业典型事迹，编写教学案例，针对不同专业学生选择相应的教学内容。梳理国家和北京市的文化政策法规，将与大学生创新创业相关的优惠帮扶政策制作成专题，集中讲授给学生，帮助学生把握政策导向，合理确立创立项目。

自2012年起，学院在"教学实习实践一体化"模式的基础上，全面组织开展"国家大学生创新创业训练计划"。该训练以市场为平台，以学生为主体，提升学生面对市场化的实战能力及职业责任感，充分鼓励学生在走出校门前打造自己的品牌，打开学生创业之路。首批联合创业实践训练项目在社会及学生中收到良好的反响。

学生在专业教学中培养的创新意识，在创业训练中继续发酵而形成的创意项目，经过创业基础课程的系统强化，创业的动机不断增强，必将推动部分学生走向创业实践，针对这部分学生的专业培训成为创业指导必然的工作内容。

二、创业培训因人而异，区校联动合作共赢

学院通过创业基础课程的讲授完成对全体学生的创业常识普及，对创业项目的培训则采取因人而异的方式，为创业者提供"一对一"的咨询服务和团队辅导，针对每个项目的特色，创业者的个性、创业的不同阶段进行分类指导，帮助创业学生分析项目的创意在哪里、市场优势在哪里，发现存在的问题并区分轻重缓急程度，引导创业者自己探索解决问题的方法和途径。指导学生根据项目的特点组建创业团队，并发挥成员专长，互补互助，共同成长。启发创业学生整合现有资源、发现市场机遇。

为了向创业学生提供全面有效的培训和指导，学院要求学生辅导员参加并完成北京市委教工委组织实施的"职业生涯规划"项目；安排高年级辅导员参加北京市教委举办的"KAB"创业导师培训，组织创业课程教师参加中国继续教育工程协会"高级创业导师"培训项目。通过各类培训，扩大创业教师师资队伍，提高教师教学

和指导水平，满足对创业学生的基础辅导需求。

创业培训不仅是理论指导，更需要创业实践的指导，尤其需要具有资深培训经历的专家学者和丰富创业经验的企业达人言传身教，将文化行业的典型案例、文化企业的经营模式分享给创业学生，引导学生认识行业规则和经营规范，与文化市场接轨，从熟悉文化企业的运营法则到融入文化行业，规避行业风险，抢抓商业机遇，避免孤立独行、横冲直撞。

当前，"大众创业、万众创新"作为培育和催生经济社会发展的新动力，各地方政府也紧锣密鼓出台了一系列对"双创"的扶持政策，各类创业孵化园纷纷成立，这既为大学生提供了良好的创业环境，也为学校、政府、企业牵手合作，共同促进高校创新创业教育提供了契机。高校的教学资源、政府的优惠政策、企业的孵化推动为学生创业提供了全方位、全程化的保障体系。

为此，学院就业创业指导中心与北京高校大学生就业创业指导中心、东城区人力资源和社会保障局、东城区产业促进局、东城区知识产权局（科委）开展合作，建立校外创业导师团队。一方面，共享北京高校毕业生就业指导中心的培训专家库与东城区人力资源和社会保障局的培训专家库资源，针对学生创业项目的需求选择专家库成员进入校园开展专题培训或个性化指导。另一方面，共享东城区产业促进局各创业园中小企业服务中心工商管理、劳动法规、知识产权等培训活动，企业分享会、创业项目路演活动。引导学生了解与创业活动相关的法律法规，管理制度，走进创业园，了解创业过程，熟悉市场环境。在与企业家接触的过程中，明白作为一名创业者应当具备的综合素质和各项技能，明确创业努力的方向。

系列培训措施激发了学生的创业活力，自主创业在校园内蔚然兴起。近年来，学院参与创业学生人数迅速增加，创业项目推陈出新，创新创业已经成为校园的热点话题、毕业生就业的新形式。学院学生自主创业率已经连续多年高于北京地区高校平均水平，创业带动就业效果明显。

三、校企联合接力护航，孵化培育助力成长

针对学院东城校区面积小，教学场地紧张，没有多余空间用作创业孵化区域，但东城校区高年级学生集中，创业学生比例高，对创业孵化场地确有需求这个突出的现实问题，就业创业指导中心积极开发校外资源，开拓校外空间。

东城区处于首都核心区域，历史文化厚重，大力发展文化创意产业，是建设"文

化东城"的关键所在。就业指导中心依托东城的区位优势和发展战略，紧紧抓住机遇，经东城区人才服务中心牵线，与东城区中小企业服务中心合作，面向区内七家创业孵化园推荐优秀创业项目，为创业学生牵线搭桥，为创业项目寻找落地机会。这种做法，既避免了部分高校创业园存在的管理难题，又推动了学生项目与社会的对接，使创业项目走出校园的"温室"，在真正的市场环境中接受考验与磨炼，培养创业者敏锐的商业意识和积极的竞争精神，增强创业者自身免疫力和抵御市场风险的能力。

多来年，东城区为中央戏剧学院孵化创业公司40多家。嘉润创业园为学生项目的市场化提供了培训、咨询、注册、代理等系列服务，为学生创业公司的建立开辟了绿色通道，免去了创业学生的奔波，帮助学生把精力集中在项目的运营里，为学生创业提供了极大的便利。

东城区嘉诚创业园和北京文创科技园为学院创业项目提供了落地的优惠政策，创业学生可以享受一年的免费入驻期。入驻期间，创业园为学生创业项目提供免费的工位、免费的培训套餐，并向社会推荐项目，提供融资平台，提供人事代理和财务代理等事务。贴心的服务吸引了越来越多的学生项目入驻园区。

学院于2012年启用昌平校区，实行两个校区办学的格局，为了满足昌平校区学生创业的需求，学院于2016年与宏福集团合作创办"中戏创艺空间"，为创业学生提供培训、孵化、注册、场地等多方面的服务。

四、完善创业资助体系，引导学生创业方向

学院在深化教育教学改革，推动创新创业教育的过程中，始终引导学生树立正确的艺术观、创作观、创业观，践行习近平文艺座谈会讲话精神，践行社会主义核心价值观，鼓励学生将不断超越自我的文艺创新精神与文化强国的实践相结合，将实现个人理想与伟大的中国梦相结合，将创造个人价值与社会价值相结合，成为文化创新的领航者、先进文化发展方向的领跑者。

首先，2014年，学院在高校中率先设立了学生创新创业奖。2015年，中央新影被我院学生创新创业的丰硕成果所吸引，捐资30万元设立了中央戏剧学院盛世优星创新创业奖。2018年，校友杨铭和姜逸磊共同向学院捐资2200万元，其中50万元设立初心创新创业奖。三个奖项均要求学生围绕所学专业确立创业项目，符合国家文化发展政策，富有创意，体现创新，提倡团队创业，以创业带动就业，合作创业共同成长。

其次，在学生初具创意、形成创新、开始创业的过程中，学院通过实施"国家大学生创新创业计划""北京市大学生创业团队扶持""教育部本科教学质量工程"的项目，拿出专项资金扶持和资助学生的创新创业项目。鼓励创业学生积极参加北京大学生创业优秀团队、中国创翼大赛、中国国际"互联网＋"大学生创新创业大赛、北京文化创新创意创业大赛、"京彩大创"北京大学生创新创业大赛、国家和国际大学生电影节等评选活动，让学生在参与竞赛的过程中，开阔视野，发现问题，取长补短，不断完善。近年来，我院优秀的创业项目不断涌现，赢得多项荣誉。近年来，学院已有18个项目荣获中国国际"互联网＋"大学生创新创业大赛市级奖项，2个项目荣获总决赛银奖，1个项目荣获"中国创翼"创新创业大赛银翼奖，8个创业项目荣获北京市大学生创业优秀团队。创业团队多部作品荣获全球华语大学生电影节评委会特别奖、上海国际电影节评委会特别奖、中美区域大学生创业大赛三等奖、中国独立影像展剧情长片竞赛单元首作奖、中外大学生电影展最佳纪录片奖、北京高校联合电影节最佳人气奖、中国国际纪录片节优秀大学生作品入围奖、广州大学生电影节网络人气奖。学院对获奖项目给予一定资金的奖励，帮助项目的可持续开展，顺利实施。以此引导学生正确认识创新，积极投身创业。

最后，学院对于成立创业公司的学生，继续实施跟踪服务。成立了"中戏创客联盟"，建立了"创客爱中戏"微信群，微信公众号开通"创业板"专栏，引导创业学生共享创业资源，共用创业信息，共商创业商机，实现互帮互助，抱团成长。邀请创业校友举办座谈会，畅谈创业感想和经历，跟踪了解初创企业面临的问题，商讨解决方案。对于在校生创办公司，学院提供统一注册的创业园，减免代理费、材料费；年度补贴定额资金，帮助初创企业度过发展瓶颈期。

2016届毕业生李佳伟将公司研发价值150万元的"高考大数据填报系统"无偿捐献新疆地区，被国务院扶贫办、人民日报评为"援疆扶贫先进单位"。2017届毕业生李阳向学院每年捐资50万元，连续捐资10年，共计500万元。2018届毕业生姜逸磊向学院捐资2200万元，设立初心奖学金、初心创新创业奖，命名"勿忘剧场"。创业学生的高尚行为是"中戏人"社会担当的有力体现，也为新时代创客树立了风范。

国务院办公厅《关于深化高等学校创新创业教育改革的实施意见》指出，深化高等学校创新创业教育改革，是国家实施创新驱动发展战略、促进经济提质增效升级的迫切需要，是推进高等教育综合改革、促进高校毕业生更高质量创业就业的重要举措。高校创新创业教育要因时而变,因地制宜,因人而异,我院将不断完善"教学、培训、孵化、资助"的创新创业教育模式,为教育教学改革不断注入新力量,为文化大发展、大繁荣提供创新型人才,为国家和社会发展做出新贡献。